Os
MITOS JAPONESES

Os
MITOS JAPONESES
UM GUIA PARA DEUSES, HERÓIS E ESPÍRITOS

JOSHUA FRYDMAN

TRADUÇÃO DE CAESAR SOUZA

EDITORA VOZES

Petrópolis

The Japanese Myths © 2022, Thames & Hudson Ltd, Londres.

Text © 2022 Joshua Frydman

Tradução publicada mediante autorização de Thames & Hudson Ltd, Londres

Tradução do original em inglês intitulado *The Japanese Myths. A Guide to Gods, Heroes and Spirits*

Direitos de publicação em língua portuguesa – Brasil: 2024, Editora Vozes Ltda.
Rua Frei Luís, 100
25689-900 Petrópolis, RJ
www.vozes.com.br
Brasil

Todos os direitos reservados. Nenhuma parte desta obra poderá ser reproduzida ou transmitida por qualquer forma e/ou quaisquer meios (eletrônico ou mecânico, incluindo fotocópia e gravação) ou arquivada em qualquer sistema ou banco de dados sem permissão escrita da editora.

CONSELHO EDITORIAL

Diretor
Volney J. Berkenbrock

Editores
Aline dos Santos Carneiro
Edrian Josué Pasini
Marilac Loraine Oleniki
Welder Lancieri Marchini

Conselheiros
Elói Dionísio Piva
Francisco Morás
Gilberto Gonçalves Garcia
Ludovico Garmus
Teobaldo Heidemann
Secretário executivo
Leonardo A.R.T. dos Santos

PRODUÇÃO EDITORIAL

Aline L.R. de Barros
Marcelo Telles
Mirela de Oliveira
Otaviano M. Cunha
Rafael de Oliveira
Samuel Rezende
Vanessa Luz
Verônica M. Guedes

Conselho de projetos editoriais
Isabelle Theodora R.S. Martins
Luísa Ramos M. Lorenzi
Natália França
Priscilla A.F. Alves

Editoração: Fernando Sergio Olivetti da Rocha
Diagramação e capa: Do original
Arte-finalização de miolo: Sheilandre Desenv. Gráfico
Revisão gráfica: Nilton Braz da Rocha
Arte-finalização de capa: Editora Vozes

ISBN 978-85-326-6701-4 (Brasil)
ISBN 978-0-500-25231-4 (Reino Unido)

Este livro foi composto e impresso pela Editora Vozes Ltda.

Dados Internacionais de Catalogação na Publicação (CIP)
(Câmara Brasileira do Livro, SP, Brasil)

Frydman, Joshua
  Os mitos japoneses : um guia para os deuses, heróis e espíritos / Joshua Frydman ; tradução de Caesar Souza. – Petrópolis, RJ : Vozes, 2024.

  Título original: The Japanese Myths

  2ª reimpressão, 2024.

  ISBN 978-85-326-6701-4

  1. Mitologia japonesa I. Título.

23-170417   CDD-299.56

Índices para catálogo sistemático:
1. Mitologia japonesa   299.56

Aline Graziele Benitez – Bibliotecária – CRB-1/3129

Para Nathan, a quem nenhum templo é remoto ou assombrado demais.

Sumário

1
Quais são os mitos japoneses? 10

2
A era dos deuses 31

3
O *mythos* imperial 72

4
Kami e humanos divinos vivos 110

5
Cânones estrangeiros: o panteão budista japonês 139

6
Um mundo repleto de espíritos 176

7
As novas mitologias do Japão moderno 227

Referências 250

Agradecimentos 256

Fontes das ilustrações 257

Índice 258

LINHA DO TEMPO

- Período Jōmon: c. 45000 AEC-c. 1000 AEC
- Período Yayoi: c. 1000 AEC-c. 200 EC
- Período Kofun: 200-538
- Período Asuka: 538-710
- Período Nara: 710-784
- Período Heian: 784-1185
- Período Kamakura: 1185-1333
- Período Muromachi: 1333-1600
  - Período dos Estados Combatentes: 1477-1568
- Período Edo: 1600-1868
- Era Moderna: 1868-presente
  - Período Meiji: 1868-1912
  - Período Taisho: 1912-1926
  - Período Showa: 1926-1989
  - Período Heisei: 1989-2019
  - Período Reiwa: 2019-presente

HOKKAIDO

HONSHU

Edo (Tóquio)

Kamakura

OCEANO PACÍFICO

1

Quais são os mitos japoneses?

O Japão possui uma longa associação com o mito. Um dos primeiros falantes do inglês a se naturalizar cidadão japonês, Lafcadio Hearn (1850-1904), tornou o objetivo de sua vida conhecer as lendas populares sobreviventes do Japão rural e transmiti-las às audiências estrangeiras. Sua coleção de contos *Kwaidan: Stories and Studies of Strange Things* [Kwaidan: histórias e estudos de coisas estranhas] (1904) se tornou famosa no Ocidente, e também suas histórias de mulheres de neve e ogros nas colinas acrescentando ao exotismo das xilogravuras e vestimentas japonesas que recentemente haviam se tornado moda na Europa Ocidental e na América do Norte. O trabalho de Hearn iniciou mais de 150 anos de obsessão ocidental pelos mitos japoneses. Quantos fãs modernos do cinema, anime, mangá, literatura ou música popular japoneses se entusiasmam com as imagens de deuses e monstros nos vales cobertos e picos escarpados das ilhas? Todavia, a despeito de todo seu apelo moderno, a mitologia japonesa tem uma história muito mais longa.

O Japão de hoje é uma sociedade que navega uma situação histórica complexa. Uma das nações mais economicamente poderosas e tecnologicamente avançadas do século XXI, o Japão é firmemente uma parte do Ocidente moderno e global. Todavia, é também *não* uma parte do Ocidente. As conexões profundas que agora existem entre Japão e Estados Unidos e a Europa Ocidental são somente ligeiramente mais velhas do que o próprio Hearn, mas os mitos, lendas populares e histórias que Hearn registrou remontam há muito antes. Além disso, essas histórias estão entremeadas às religiões japonesas como o budismo e o xintoísmo, que não são bem-compreendidos por muitas pessoas na Europa ou nas Américas.

A mitologia nunca é estática, mas pode muitas vezes parecer assim em retrospecto. Muitas das mitologias famosas do mundo – como a egípcia, a greco-romana e a nórdica – pertencem a sociedades que ou não mais existem ou não mais praticam as religiões associadas a essas mitologias. Vemos essas mitologias mais antigas como se estivessem congeladas no tempo, quando na realidade são conjuntos de histórias que podem ter sido contadas em épocas extremamente diferentes, com imagens variadas dos mesmos deuses e heróis. Contudo, no caso do Japão, as religiões associadas aos mitos ainda são praticadas; seus deuses ainda são cultuados e seus heróis ainda são relevantes. Embora os modos pelos quais os japoneses modernos compreendem seus mitos sejam, hoje, muito diferentes do que o eram há um século, imagine então há mais de um milênio, a própria mitologia ainda é uma força muito viva na sociedade japonesa. A fim de entendermos a mitologia japonesa, portanto, temos de entender o contexto desses mitos: onde se originaram, por que foram usados no passado e como ainda são usados.

O QUE É O "JAPÃO"?

Hoje o Japão não é política nem culturalmente o mesmo que há 200, 500 ou 1.000 anos. Contudo, ao mesmo tempo, há uma forte continuidade: muitos japoneses contemporâneos são descendentes dos povos japoneses de 1.000 anos atrás; eles vivem nas (algumas das) mesmas áreas e cultuam muitos dos mesmos deuses. A fim de definir o que torna suas crenças japonesas, temos, portanto, de entender diferentes formas de pensar o "Japão".

O país que conhecemos hoje como Japão é formado por quatro ilhas principais: de norte a sul, Hokkaido, Honshu, Shikoku e Kyushu. Honshu, que significa "continente", é, sem dúvida, a maior, seguida por Hokkaido e Kyushu, com Shikoku sendo a menor das ilhas principais. O arquipélago japonês também inclui aproximadamente 7 mil ilhas menores.

O arquipélago se localiza no leste do continente asiático e seu nome em japonês, Nihon ou Nippon 日本, que significa "Origem do Sol", reflete sua localização geográfica. O nome inglês *"Japan"* é uma corrupção do século XVII da pronúncia chinesa desses mesmos caracteres; no mandarim moderno, *riben*, mas, provavelmente, algo mais próximo a *jeh-pen* no mandarim antigo dos anos 1600. Nihon é um nome régio, adequado a um império real. O nome supostamente data do reino da Imperatriz Reinante Suiko 推古天皇 (r. 593-628), a trigésima monarca na ordem tradicional de sucessão. Considera-se que Suiko tenha escrito uma carta ao Imperador Yang 陽 (r. 569-618), da Dinastia Sui na China, proclamando "Do Filho do Céu na Terra Onde o Sol Nasce (*Nihon*) ao Filho do Céu na Terra Onde o Sol se Põe". Essa carta aparece integralmente no *Sui Shu* ("Livro do Sui"; 636), junto à anedota supracitada (Piggott, 1997, p. 81). Quando o Imperador Yang ouviu a introdução, ficou muito incomodado pelo fato de que uma governante de um reino bárbaro (ainda mais uma mulher!) declarasse um título igual ao imperador da China. Ele ficou tão furioso, de acordo com o *Sui Shu*, que ordenou que a carta fosse queimada, e nenhuma resposta enviada.

Independentemente de se a descrição no *Sui Shu* é verdadeira ou não, o nome Nihon foi usado tanto dentro quanto fora do Japão ao menos no século VIII. Era o nome oficial adotado pela corte imperial, e é em parte por isso que permanece o nome do país (Piggott, 1997, p. 143-144). Todavia, nem o nome Nihon nem as terras consideradas associadas a ele tiveram uma definição sólida até cerca de 200 anos atrás. Considere Hokkaido, por exemplo, a mais ao norte das ilhas principais, famosa hoje por seus campos de lavanda, esqui e cerveja Sapporo. Essa ilha não era parte do Japão até o fim dos anos de 1700; antes disso era uma região bárbara misteriosa conhecida por vários nomes diferentes. O povo nativo de Hokkaido, o Ainu, era visto como estranhos selvagens adoradores de ursos na maior parte da história japonesa – infelizmente, até após a ilha ter sido tomada e colonizada.

A maior parte do norte de Honshu foi igualmente uma fronteira perigosa durante boa parte da história japonesa. A totalidade da ilha principal havia sido reivindicada pela corte imperial desde o século VII, mas todo o norte dos subúrbios da Tóquio moderna era uma área de fronteira vaga, lentamente subjugada em uma série de campanhas militares que duraram até o fim dos anos 1100. A cadeia de ilhas que se arqueia ao sul de Kyushu a Okinawa e depois se estende ao longo de todo o caminho até Taiwan, e que está dividida entre as prefeituras de Kagoshima e Okinawa, era de fato um país separado, o Reino de Ryūkyū, do século XIV ao XVII. O Reino de Ryūkyū foi oficialmente conquistado no início dos anos de 1600 e permaneceu parte do Japão desde então, exceto por um hiato durante a ocupação americana entre 1945 e 1972. Hoje, todos os lugares mencionados acima são considerados "japoneses". Todavia, não eram historicamente parte das ilhas, e os assim chamados mitos "japoneses" refletem esse fato.

Por grande parte de sua história, a definição de "Japão" era a terra governada pela corte japonesa. Mesmo em períodos em que o

Aurora por trás das Rochas Casadas de Futami, na prefeitura da Mie moderna. Essas rochas, vinculadas por uma corda sagrada tramada com palha de arroz, são cultuadas no santuário próximo Futami Okitama.

governo era controlado por outras forças, como durante os xogunatos (governos conduzidos por líderes militares durante a era medieval), o imperador e a corte eram conceitos centrais. Para muitos japoneses de séculos anteriores, o país era o mesmo que a terra declarada por e para o imperador, mesmo quando estivesse sem poder em qualquer sentido real. Na era moderna, a definição de "Japão" mudou para se tornar a terra controlada pelo povo japonês, um termo definido como aqueles de ascendência étnica e/ou cultural japonesa que falam o idioma japonês. O que constitui um "povo", ou mesmo uma "nação" moderna, é um problema complicado, mesmo no caso de um país que parece relativamente homogêneo, como o Japão, para muitos japoneses e estrangeiros.

RELIGIÃO E FÉ NO JAPÃO

A maioria dos japoneses modernos afirma ser não religiosa, um dos mais elevados números para qualquer país (Le Febvre, 2015, p. 190-191). Contudo, esse é um fenômeno moderno. Como os vários templos e santuários em todo o Japão claramente atestam, o arquipélago tem uma longa tradição religiosa – várias tradições religiosas, de fato. Desde sua primeira história registrada, o Japão sempre manteve um equilíbrio entre múltiplas religiões. Esse equilíbrio permeia tudo, desde mitos antigos do século VIII ao folclore, imagens da cultura *pop* e lendas urbanas atuais.

As duas religiões proeminentes no Japão são o xintoísmo e o budismo. O xintoísmo é o sistema de crenças nativas do Japão, mas o budismo chegou muito cedo e as duas religiões cresceram e se desenvolveram em torno e em resposta uma à outra. O budismo, original da Índia, foi transmitido ao Japão a partir da China em meados do milênio I EC. Não foi a única religião trazida do continente; o confucionismo, uma das crenças nativas mais importantes da China, também chegou por essa rota. O confucionismo era basicamente uma filosofia, praticada apenas raramente como religião, mas, também, deixou uma marca importante e duradoura na fé e cultura japonesas. O taoismo, outro importante sistema de crenças chinês, também foi influente no Japão, mas, diferente do confucionismo, não foi importado como um sistema unificado de pensamento. A fim de entendermos os mitos japoneses, também temos de entender essa rede de religiões entrecruzadas.

Xintoísmo

O xintoísmo (propriamente Shintō 神道, "o Caminho dos Deuses") é o único sistema de crenças nativo do Japão. Sob alguns aspectos, não se parece de modo algum com uma religião formal. O xintoísmo não possui textos sagrados, e em grande parte de sua história seu sacerdócio era organizado sob e através da corte imperial. Grande parte de suas definições modernas provém das decisões de estudiosos da era medieval em diante acerca do que é ou não xintoísmo, e mesmo hoje podemos encontrar argumentos sobre o que conta como parte da religião (Breen; Teeuwen, 2011, p. 2).

O xintoísmo é basicamente o culto a *kami*, ou "deuses". Não há definição fácil para *kami*. Alguns, particularmente aqueles nos mitos antigos, são nomeados e incorporados, como Amaterasu, a Deusa do

Um dragão (um *kami* da água e do clima) parte as nuvens em torno do Monte Fuji.

QUAIS SÃO OS MITOS JAPONESES?

Sol, ou Susanowo, seu irmão mais jovem que incorpora forças naturais violentas. Esses *kami* são os mais similares aos chamados deuses de outros panteões, mas não são, sem dúvida, os únicos. Locações naturais como montanhas e rios também têm *kami* individuais; assim como animais, plantas e mesmo objetos individuais feitos por humanos, como espadas ou espelhos. Uma dada montanha como o Monte Fuji não só é lar de muitos *kami* como também é ele próprio um *kami* singular, e um lugar controlado pelos *kami* das montanhas em geral, todos simultaneamente. Essa existência simultânea de diferentes *kami* não é um problema, porque um *kami* é definido somente pelo fato de as pessoas acreditarem nele e reconhecerem sua existência. Embora os *kami* se enquadrem em uma hierarquia frouxa, ninguém pode dizer com certeza se um *kami* que vive em uma montanha é mais ou menos poderoso do que o *kami* que incorpora a própria montanha, e mesmo que isso fosse possível, não seria um ponto importante, pois os *kami* não são tão definidos pelo *que* são quanto por *onde* estão.

Kami são fenômenos locais. O *kami* de uma montanha é onipotente naquela montanha. No caso de um dos grandes *kami* dos fenômenos naturais, eles são onipotentes em toda parte em que estiverem presentes, ou desejem estar. Amaterasu é a Deusa do Sol, mas

---

XINTOÍSMO

- Único sistema de crenças original do Japão.
- Significando "o caminho dos deuses", foca o culto a espíritos conhecidos como *kami*; animais, objetos e seus locais como montanhas podem ter seu próprio *kami*.
- Lugares de culto são conhecidos como santuários, e são administrados por sacerdotes e sacerdotisas. Eles são marcados por portões especiais chamados *torii* (pousos de pássaros).
- O foco é em "pureza" v. "impureza" mais do que em conceitos morais como "bem" e "mal".

seus poderes não envolvem necessariamente o sol físico ou sua luz; de acordo com diferentes lendas, ela se manifesta como nuvens de tempestade, como cobra e como profecia, entre outras coisas. Em suma, o que quer que o *kami* quiser que aconteça pode acontecer, mas somente na área na qual ele é dominante. Para a vasta maioria dos deuses, os de lugares específicos, coisas vivas ou objetos, essa dominância é limitada à sua proximidade imediata.

Kami são cultuados nos que chamamos "santuários", para diferenciá-los dos locais budistas ou de outras religiões. Há várias palavras em japonês para santuário xintoísta; *jinja*, "mansão do deus", é a mais comum (Breen; Teeuwen, 2011, p. 2-4). Outras incluem *taisha*, "mansão grande", ou *jingū*, "palácio de deus", para os grandes ou importantes. Santuários possuem tanto sacerdotes, conhecidos como *kannushi*, como sacerdotisas, conhecidas como *miko*. Para

O famoso portão *torii* "flutuante" do Santuário Itsukushima, na ilha do mesmo nome (também conhecida como Miyajima), na prefeitura da Hiroshima moderna.

grande parte da história japonesa, esses títulos eram hereditários e as famílias que administravam santuários estavam fortemente associadas ao deus de seu santuário e seu(s) poder(es). Muitos santuários apresentam um ou mais *torii* ou "pousos de pássaros", finos portões de madeira com dois lintéis no topo, o superior maior do que o inferior. *Torii* marcam a entrada a um espaço santificado e são uma imagem representativa comum do xintoísmo.

Árvores, rochas e outros locais maiores que incorporam *kami* podem ser isolados para culto por cordas sagradas tecidas com cânhamo puro, palha de arroz ou seda, com amplas franjas nos nós. Cascatas de papel dobrado e ramos com folhas de *sakaki* (*Cleyera japonica*), uma árvore florida perene nativa do Japão, também são usados como implementos rituais e para designar espaços sagrados. Esses locais são essenciais ao xintoísmo; oferecem, e definem, o espaço no qual um dado *kami* governa. Talvez, o mais importante seja que esses espaços naturais também criam áreas onde a impureza não tem permissão para entrar.

A pureza é um dos conceitos mais importantes do xintoísmo. Ela pode ser definida como o estado natural do mundo vivo, quando não maculado pela morte ou coisas associadas a ela (Cali; Dougill, 2012, p. 20). Sangue, incluindo da menstruação e parto, assim como urina, fezes, vômito, alimentos podres, água estagnada e qualquer porção de um cadáver, são todos ritualmente poluídos, e, portanto, não podem ser trazidos à presença de um *kami*. Um lavatório constantemente contendo água corrente frequentemente se encontra na entrada de um santuário, permitindo aos devotos limparem ritualmente suas mãos e bocas – e, por extensão, seu corpo e espírito – antes de entrarem no espaço sagrado. "Pureza" não é o mesmo que "bom", assim como "impureza" não é equivalente a "mau". Contudo, de acordo com a doutrina xintoísta, *kami* amam a pureza e abominam a impureza. O conflito entre valorizar a pureza em detrimento da impureza, e o bem em detrimento do mal, explica alguns dos eventos nos mitos japoneses antigos.

QUAIS SÃO OS MITOS JAPONESES?

Peticionários lavam suas mãos antes de entrarem em um santuário xintoísta, onde um sacerdote purifica uma grinalda de *sakaki* pendurada em um portão *torii*.

Budismo

O budismo (em japonês, *bukkyō* 仏教) se desenvolveu na Índia por aproximadamente sete séculos antes de começar a se espalhar ao longo da Ásia Central e Oriental. Chegou na China em algum momento durante o fim da Dinastia Han (206 AEC-220 EC), e até a Dinastia Tang (618-908 EC) havia se tornado uma das maiores religiões da China, um papel que ainda desempenha. A religião se espalhou no que é agora Tibete, Vietnã, Mongólia e Coreia. Foi um reino coreano, Paekche, que transmitiu o budismo ao Japão em algum momento no século VI EC.

O budismo mudou quando encontrou primeiro a China e depois o resto do sudeste da Ásia. O núcleo das religiões, a doutrina em torno de Sidarta Gautama, assim como outros trabalhos iniciais de filosofia e lei religiosa – livros sagrados chamados sutras (em japonês, *kyō*) – formam a base do que chamamos hoje Theravada, ou "Palavras dos Anciãos" do budismo. Contudo, vários outros textos, alguns dos quais podendo não ter vindo de modo algum da Índia, tornaram-se mais importantes aos budistas chineses, particularmente um conhecido como o *sutra do Lótus* (em japonês, *Myōhō Hokkekyō*). O *Sutra do Lótus* introduz a ideia de "meios expedientes" (sânscrito, *upāya*, japonês, *hōben*). Esses são modos pelos quais podemos realizar a iluminação na nossa vida, escapando de um longo ciclo de renascimentos que terminam levando à verdade e ao estado de buda. A divisão de budismo que adotou essa ideia como parte de seu foco é hoje conhecida como Mahayana, ou Budismo do "Veículo Maior".

O budismo tecnicamente não apresenta seus próprios deuses. Em vez disso, a religião ensina que mesmo os deuses estão limitados aos "mundos de desejo", como o universo é chamado, e, portanto, sujeitos ao ciclo de renascimento. Deuses de muitas religiões podem ser subsumidos na visão de mundo budista, porque são entes limitados, restritos por sua própria existência – uma vez que budas, figuras que atingiram a iluminação, estão acima mesmo da própria existência.

Complexos religiosos budistas são conhecidos como templos, para diferenciá-los dos santuários xintoístas. Eles são conhecidos como *tera* ou *jiin* em japonês, e muitos têm nomes terminando ou com os caracteres *-ji* 寺 "templo" ou *-in* 院 "claustro". Templos

---

BUDISMO

- Desenvolvido na Índia e difundido ao longo da Ásia Central e Oriental; atingiu o Japão a partir da China durante o século VI EC.
- Todos os entes, mesmo deuses, estão aprisionados em um ciclo interminável de reencarnação; somente budas, que atingiram a iluminação, podem se libertar dele.
- Lugares de culto são conhecidos como templos, e são administrados por monges (também chamados sacerdotes) e monjas.
- Foco na moralidade e em questões filosóficas como a natureza da realidade.

QUAIS SÃO OS MITOS JAPONESES?

O Buda histórico, Śākyamuni (em japonês, Shaka; cf. capítulo 5), prega o conceito de "meios expedientes" em uma cópia pintada do *Sutra do Lótus*.

Um pagode de cinco andares do templo budista Kōfukuji em Nara, o segundo mais alto de seu tipo que remanesce no Japão.

podem conter sacerdotes, também chamados monges, e conhecidos por vários nomes em japonês, muitos frequentemente como variações de *sō* ou *bō*. Templos podem também, ou em vez disso, ser administrados por monjas, conhecidas em japonês como *ama* ou *ni*, ambas as palavras usando o caractere 尼. O clero budista é muito mais organizado do que o do xintoísmo. Até há algumas centenas de anos eles faziam votos de castidade e eram superficialmente similares aos monges e monjas. Tentativas feitas pelo último Xogunato de controlar as instituições budistas incluíram exigir que o clero se casasse e que os templos fossem transmitidos às linhagens familiares, uma prática que ainda vigora.

Diferente do xintoísmo, o budismo veio para o Japão com uma longa história, inúmeros textos escritos e um conjunto complexo de filosofias morais. Também difere do xintoísmo por um envolvimento ativo com questões filosóficas mais profundas como a natureza do bem e do mal, ou o lugar dos humanos no universo. Cada escola budista, incluindo aquelas formadas no Japão, desenvolveram ainda mais suas próprias diferenças em filosofia e fé. Como o budismo permitia que o *kami* fosse facilmente absorvido em seu sistema, as duas religiões rapidamente formaram uma coexistência, e, em seguida, uma simbiose completa. Apesar de várias tentativas históricas para separá-las, que foram até pouco antes da Segunda Guerra Mundial, as formas japonesas de budismo e xintoísmo estão tão profundamente entrelaçadas que afetam a cultura, a arte e a mitologia uma da outra. Hoje, muitos japoneses tendem a recorrer a rituais xintoístas para nascimento ou casamento, e a budistas para funerais e outros eventos tristes, embora em muitos casos os próprios ritos provenham do poço profundo de práticas compartilhadas.

Confucionismo

O confucionismo (em japonês, *jukyō* 儒教) é muitas vezes chamado uma "escola de pensamento", mas possui uma longa história de prática religiosa na China e ao longo do leste da Ásia. Originalmente foi um conjunto de filosofias atribuídas ao possivelmente ficcional

Kong Qiu 孔丘 (551-479 AEC), cujo nome foi latinizado por missionários europeus como "Confúcio". Confúcio foi um estudioso e conselheiro de cortes durante o período dos múltiplos reinos antes da unificação da China em um só império. Ele viajava entre diferentes estados na planície norte da China, aconselhando governantes sobre como gerir melhor, e reunindo discípulos que seguiam seus princípios. Seus ensinamentos acumulados foram registrados por seus discípulos nas décadas em que seguiram sua vida, basicamente no livro conhecido como os *Analectos* (em chinês, *Lunyu*; em japonês, *Rongo*). Esses escritos circularam ao longo dos séculos seguintes, e durante a Dinastia Han se tornaram a filosofia oficial do governo da China. No período seguinte, o das Dinastias do Sul e do Norte (220-589), o próprio Confúcio passou a ser cultuado como um sábio transcendental. Seus ensinamentos desenvolveram um ramo religioso, distinto daqueles que os seguiam como filosofia pura (Gardner, 2014, p. 6-7).

À época da Dinastia Tang – mais de 1.500 anos desde a existência de Confúcio – seus ensinamentos filosóficos e morais se transformaram em uma religião formal patrocinada pelo Estado. Templos confucianos existiam por toda a China, com sacerdócio e doutrinas religiosas ativos. Esse confucionismo religioso foi o que o Japão encontrou, e o que foi importado para o arquipélago durante

---

CONFUCIONISMO

- Dos escritos atribuídos a Kong Qiu, ou Confúcio, um estudioso chinês e conselheiro da corte no século VI AEC. Muitos livros, particularmente os *Analectos* (em chinês, *Lunyu*; em japonês, *Rongo*; c. século V AEC).
- Originalmente uma filosofia, preocupava-se em manter o equilíbrio entre céu e terra. Enfatiza a moralidade, a devoção filial e o respeito às hierarquias.
- Terminou se tornando uma religião patrocinada pelo Estado na China, com templos, sacerdotes e doutrinas religiosas. Esse confucionismo religioso nunca foi completamente estabelecido no Japão.

a Dinastia Tang. O confucionismo nunca se tornou extensamente estabelecido como uma religião completa no Japão, mas também nunca foi tratado somente como uma busca filosófica. Vários de seus principais preceitos foram incorporados a outros sistemas de crença japoneses (Adler, 2014, p. 50).

A preocupação fundamental do confucionismo é a relação entre terra e céu. O céu não é necessariamente um lugar singular, morada de deuses específicos, mas um domínio conceitual, um espelho perfeito do que a terra deveria ser. Quanto mais a terra se afasta do céu, tanto o mundo natural como a sociedade humana, correspondentemente, desequilibram-se mais. A forma de alinhar novamente a terra ao céu é agir corretamente, o que significa aderir a um código de moral universal e proteger as hierarquias. Essas hierarquias se manifestam na terra por meio de relações específicas: pais com filhos, irmãos mais velhos com irmãos mais jovens, esposos com esposas, senhores com vassalos e governante com seus súditos. Cada hierarquia deve ser protegida, porque sem ela a harmonia fundamental da sociedade se desintegraria (Gardner, 2014, p. 14-15). Quando terra e céu se desequilibram, o resultado não é apenas lapsos morais, mas catástrofes literais, como desastres naturais e rebeliões.

A fim de proteger a harmonia, os bons confucianos devem praticar a devoção filial, ou o respeito para com seus pais e ancestrais. Eles devem também respeitar outras relações hierárquicas, cumprir seriamente deveres e seguirem um

Confúcio, aqui, retratado como realeza do Império Chinês tardio.

estrito código moral. Além disso, um bom confuciano deve estudar; o aprendizado, particularmente, envolvendo textos escritos, é uma parte importante do cultivo da moralidade de uma pessoa. Como o confucionismo enfatiza a moralidade, o respeito e o estudo, e carece de figuras religiosas específicas (além de Confúcio e seus discípulos), é facilmente unido ao budismo e outras religiões no Japão. O confucionismo, portanto, influencia atitudes e ideias sem necessariamente aparecer diretamente seja nos mitos japoneses antigos, seja nas lendas populares mais recentes.

Taoismo e tradições populares chinesas

A última das religiões chinesas famosas a influenciar a mitologia japonesa é o taoismo (em japonês, *dōkyō* 道教). Como o confucionismo, é muitas vezes considerado uma escola de pensamento em vez de uma religião. Todavia, também como o confucionismo, o taoismo histórico desenvolveu seu próprio sacerdócio, templos e escritos sagrados. Contudo, em contraste com o confucionismo, o taoismo como o entendemos hoje não é uma série de desenvolvimentos de uma única escola de pensamento, mas uma mixórdia de várias crenças diferentes da China pré-moderna (Wong, 2011, p. 3-5).

Os principais textos do taoismo são um par de trabalhos aproximadamente da mesma era dos *Analectos* de Confúcio: o *Dao De Jing* e o *Zhuangzi*. O *Dao De Jing* ("O Clássico da virtude e do caminho", em japonês, *Dōtokukyō*, *c.* século VII AEC), atribuído a uma figura conhecida somente como Laozi 老子 ou "O Velho Mestre", é uma coleção de aforismo e conselhos superficialmente similar aos *Analectos*. O *Zhuangzi* (em japonês, *Sōji*), atribuído a Zhuang Zhou 莊周 (*c.* século III AEC), é um trabalho mais explicitamente filosófico que consiste de várias reflexões sobre a natureza da realidade. Os livros podem não ter estado originalmente relacionados entre si, mas, dos séculos IV a V EC, foram considerados um par, e parte da mesma tradição (Laozi, 2001, p. 5-6).

QUAIS SÃO OS MITOS JAPONESES?

TAOISMO

- Originado na China em torno da mesma época que o confucionismo, combinando elementos de muitas crenças chinesas pré-modernas, incluindo tradições e folclore locais.
- Enfatiza viver de acordo com "o Caminho" – viver em harmonia com a natureza.
- Associado a tradições mágicas, contos de fadas, astrologia chinesa, praticas divinatórias e os deuses da casa.
- Principais trabalhos: *Dao De Jing* (jap. *Dōtokukyō*, c. século VI AEC) e o *Zhuangzi* (em japonês, *Sōji*, c. século IV AEC).
- Sem templos construídos no Japão, e sem sacerdotes oficiais, todavia, sua influência aparece de outras formas.

Cada texto discute o conceito de viver de acordo com "o Caminho" (em chinês, *dao*; em japonês, *dō* ou *michi*), que tem muitos significados, mas, geralmente, refere-se a estar em harmonia com a natureza. Diferente do confucionismo, que exige uma moral estrita para alinhar a terra ao céu, de acordo com a filosofia taoista a terra já é sempre perfeita. São os humanos com seus pensamentos incômodos que bagunçam a harmonia perfeita – embora bagunçada – do mundo natural. Portanto, a fim de viver de acordo com o Caminho, devemos abrir mão das armadilhas da riqueza, poder e *status* em termos humanos, e simplesmente existir. Há muitos caminhos diferentes para realizar isso, mas nem o *Dao De Jing* nem o *Zhuangzi*, sem falar nos muitos comentários posteriores e textos derivativos, apresentam uma forma específica e clara de como fazê-lo. Para alguns taoistas essa confusão é, em si, uma parte do Caminho.

O taoismo começou a incorporar o folclore e as tradições locais em um estágio inicial. Devido a essa associação, bem como a suas conexões com o mundo natural, o taoismo há muito tem sido associado a tradições mágicas, contos de fadas e alguns deuses pouco conhecidos. Os mais comuns deles são os Imortais (em chinês, *xianren*; em japonês, *sennin*), pessoas que entraram tanto em harmonia com o Caminho que transcenderam a vida mortal. Os Imortais vivem na vastidão e podem, essencialmente, fazer o que quer que desejarem. Não são deuses de coisa alguma em particular, mas têm poderes estranhos e misteriosos, como cavalgar nuvens ou controlar o fluxo do tempo. Acima dos Imortais estão figuras maiores, como a Rainha Mãe do Ocidente 西王母 (em chinês, Xiwangmu), uma deusa antiga e misteriosa cujos poderes são quase ilimitados. A Rainha Mãe vive no extremo oeste, como implicado por seu nome, e, por vezes, é combinada a outras figuras míticas representando as outras direções. Contudo, como muitas deidades taoistas, seu papel e seus poderes mudam com cada história, mito ou parábola.

Lugares taoistas de culto são referidos como "templos" (em chinês, *guan* ou *gong*; não há nome padrão em japonês), e seu clero masculino e feminino como "sacerdotes" ou "monges", e "monjas", respectivamente. Esses são os mesmos termos usados por instituições budistas, e podem causar equívocos. De fato, templos budistas na China emprestaram muitos elementos arquiteturais e artísticos de templos taoistas mais antigos. Contudo, o tamanho e estilo de ícones são diferentes, assim como os deuses e figuras cultuados em cada religião, e certos tipos de edificações, como pagodes em templos budistas, existem somente num ou no outro.

A Imortal taoista, a Rainha Mãe do Ocidente (esquerda) e uma assistente, retratadas como nobres chinesas da Dinastia Tang.

O taoismo é também associado à astrologia chinesa, práticas divinatórias e os deuses da casa. Talvez devido a essas associações, que eram mais domínio dos plebeus do que da elite educada, é a única religião chinesa importante que foi transmitida ao Japão somente em partes. Embora seus livros importantes, incluindo o *Dao De Jing* e o *Zhuangzi*, já sejam conhecidos no Japão desde o século VII EC, parece que nunca houve qualquer interesse ou tentativa de copiar instituições taoistas. Não há conhecimento de que algum templo taoista tenha sido construído no Japão, e não há quaisquer sacerdotes oficiais praticando a religião. De fato, muitos de seus elementos mágicos foram emprestados a outras tradições, ou fundidas com práticas extraídas do xintoísmo ou budismo para criar novas. Estudiosos tanto no Japão quanto no mundo falante do inglês gostam de falar sobre "o taoismo em desaparecimento". Com isso, pretendem se referir ao fato de que uma religião tão importante na China, o maior modelo de sociedade para o Japão, esteve completamente ausente como instituição no Japão. Contudo, como veremos quando tratarmos várias formas de magia, contos de fadas e folclore local no Japão (capítulos 3 e 5), as influências taoistas nos mitos japoneses são amplas e profundas – apenas não um conjunto tão claramente separado como o de outras religiões.

MITO, HISTÓRIA E TRADIÇÃO

Os mitos japoneses se desenvolveram em uma cultura com a mistura complicada de religiões nativas e importadas discutidas acima, e estão impregnados em sua ideologia e teologia, mesmo quando as próprias histórias não são originalmente religiosas. Os *kami*, por exemplo, são um conceito inerentemente xintoísta, mas são muitas vezes tratados de acordo com a moral budista; do mesmo modo, lendas populares budistas do Japão muitas vezes invocam pureza, ou têm deidades budistas se comportando como *kami*. A devoção filial, proveniente dos textos confucianos antigos, é um tema recorrente, assim como os próprios textos confucianos, que são símbolos universais de aprendizado ao longo do leste da Ásia. A magia e seus usos nos mitos japoneses são muitas vezes taoistas, ou ao menos derivados do folclore chinês. Sem ao menos uma compreensão básica das ideias em jogo, leitores que não cresceram cercados pela cultura japonesa podem se sentir perdidos em relação ao que ocorre em um determinado mito, como e por quê.

O Japão moderno tem uma forte continuidade com o passado, não só cultural como geográfica, política e culturalmente. Os mitos japoneses não são exceção. As crônicas do século VIII foram retrabalhadas nos séculos XIII, XVIII e XX, ganhando novos aspectos e interpretações a cada vez. Lendas urbanas na Tóquio moderna se basearam nas histórias de fantasmas do Período Edo que referencia lendas populares medievais, elas próprias vinculadas à mitologia Heian. Há muito de novo em cada era, mas também um forte esforço para preservar e retrabalhar o que é considerado "tradição".

Este livro explora os mitos japoneses junto às situações históricas e culturais variáveis que os cercam. Os capítulos que seguem investigam a mitologia japonesa em ordem cronológica. Os capítulos 2 e 3 discutem os mitos distribuídos nas crônicas antigas do século VIII. Esses formam a base do que pode vagamente ser chamado "mitologia xintoísta" e ainda são amplamente conhecidos. O capítulo 2 discute a criação do mundo, os principais deuses das crônicas antigas e a compreensão básica do cosmos no Japão antigo. O capítulo 3 foca os primeiros imperadores, muitos dos quais figuras lendárias no nível dos heróis gregos ou nórdicos, examinando como e por que essas figuras foram importantes para o desenvolvimento da corte imperial e da cultura japonesa clássica.

O capítulo 4 discute as novas mitologias do Japão clássico e do período medieval inicial do Japão (aproximadamente 800-1300 EC), em muitos dos quais novos deuses e heróis se acrescentaram a, ou mesmo substituíram, alguns dos mitos mais antigos. O capítulo 5 examina as figuras lendárias que se juntaram ao panteão japonês a partir do budismo, confucionismo e taoismo. O capítulo 6 continua através da Idade Média tardia e do início das eras modernas (1400-1850 EC). À medida que a imprensa e a alfabetização se difundiam, grande parte do folclore dos plebeus foi registrada pela primeira vez: fantasmas, monstros e *kami* inferiores de todas as formas e tamanhos se juntam ao corpo da mitologia, e os mitos antigos são reinterpretados de novas maneiras. Finalmente, o capítulo 7 cobre a intersecção de cultura popular e mitologia na era moderna. Os mitos japoneses formam uma rica fonte para o anime moderno, mangá, *videogames*, filmes de ação e outras formas modernas de arte, e esse capítulo examinará como isso acontece.

A mitologia japonesa não é um corpo único e coerente de histórias, mas muitas, algumas das quais em franca contradição. Muitas dessas histórias, e seus deuses, heróis, imperadores e vilões, têm histórias muito longas, mas que mudaram ao longo do tempo, e continuam mudando. Este livro mostrará esse processo, explorando as ligações profundas entre passado e presente, e os modos como essas histórias vivem e crescem. Alguns elementos da sociedade, cultura, história e folclore japoneses podem ser únicos do Japão, mas as ideias mais amplas que revelam não o são. Minha esperança sincera é que por meio deste livro os leitores possam vislumbrar não apenas os muitos mundos do mito japonês, mas também as formas pelas quais todas as histórias – mitos – vivem e crescem em suas próprias sociedades.

2

A ERA DOS DEUSES

Grande parte do que chamamos hoje "os mitos japoneses" pode ser remontada aos séculos VII e VIII. Esse é o período mais antigo do Japão para o qual temos registros escritos. Suas histórias de deuses e heróis ainda são recontadas, e formam a base para outro folclore japonês (como os *kami* heroicos mencionados no capítulo 4). Contudo, temos consciência de que as histórias retratadas nesses textos antigos, quando criadas, foram compreendidas de formas muito diferentes das de hoje. O que as pessoas consideravam importante no passado distante é muitas vezes diferente do que estudiosos modernos querem conhecer. Embora os detalhes desses mitos tenham mudado e crescido ao longo dos séculos, evoluindo junto à sociedade japonesa para significar coisas diferentes, as histórias centrais dos textos antigos sobreviveram.

Os dois livros sobreviventes mais antigos escritos no Japão são crônicas históricas que datam do começo do século VIII. Esses dois trabalhos, o *Kojiki* e o *Nihonshoki*, começam com a criação do mundo, e recontam a história ao longo do tempo de sua escrita. Suas audiências japonesas do século VIII consideravam ambos os textos a "história", e cada uma apresenta suas porções mitológicas como verdade histórica verificável, não alegoria ou lenda popular. As últimas porções de cada crônica cobrem a história inicial da corte imperial e exibem narrativas detalhadas que ocasionalmente corroboram documentos chineses ou coreanos. Contudo, também incluem histórias que são claramente fantásticas.

Os mitos no *Kojiki* e no *Nihonshoki* oferecem as melhores visões que temos sobre as crenças dos japoneses antigos. Infelizmente, esses textos não são abrangentes nem compreensíveis. Historiadores os têm estudado por séculos, e para estudiosos modernos permanecem objetos de reverência, curiosidade e mesmo de desapontamento, muitas vezes todos ao mesmo tempo. Em suma, as crônicas são confusas – mas são o que temos. O *Kojiki* é o trabalho de literatura mais antigo existente em japonês. Foi compilado em 712 e seu nome significa "O Registro dos Assuntos Antigos". Começa com a criação do mundo e continua durante o reino da Imperatriz Reinante Suiko (r. 593-628), a trigésima pessoa a governar o Japão. Um documento relativamente breve é dividido em três livros. O primeiro livro ou livro "superior" segue os Deuses do Céu – os Amatsukami 天津神 – quando se originam e terminam enviando um casal de irmãos, Izanagi 伊邪那岐 e Izanami 伊邪那美, para criar o mundo físico. Os filhos de Izanagi e Izanami incluem a Deusa do Sol Amaterasu 天照 e seu irmão inimizado Susanowo 須佐之男. Desse par vem uma linhagem de deuses da fertilidade, culminando em Ninigi 邇邇芸, o Neto Celestial, que desce ao mundo recém-criado, onde seus descendentes se tornam o clã imperial.

O segundo livro ou livro "intermediário" do *Kojiki* continua com o Reino de Jinmu 神武, o Primeiro Imperador, que é também o bisneto de Ninigi. A narrativa segue os quinze primeiros governantes, que são heróis situados entre deuses e humanos. O terceiro livro ou livro "inferior" continua do 16º ao 30º governante. Muitos dos imperadores no livro inferior têm existências mais breves e mais preocupações humanas do que seus predecessores. Se o livro intermediário é o de semideuses e imperadores lendários, então, o inferior é sobre governantes humanos. Eles ainda descendiam de deidades, mas não eram mais entes sobrenaturais.

O *Kojiki* inclui um prefácio que traça a história de sua compilação. Originalmente, o texto era uma série de histórias orais, supostamente memorizadas na década de 680 por um cortesão chamado Hieda no Are 稗田阿礼, cuja história e mesmo gênero permanecem desconhecidos. Uma geração mais tarde, foi registrado por Ō no

A ERA DOS DEUSES

Yasumaro 太安万侶, um funcionário público (Ō, 2014, p. xvi-xviii). O prefácio é escrito de forma diferente do resto do *Kojiki* e suspeita-se que seja uma falsificação do século IX ou X, mas o principal texto do *Kojiki* é citado em outros trabalhos do século VIII, o que sugere que já era uma fonte conhecida e, portanto, tão antiga quanto o prefácio afirma. Contudo, estudiosos modernos consideram muitos dos detalhes no prefácio com alguma, e talvez com inteira, cautela, e as origens do *Kojiki* permanecem misteriosas.

O *Kojiki* tem uma forte narrativa central, mapeando as origens de Amaterasu e seus descendentes, a descida deles para a pacificação da terra, e, finalmente, seu governo como a família imperial do Japão. Contudo, o trabalho também dispensa uma grande quantidade de tempo recontando genealogias. Quase cada deidade que acompanha Amaterasu e seus descendentes, combate-os, ou simplesmente existe em seu mundo, recebe uma genealogia. Cada uma dessas analogias termina com uma família conhecida existente na corte imperial da década de 700, e em todos os casos seus predecessores estão de algum modo ligados à Deusa do Sol e seus descendentes. O *Kojiki* não é apenas uma história de como a família imperial se originou, mas de *por que* se originou, e como seu governo sobre a corte (e sobre o Japão como um todo) é natural. Afinal, se o ancestral de alguém jura lealdade à família imperial, então, seu lugar não permanece ao seu lado? Estudiosos modernos acreditam que o propósito original do *Kojiki* não era ser uma coleção de mitos, mas uma genealogia oficial para provar que as famílias aristocráticas da corte serviam à família imperial porque seus ancestrais assim o fizeram desde a era dos deuses.

O *Nihonshoki* reconta mitos similares de um modo muito diferente. O *Nihonshoki* foi terminado em 720; seu nome significa "As crônicas do Japão", e corresponde a esse título. Um vasto trabalho de 30 livros, o *Nihonshoki* é muito mais longo e mais detalhado que o *Kojiki*. Os primeiros dois livros cobrem a "Era dos Deuses", enquanto os outros 28 cobrem os reinos dos primeiros 46 imperadores, terminando com a Imperatriz Reinante Jitō (r. 686-696). Discutindo os reinos dos imperadores, o *Nihonshoki* segue o formato exato de uma crônica dinástica chinesa antiga, com o registro de eventos de cada governante dividido em averbações por ano, mês e dia. Isso dá ao trabalho um tom histórico mesmo quando está discutindo eventos lendários e faz o *Nihonshoki* soar superficialmente mais "acurado" que o *Kojiki*.

Contudo, nos primeiros dois livros do *Nihonshoki*, os que cobrem a "Era dos Deuses", as informações são apresentadas em uma narrativa que começa com as origens do universo, como a do *Kojiki*, do qual também difere de formas surpreendentes. Uma diferença é que os livros do *Nihonshoki* sobre os deuses regularmente discutem versões alternativas dos mitos. Esses acréscimos, escritos num texto menor, começam com a frase "um livro diz", e

---

O *KOJIKI* E O *NIHONSHOKI*

- Os dois livros escritos mais antigos sobreviventes no Japão (começo do século VII EC).
- As principais fontes para o que é conhecido sobre a mitologia japonesa antiga.
- O *Kojiki* ("Registro dos assuntos antigos") contém três livros, termina com o 30° imperador (começo dos anos de 600). É uma história genealógica sobre como a família imperial passou a dominar o Japão, escrito em japonês antigo.
- O *Nihonshoki* ("As crônicas do Japão") possui 30 livros, é muito mais detalhado e continua através do reino do 41° imperador (terminando em 696 EC). É escrito em chinês clássico e considerado uma história oficial dirigida a outros países, como a China.
- Ambos os textos recontam mitos similares, mas com diferenças. O *Kojiki* apresenta uma única narrativa, mas o *Nihonshoki* apresenta múltiplas versões dos mitos.
- Estudiosos modernos veem ambos os textos como propaganda; os mitos que recontam legitimam a autoridade da primeira corte japonesa.

muitas vezes contradizem completamente a narrativa principal. O *Kojiki* é frequentemente uma dessas descrições alternativas. Os leitores, portanto, seriam capazes de comparar a narrativa principal do *Nihonshoki* a outros mitos enquanto a leem. Ninguém sabe ao certo por que os mitos alternativos foram incluídos, mas listá-los junto à narrativa principal dá ao *Nihonshoki* uma aparência mais acadêmica que a do *Kojiki*.

O *Nihonshoki* não tem um prefácio ou uma atribuição. Não sabemos quem o compilou, ou onde encontraram os registros que usaram. Diferente do *Kojiki*, a história do *Nihonshoki* é registrada em uma sequência, o *Shoku nihongi* ("Crônicas continuadas do Japão"), escrito em 797. O *Shoku nihongi* é um texto ainda mais longo do que o *Nihonshoki* e cobre eventos de 696 a 791 em detalhes excruciantes. É corroborado por outras evidências, incluindo descobertas arqueológicas e outros textos do século VIII, como os registros Shōsōin (discutido adiante), e é considerado mais acurado. O *Shoku nihongi* registra a compilação do *Nihonshoki* e sua apresentação à corte em 720. Discute também os conteúdos da crônica mais antiga, que se enquadra muito bem à grande parte do texto sobrevivente (embora mencione um livro final de tabelas genealógicas que foi perdido).

A época e autenticidade do *Nihonshoki* não estão em dúvida, somente a identidade de seus compiladores. Sua lógica também é um mistério. O estilo abertamente histórico no qual foi escrito, assim como o fato de que recebeu uma sequência, sugere que o *Nihonshoki* foi concebido para ser o registro oficial da própria história da corte imperial. Genealogias são importantes no *Nihonshoki*, mas não são o tema principal do texto. Embora seus mitos também sejam importantes, são apenas o ponto de partida para os volumes históricos que seguem. Esses anais históricos são mais detalhados que o *Kojiki*, e também vão muito mais além do fim da outra crônica no tempo. De fato, as últimas partes do *Nihonshoki*, que cobrem os eventos dos século VI e VII, mesmo hoje são geralmente consideradas historicamente acuradas (Duthie, 2014, p. 111-112).

Estudiosos modernos consideram tanto o *Kojiki* como o *Nihonshoki* obras políticas. Ler essas crônicas como documentos políticos pode tirar um pouco de seu prazer, mas também nos permite entender suas limitações, o que inclui sua falta de interação com o mundo fora do arquipélago japonês, e seu foco na Deusa do Sol e seus descendentes em detrimento de tudo o mais. Os antigos mitos japoneses não estão presentes nessas crônicas para explicar a existência do mundo ou das coisas nele, mas para estabelecer como todas as coisas voltam aos imperadores e seu direito divino de governar – são, basicamente, textos de propaganda. Leitores astutos manterão isso em mente enquanto leem as histórias do *Kojiki* e do *Nihonshoki* e examinam como se desenvolvem nos últimos séculos.

OS AMATSUKAMI E AS ORIGENS DO UNIVERSO

Os mitos de criação japoneses são confusos e complicados, semelhantes a um nascimento de fato. Originalmente, o mundo era disforme, "como gordura sobre a água, boiando como uma medusa" (Ō, 2014, p. 7)[1]. Em algum ponto surge o primeiro deus. No *Kojiki*, o nome dessa primeira deidade é Ame-no-Minakanushi 天御中主 ("Mestre Poderoso Centro do Céu"), que aparece do nada (Ō, 2014, p. 7)[2]. Na narrativa principal do *Nihonshoki*, o nome do deus é Kuni-no-Tokotachi 国常立 ("Terra Local Eterno da Coisa Augusta"), que cresce do universo disforme "como um broto de junco" (Ō, 2013, p. 3)[3]. Essa primeira deidade é, em breve, seguida por cerca de mais uma ou quatro deidades, dependendo da versão, que surgem sem gênero ou formas sólidas.

Como seu número, os nomes das primeiras deidades, atributos e propósitos variam em cada versão. Esses deuses não são cultuados com frequência hoje, e pouco se sabe sobre eles. O único que aparece

---

1. Para o equivalente do *Nihonshoki*, cf. Ō, no Y. *The Nihongi*, 2013.
2 Para todos os nomes de deidades do *Kojiki* usaremos as traduções de Heldt.
3. Para todos os nomes encontrados no *Nihonshoki* usaremos somente as traduções de Aston.

significativamente nos mitos posteriores é chamado Takamimusuhi 高御産巣日 ("Grande crescimento"). Como as outras primeiras deidades, Takamimusuhi representa a misteriosa e poderosa gênese das forças criativas que subjazem à natureza. Embora se encontrem no pano de fundo para os mitos restantes, esses primeiros deuses estão sempre lá como a fonte invisível do resto do universo.

Essa primeira geração de deuses é seguida por outras seis. Cada uma delas consiste de um par de deidades. Seus nomes e funções específicos variam de acordo com a crônica, mas, geralmente, estão associadas a areia, barro e forças criativas. Cada par é um casal masculino-feminino, que então geram o par seguinte. Em todas as versões conhecidas do mito, o último par é o mesmo – Izanagi ("Aquele que acenou") e sua irmã Izanami ("Aquela que acenou"). As seis gerações prévias de deuses chamam Izanagi e Izanami a um conselho e ordenam que criem as ilhas do Japão – e, por extensão, o mundo físico inteiro. Os outros deuses apresentam ao par a "lança arredondada do céu", da qual pendem duas joias testiculares. Izanagi e Izanami projetam a lança em direção à amorfia aquosa do mundo incriado, antes de puxá-la. O sal congela em sua ponta e pinga, tornando-se a primeira ilha, Onogoroshima ("Ilha autoformada").

Izanagi e Izanami descem a Onogoroshima, onde erigem um pilar ritual, e decidem se casar formalmente. Eles circulam o pilar e se comprometem em casamento, mas Izanami fala antes que seu irmão/esposo. Logo após, Izanami dá à luz seu primeiro filho, e ele é um fracasso. Não possui braços ou pernas, e é conhecido como Hiruko 蛭子, o "Filho parasita". Izanagi e Izanami colocam Hiruko em um cesto e o soltam no oceano, onde ele navega para fora do mito antigo (mas retornará no folclore medieval como Ebisu, o deus da sorte há muito perdido; cf. capítulo 4).

Izanagi e Izanami tentam conceber novamente, e dessa vez produzem uma massa de espuma e bolhas como seu segundo filho. Perturbados com seu fracasso contínuo em criar algo útil, os deuses pedem conselho aos Amatsukami, os antigos deuses no céu. Eles

Izanami (esquerda) e Izanagi (direita) segurando a "lança arredondada do céu" sobre o caos disforme que precedeu a criação.

dizem ao casal que seu fracasso em conceber "bons" filhos se deve ao fato de Izanami, a mulher, ter falado durante sua cerimônia de casamento. O par retorna a Onogoroshima, onde executam novamente a cerimônia. Dessa vez, Izanagi fala primeiro, e os filhos que criam são saudáveis e úteis: as ilhas do arquipélago japonês.

A ordem da criação das ilhas é diferente no *Kojuki* e em ambas as narrativas, principal e secundárias, do *Nihonshoki*, mas os pontos-chave permanecem os mesmos. Shikoku e Kyushu estão entre as primogênitas, assim como Awaji, uma ilha no mar interior. A própria Honshu é usualmente duas "ilhas". Várias outras pequenas ilhas distantes – como Iki, Oki e Tsushima no Estreito da Coreia, e Sado no Mar do Japão – aparecem na ordem de nascimento também. Após o nascimento das ilhas, Izanami dá à luz vários aspectos do mundo natural, incluindo mares, rios, montanhas, florestas e planícies. Esses deuses da natureza também nasceram em pares masculino-feminino como os antigos Amatsukami. Diferente de seus pais e dos deuses das ilhas, esses deuses pareados do mundo natural não são famosos. Embora muitos deles ainda sejam cultuados em pequenos santuários, seus nomes não são amplamente conhecidos. Eles são representações de paisagens naturais, e raramente fazem outras aparições na mitologia ou no folclore.

De acordo com o *Kojiki*, como o último de seus últimos filhos, Izanami dá à luz Hi-no-Kagutsuchi 火之迦具土, o deus do fogo. Hi-no-Kagutsuchi queima a genitália de Izanami ao nascer, e ela vomita, urina, defeca e, então, morre. Seu vômito, urina e fezes se transformam em pares de deidades, respectivamente associadas a mineração e metais, água corrente e barro. Izanagi, enfurecido com a morte de sua irmã/esposa, prontamente puxa sua espada e mata Hi-no-Kagutsuchi, cortando o deus do fogo tão violentamente que seu sangue respinga nas rochas, onde se transforma em vulcões.

Seguindo esse ato de violência, Izanagi começa a procurar por Izanami. Ele termina sabendo que ela foi para Yomi 黄泉, a terra dos mortos. Izanagi vai até Yomi, onde encontra Izanami escondida dentro de uma casa. Ela implora para que não entre, uma vez que está envergonhada por ele a ver em seu estado de morte, mas Izanagi entra mesmo assim, revelando Izanami como um cadáver decomposto. Horrorizado, Izanagi a rejeita e foge.

Izanami, incomodada com a traição de seu irmão/esposo, persegue-o com um exército de deidades do trovão e bruxas. Por três vezes, Izanagi remove acessórios de sua pessoa – o laço de seu cabelo, seu pente e, finalmente, sua espada – e as deixa para trás; cada uma se transforma em uma distração para impedir os exércitos de Izanami de o alcançarem. Finalmente, Izanagi chega à encosta de Yomi, a entrada para a terra, e após atravessá-lo, bloqueia-o com uma pedra gigante. Quando Izanami chega ao outro lado, os dois têm uma conversa – talvez o divórcio mais antigo na história japonesa. Izanami ameaça "estrangular até à morte 1.000 dos mortais verde-grama de sua terra a cada dia". Em troca, Izanagi promete "construir 1.500 cabanas de parto a cada dia" (Ō, 2014, p. 16).

Izanagi se purifica num rio após sua perturbadora fuga de Yomi. Enquanto lava cada parte de seu corpo, deuses do tempo, das marés e de pureza ritual se originam. Ele lava seus olhos e nariz por último e cria as três deidades mais poderosas da natureza. De seu olho esquerdo vem Amaterasu, "Céu Brilhante", a deusa do sol. De seu olho direito vem Tsukuyomi 月読, "Lua contando", o deus da lua. Finalmente, de seu nariz, vem Susanowo, "Homem furioso correndo descuidado", o deus das forças naturais violentas. Izanagi fica contente com essas últimas três deidades e as indica como os três herdeiros de todo o mundo natural que ele e Izanami criaram. Amaterasu recebe o governo da Alta Planície do Céu (Takamagahara 高天原), Tsukuyomi, a noite, e Suzanowo, o oceano.

A história da morte de Izanami e da viagem de Izanagi até Yomi está entre as mais conhecidas dos mitos japoneses antigos hoje, mas somente no *Kojiki* é registrada como importante. Izanami nunca morre na narrativa principal do *Nihonshoki*; em vez disso, dá à luz três deuses celestiais (Amaterasu, Tsukuyomi e Susanowo) antes de se aposentar com Izanagi. Fora das narrativas extras, muitas das quais incluem partes da história do *Kojiki*, a terra de Yomi nunca é mencionada no *Nihonshoki*. Isso pode ter a ver com o fato de esse trabalho ser mais fortemente influenciado por temas chineses. Se lemos Izanagi e Izanami como representações de *yin* e *yang*, os princípios chineses que juntos conduzem o universo, ambos devem permanecer vivos para que as coisas funcionem. Alternativamente, a ausência da história de Yomi na narrativa principal do *Nihonshoki* pode significar apenas que na época fosse menos importante do que o *Kojiki* fizesse parecer. Mas em todas as versões, independentemente de se Izanami morre ou não, os deuses criadores terminam cedendo o mundo aos seus três filhos, e o Japão continua a se aproximar mais de um governo humano.

Izanagi

Izanagi é uma figura transicional. Ele é um membro da última geração dos deuses da criação, mas também o pai do resto do mundo. Ele tem poucas características definidas, e é conhecido como o deus "de" qualquer coisa em particular. Como personalidade, Izanagi é forte e puro, o epítome da divindade masculina. Contudo, é também imperfeito, com desejos e medos que os deuses antigos não tinham. Esses desejos e medos serão transmitidos para todos os seus descendentes.

Izanagi é usualmente retratado como um homem de meia-idade, muitas vezes barbudo e com uma aparência feroz. Ele pode sustentar uma lança. A partir do século XIX, tornou-se típico representá-lo com vestimentas do Período Kofun e do começo do Período Asuka, de modo que parece mais "primitivo" do que outros deuses. Quando Izanagi é mencionado na cultura popular japonesa contemporânea, é muitas vezes em algum tipo de pareamento com Izanami.

Muitos santuários ao longo do Japão cultuam Izanagi, mas somente alguns o têm como sua deidade principal. Esses incluem o Santuário Izanagi, em Awaji, e o Santuário Onogorojima, em Moinami Awaji, ambos na Ilha Awaji (prefeitura da Hyōgo moderna). Essa é supostamente a primeira ilha criada por Izanagi e Izanami. O Santuário Taga Grande, em Taga, Prefeitura de Shiga, é outro santuário dedicado a Izanagi, e supostamente o local para onde retornou

---

IZANAGI E IZANAMI

- Izanagi (Aquele que acenou) e Izanami (Aquela que acenou) são um casal de deuses criadores, irmãos que também se casaram.
- Eles criaram as ilhas do Japão, bem como outras forças naturais como mares, rios, montanhas, florestas e planícies.
- No *Kojiki*, Izanami dá à luz Hi-no-Kagutsuchi, o deus do fogo. Izanagi tenta seguir sua esposa até Yomi, a terra dos mortos, mas fica horrorizado ao vê-la ali como um cadáver e a rejeita. Após Izanagi fugir da terra dos mortos, purifica-se na água; outros deuses, incluindo Amaterasu (a deusa do sol), nascem enquanto se lava.
- Contudo, na narrativa principal do *Nohonshoki*, esses três deuses celestiais nascem de Izanami, que não morreu; ela, então, aposenta-se tranquilamente com Izanagi.

de Yomi. O Santuário Eda, em Miyazaki, Prefeitura de Miyazaki, é supostamente o local do lago onde Izanagi se purificou. Além disso, Izanagi e Izanami são muitas vezes cultuados junto aos deuses principais em santuários dedicados a Amaterasu, Susanowo e outros.

Izanami

A história de Izanami a mostra se tornando uma deusa da morte, mas ela raramente é descrita desse modo. Em vez disso, é usualmente cultuada junto a Izanagi como uma deusa da vida longa, casamento e maternidade. Na cultura contemporânea e popular, Izanami é muitas vezes pareada com Izanagi. Em outras épocas, era uma vilã, particularmente em obras de fantasia baseadas na mitologia japonesa[4].

Na arte, Izanami é usualmente representada como uma mulher de meia-idade que acompanha Izanagi. Ela é cultuada em muitos santuários que também cultuam Izanagi (embora nem todos). Santuários que lhe dão mais importância do que ao seu esposo são o Iya, em Matsue, Prefeitura de Shimane, e o Hibayama Kume, próximo a Yasugi. O Santuário Iya supostamente é construído na encosta de Yomi, o mesmo local onde Izanagi e Izanami se divorciaram. Em contraste, o Santuário Hibayama Kume celebra a forma feminina de Izanami e o ato de nascimento.

Os nomes do Japão

O Japão tem vários nomes no *Kojiki* e no *Nihonshoki*. O arquipélago como um todo é usualmente um substituto para o mundo mortal inteiro. É conhecido como Ashihara-no-Nakatsukuni ("A terra abrangente de planícies de junco"), Yashima-no-Kuni ("A terra das oito ilhas") e por vezes como Akizushima ("As ilhas da libélula"). As razões para o primeiro e o terceiro nomes são desconhecidas, mas o segundo tem a ver com o mito da criação das ilhas.

---

4. Exemplos incluem as séries televisivas de animação *Semente Azul* (1995-1996) e *Kannazuki no Miko* ("Sacerdotisa do Mês Sem Deus", 2006).

A ordem na qual as "oito ilhas" aparecem difere em cada texto, mas sempre consiste de Awaji, Shikoku, Kyushu, Honshu, Oki, Iki e Tsushima. Shikoku é sempre dividida em quatro regiões. Seu nome, "Quatro Províncias", refere-se às quatro antigas províncias que se tornaram suas quatro prefeituras modernas. Mesmo nos mitos, parece ter estado fortemente associada ao número quatro. Embora nascida como uma deidade única, a Ilha de Shikoku tem quatro faces, cada uma delas atua como um deus separado específico para uma das quatro províncias da ilha.

As outras ilhas são tradicionalmente incorporadas por deidades únicas, exceto Honshu, que pode ser dividida em duas, dependendo da versão. Algumas dessas deidades são mais tarde cultuadas em santuários em suas respectivas ilhas ou áreas. Raramente aparecem no mito novamente, e não são importantes fora de suas comunidades locais. Um exemplo é a deusa Ōgetsuhime 大宜都比売, uma das quatro "faces" de Shikoku. Ela é associada à Província de Awa (prefeitura da Tokushima moderna). Uma patrona da Tokushima moderna, a capital da prefeitura, Ōgetsuhime é cultuada em vários santuários ao longo da cidade, incluindo o mais importante, o Santuário Ichinomiya.

AMATERASU, TSUKUYOMI E SUSANOWO

Após sua criação, as ilhas do Japão ainda não são reivindicadas nem governadas, repletas de deuses selvagens e espíritos incontroláveis, uma vez que o governo das ilhas não foi incluído na divisão tripla original do mundo. Amaterasu recebeu o céu; Tsukuyomi, a noite; e Susanowo, o mar; mas o próprio Japão foi ignorado. Inicialmente, Amaterasu e Tsukuyomi trabalham em cooperação e compartilham espaço no céu. Um dia, Amaterasu pede a Tsukuyomi para fazer uma visita às ilhas abaixo. Ele visita Ukemochi 保食, a deusa dos alimentos, e vê que ela gera magicamente alimentos de todos os seus orifícios corporais. Tsukuyomi fica horrorizado com o fato de que talvez tenha comido ou bebido algo que veio de alguma parte impura de seu corpo. Ele imediatamente assassina Ukemochi, e, em resposta, Amaterasu o bane de sua vista. A lua, então, é condenada a vagar pelas noites enquanto o sol vaga durante o dia, separando seus domínios permanentemente.

O desacordo entre Amaterasu e Tsukuyomi parece mais um "mito" tradicional, mas aparece somente no *Nihonshoki*. Tanto o *Kojiki* como o *Nihonshoki*, em vez disso, dedicam mais espaço para discutir Susanowo, que tem seu próprio conflito com Amaterasu. A mais jovem das três deidades abandona seu dever de governar o mar. Em vez disso, ele marcha pela terra lamentando e chorando. De acordo com o *Kojiki*, quando Izanagi questiona seu filho sobre seu comportamento, Susanowo afirma que sente falta de Izanami, sua mãe morta (de acordo com esse texto). Ouvindo isso, Izanagi explode de raiva e bane Susanowo de seu domínio original do mar.

Susanowo foge para a Alta Planície do Céu, onde procura Amaterasu. No início, Amaterasu não confia em seu irmão, mas eles concordam em ter filhos juntos como um teste. Eles criam três meninas, que Susanowo reivindica como suas, e cinco meninos, que se tornam herdeiros de Amaterasu. Nenhum dos filhos é deformado, de modo que Susanowo conquista a confiança de Amaterasu, e o deixa em seu domínio.

A despeito de sua promessa de ser bom, Susanowo termina provocando estragos na Alta Planície do Céu. Ele arranca os campos de arroz cuidadosamente cultivados de Amaterasu e defeca em seu salão de tecelagem. Finalmente, ele esfola um cavalo de trás para a frente (da cauda à cabeça) e o joga do telhado do agora muito maltratado salão de tecelagem. Esse ato assusta Ame-no-Hatorime, a deusa da tecelagem, tanto que ela atinge suas próprias genitais com sua lançadeira e morre. Envergonhada por seu irmão, Amaterasu se refugia na Caverna de Rochas Celestial, enquanto os outros deuses da Alta Planície do Céu capturam Susanowo e o exilam.

Com Amaterasu escondida, "uma noite sem fim cobriu o mundo" (Ō, 2014, p. 23). Os outros Amatsukami se reúnem e ponderam sobre o que fazer. Terminam decidindo persuadir Amaterasu a sair do esconderijo. Eles fazem um belo espelho de bronze e um fio de belas joias e os penduram em uma árvore fora da Caverna de Rochas Celestial. Ame-no-Uzume 天鈿女, a deusa da dança e do prazer, se despe e executa uma dança provocativa que faz as deidades reunidas rirem alto.

Surpresa por alguém ter motivo para rir enquanto está escondida, Amaterasu espia o exterior da caverna. Imediatamente, o espelho captura seu reflexo, luzindo brilhantemente. Enamorada pelo espelho e pelo fio de joias, a deusa do sol se afasta da entrada da Caverna de Rochas Celestial. Tão logo se afasta, os outros deuses

Amaterasu emerge da Caverna de Rochas Celestial, fazendo o sol brilhar novamente; o espelho está pendurado na árvore atrás dela.

a fecham por trás dela com uma corda sagrada, forçando-a a permanecer no mundo. O retorno de Amaterasu traz de volta a luz do sol. O espelho e o fio de joias, agora imbuídos de seu poder sagrado, tornam-se duas das Três Regalias Imperiais. Esses itens seriam entregues aos descendentes das deusas do sol no clã imperial, e ainda existem; falaremos mais sobre eles adiante (cf. capítulo 3).

Enquanto isso, Susanowo vai se esconder nas ilhas do Japão. Ele chega no que é agora a Prefeitura de Shimane, na costa sul de Honshu no Mar do Japão. Percebendo um par de pauzinhos boiando em um rio próximo, ele segue seu curso para encontrar um casal de idosos chorando enquanto abraçam uma jovem. Quando pressionados, eles explicam que são deuses locais da terra, Kunitsukami 国津神, o termo para os descendentes dos deuses da paisagem nascidos de Izanagi e Izanami. O casal de idosos teve outrora oito belas filhas, mas Yamata-no-Orochi 八岐大蛇, uma serpente enorme com oito cabeças e oito caudas, devorou uma a cada ano durante os últimos sete anos e agora está vindo para o oitavo e último sacrifício.

A última filha do casal é Kushinada-hime 櫛名田比売, a "Princesa Pente". Ela deve ser comida pela Orochi a qualquer momento. Susanowo está enamorado de Kushinada-hime, e se oferece para salvá-la se puder tê-la como esposa; quando os pais ouviram quem ele era, concordaram. Susanowo prontamente transforma Kushinada-hime no pente homônimo e a coloca em seu cabelo para proteção. Ele, então, faz seus pais o ajudarem a construir oito plataformas gigantes e a colocar um enorme barril de saquê em cada uma. A Orochi chega e bebe profundamente de cada um dos barris com suas oito cabeças, em breve adormecendo. Enquanto ela dormita, Susanowo pega sua espada e começa a cortar todas as cabeças e caudas de Orochi, matando-a.

Enquanto corta uma das caudas de Orochi, a espada de Susanowo se parte. Achando isso curioso, chafurda dentro da cauda do monstro, e descobre uma espada espetacular, nova e brilhante. Isso é Kusanagi 草薙, o "Cortador de Vidro", a última das Três Regalias Imperiais.

Reconhecendo o poder da espada, Susanowo a apresenta a Amaterasu como um modo de se desculpar. Ela o perdoa – contanto que ele permaneça no domínio mortal. Satisfeitos, Susanowo e Kushinada-hime se estabelecem em Izumo, também na prefeitura da Shimane moderna. Susanowo, então, compõe o primeiro poema do mundo:

> Óctuplas são as nuvens que se erguem
> em Nuvens Onduladas, onde cercas óctuplas
> para cercar e abrigar minha esposa
> são cercas óctuplas feitas por mim
> Ah, essas cercas óctuplas! (Ō, 2014, p. 27).

Susanowo abandona o governo dos mares para se tornar o mestre das ilhas do Japão. Esse ato é um prelúdio para a conquista oficial do mundo terreno pelos filhos de Amaterasu em seguida, e começa a afastar o foco narrativo das grandes forças da criação para as menores que moldarão o Japão e a linha imperial. A busca do apoio de Amaterasu por Susanowo, e a grande importância dela para os outros deuses, também estabeleceu o direito divino do clã imperial de governar.

Certamente, a história de Susanowo e Amaterasu faz mais do que apenas estabelecer o clã imperial como os futuros governantes do Japão. O mito também representa uma compreensão japonesa antiga das forças naturais. Amaterasu é o sol, vitalizante e vital, mas inclinada a desaparecer de formas que podem exigir rituais para trazê-la de volta. Susanowo, em contraste, é a tempestade e a inundação, a violência da natureza atuando sem controle.

Amaterasu

Amaterasu, "Céu Brilhante", é a deusa do sol, e a ancestral da linha imperial. Ela é a governante da Alta Planície do Céu. É também a origem do direito divino da família imperial de governar através de sua posição como líder dos Amatsukami. Ao longo dos últimos século, na arte, Amaterasu tem sido muitas vezes representada como uma mulher séria, porém bela, que veste robes radiantes e emite luz. Contudo, seu retrato nas crônicas antigas é mais ambíguo, e ela é raramente descrita em detalhes físicos. Tanto no *Kojiki* como o *Nihonshoki*, Amaterasu veste uma armadura masculina para seu confronto com Susanowo, e isso inclusive levou a uma hipótese de que fosse originalmente uma deidade masculina (Matsumae, 1978, p. 5).

Os poderes de Amaterasu são igualmente difíceis de definir. Ela é o sol, mas apesar de sua presença produzir luz no céu, ela não manifesta poderes solares tradicionais como o de emanar calor ou fazer as plantações crescerem. No livro 28 do *Nihonshoki*, o Príncipe Ōama, o futuro Imperador Tenmu (r. 682-686), recorre a ela para apoiar suas forças durante a Guerra Jinshin de 672. Amaterasu responde enviando uma nuvem negra para cobrir o céu com tempestades, e revelando a Ōama sua futura vitória. Nos séculos XIII a XVI Amaterasu se torna fortemente associada à divindade budista Kannon 観音, o Bodhisattva da Compaixão. Sob essa forma ela é conhecida pela leitura no estilo chinês de seu nome, Tenshō Daijin.

Amaterasu é cultuada nos santuários ao longo do Japão, mas a principal fonte e centro do culto a ela é o Santuário Ise, na Ise moderna, Prefeitura de Mie. Um dos três santuários mais importantes no Japão, Ise supostamente contém o Espelho, uma das Três Regalias Imperiais. O santuário é um complexo massivo contendo vários recintos sagrados concêntricos. O mais interior deles é chamado santuário interno

---

SANTUÁRIO DE ISE

- Lugar principal de culto a Amaterasu, centro de seu culto na Ise moderna, Prefeitura de Mie.
- Dizia-se conter o Espelho das Três Regalias Imperiais.
- Consiste de um santuário interno, dedicado a Amaterasu; um santuário externo, dedicado à deusa dos alimentos; e vários outros santuários subsidiários.
- Entre os séculos VII e XVIII EC, a Alta Sacerdotisa de Ise foi selecionada dentre as mulheres solteiras da família imperial.

(*naikū*) e é dedicado a Amaterasu. Do século VII ao XVIII, uma integrante feminina solteira da família imperial era escolhida durante cada reinado para servir como a Alta Sacerdotisa de Ise. Conhecida como *saiō* 斎王, por vezes traduzida como Virgem Ise, essa tradição terminou expirando, mas foi muito importante por um longo tempo. Hoje, Ise permanece uma grande atração turística. De acordo com o costume antigo, o santuário interno de Ise inteiro é reconstruído do zero a cada 60 anos, mais recentemente em 2013.

Tsukuyomi

Tsukuyomi, o deus da lua, é o irmão ímpar do trio celestial. Ele recebe o domínio da noite de seu pai, Izanagi, e raramente aparece no mito depois disso. Na narrativa principal do *Nihonshoki*, Tsukuyomi é responsável pela morte de Ukemochi, a deusa dos alimentos. Por outro lado, é Susanowo que ganha a posição de contraparte má de Amaterasu.

Tsukuyomi raramente é retratado na arte antes do período moderno, e não há traços consistentes em suas representações. Seu nome mostra uma associação com divinação, mas isso também não é muito bem representado. Seus outros poderes permanecem basicamente desconhecidos. Ele é cultuado em santuários subsidiários que aparecem usualmente junto aos dedicados a Amaterasu. O maior deles é o apropriadamente chamado Santuário Tsukuyomi, localizado entre os santuários externo e interno de Ise na Prefeitura de Mie.

Susanowo

Depois de Amaterasu, Susanowo é provavelmente a deidade mais reconhecível do panteão japonês. É uma divindade de contradições inatas: a criança mimada que abandona seu domínio e o vilão que engana Amaterasu, quase provocando a perda da luz do sol; todavia, ele também é o herói que mata Yamata-no-Orochi. Estudiosos nem sequer estão certos *de* que, exatamente, ele é deus de algo. Embora, inicialmente, conectado ao mar, tem muito pouco a ver com ele; o papel do deus do oceano termina sendo executado por Watatsumi.

O nome Susanowo implica velocidade e força, e suas ações imitam a destruição pelo vento, água e fogo – as forças naturais que aterrorizavam o Japão antigo. Contudo, ele é também cheio de criatividade humana comum, e derrota outras forças naturais mais mortais – como Orochi, cujo imenso volume, dorso coberto de árvores e estômago sangrento são reminiscentes de um vulcão, o maior perigo do arquipélago japonês. Estudiosos contemporâneos afirmam que Susanowo é o deus das violentas forças naturais, encarregado tanto de instigá-las quanto de refreá-las. Esse argumento faz sentido, mas é ainda uma intepretação moderna de uma figura complexa. No fim, Susanowo desafia nossa compreensão tão prontamente quanto desafiou a de sua irmã, Amaterasu (Gadeleva, 2000, p. 167-168).

Susanowo é muitas vezes representado como um homem barbudo com olhos arregalados. Ele usualmente tem uma espada reta no estilo dos períodos Asuka e Nara. Com menos frequência, Susanowo é representado como um jovem guerreiro, mais feroz do que belo, com armadura e pronto para enfrentar seus inimigos. Ele tem uma forte associação com espadas, embora não necessariamente com a habilidade de manejá-las.

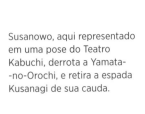

Susanowo, aqui representado em uma pose do Teatro Kabuchi, derrota a Yamata-no-Orochi, e retira a espada Kusanagi de sua cauda.

Embora Susanowo esteja associado a fúria e ferocidade, justificada e não justificada, ele é, talvez surpreendentemente, também um patrono ocasional da poesia e supostamente criou o primeiro poema para celebrar a derrota de Orochi e seu casamento com Kushinada-hime. Essa afirmação é mencionada não apenas em ambas as crônicas como também em numerosos documentos posteriores, como o famoso *Kokin wakashū* ("Antologia de poemas antigos e modernos", p. 920) do século X.

Susanowo está conectado a Izumo, na prefeitura da Shimane moderna, mas seus santuários principais estão em outros lugares. Esses incluem o Santuário Yasaka em Quioto, o santuário patrono do famoso distrito de Dion e conhecido por seu festival desordenado de julho. Há também o Santuário de Susanō, na cidade de Fukuyama, Prefeitura de Hiroshima, que se diz datar do século V ou antes. Em Izumo, Susanowo possui dois pequenos santuários: Susa e Yaegaki, associados ao complexo maior do Santuário Izumo. O Santuário Yaegaki é supostamente o local do palácio original de Susanowo após seu casamento com Kushinada-hime.

OS KUNITSUKAMI E A CRIAÇÃO DOS MUNDOS

Susanowo se casa com Kushinada-hime e se estabelece em Izumo. Daqui em diante ele é contado entre os Kunitsukami, os "deuses da terra". Na maior parte, os Kunitsukami são os filhos dos deuses das ilhas e paisagens originais que nasceram de Izanagi e Izanami. Essas deidades, muitas vezes específicas a localidades ao longo do arquipélago, tornam-se os ancestrais de importantes grupos de linhagens locais. Em contraste, os Amatsukami são os antepassados da corte imperial e dos clãs que servem à sua linha imperial; são também os ancestrais dos deuses que vivem no céu.

Os descendentes de Susanowo de seu casamento com Kushinada-hime são nomeados no *Kojiki*, que em seguida foca sua narrativa no descendente de sua sexta geração, Ōnamuji. Ōnamuji é o mais jovem de uma miríade de irmãos; o texto diz 80 mil, o que funcionalmente equivale ao infinito. Ele é bom e gentil, amado por sua mãe em detrimento de todos seus outros filhos. Seus irmãos conspiram inúmeras vezes para matá-lo, e, toda vez, sua mãe o ressuscita, terminando por fazê-lo partir para escapar de sua família.

Após um episódio no qual dá a um coelho seu pelo, Ōnamuji se dirige a Izumo, onde se apaixona pela filha de Susanowo, Suseribime, sua tetratia. Ōnamuji deve passar por várias provações antes que Susanowo permita que se case com Suseribime. Ele as supera impecavelmente, contando com sua inteligência, a sabedoria de Suseribime e a lealdade de vários animais como os ratos e (é claro) coelhos. Tendo se mostrado digno a Susanowo, Ōnamuji obtém o nome pelo qual é conhecido subsequentemente: Ōkuninushi 大国主, o "Grande mestre da terra".

Ōkuninushi recebe o governo de Izumo – e, com ele, o do arquipélago – de Susanowo. Susanowo então se retira para ficar mais próximo de sua mãe, e se torna senhor de um domínio secreto conhecido com Ne-no-Katasu, "a Raiz endurecida". Ōkuninushi é agora líder dos Kunitsukami. Como um deus da terra e da agricultura, é mais apto a esse papel do que seu selvagem e destrutivo predecessor.

O primeiro ato de Ōkuninushi como governante da terra é pacificar o país, final e permanentemente, completando o processo de criação com Izanagi e Izanami. Um recém-chegado do outro lado do mar chamado Sukunabikona 少名毘古那, "Camarada de nome pequeno", junta-se a ele em sua iniciativa. Inicialmente uma deidade silente e misteriosa, a identidade de Sukunabikona é revelada pelos auxiliares de Ōkuninushi, assim como seus misteriosos poderes criativos. Juntos, Ōkuninushi e Sukunabikona viajam através do Japão, tornando-o apto para habitação e cultivo em grande escala.

Ōkuninushi

A coisa mais próxima nos mitos antigos a um deus da terra é Ōkuninushi, a deidade responsável por "terminar" a criação do domínio dos mortais. Ele é responsável também por manter a terra preparada até que os descendentes de Amaterasu possam assumir seu controle. Ōkuninushi desempenha muitos papéis nos mitos, de um herói jovem e vitimizado – um tipo de Osíris japonês – a um senhor itinerante, e depois de um mestre cauteloso de seu domínio diante dos exigentes Amatsukami. A despeito disso tudo, seus poderes efetivos são menos definidos do que os de muitas das deidades japonesas.

Ōkuninushi finaliza a criação, tornando a terra estável e apta ao plantio. Isso acalma as forças da natureza. Contudo, Ōkuninushi não é um bom deus da agricultura. Ele igualmente não é um bom deus das montanhas ou planícies, o relevo natural que constitui as ilhas. Talvez ele seja um remanescente de um deus local originalmente no mesmo nível que Amaterasu, somente com um reino antigo diferente, que tinha de ser posto sob controle imperial – como Susanowo e Tsukuyomi podem ter sido.

Ōkuninushi raramente foi retratado visualmente até a era moderna. Hoje ele aparece muitas vezes como uma versão mais calma de Susanowo, como um homem sério com vestimentas do Período Kofun ou Asuka, por vezes sem uma arma. Estátuas e pinturas de Ōkuninushi o mostram em postura e olhar de orgulho tranquilo, em contraste com a postura e expressão tipicamente ferozes de Susanowo.

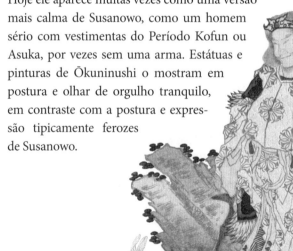

Ōkuninushi, aqui, representado como um velho sábio nobre, com o coelho que ele salvou.

O lugar mais importante de culto a Ōkuninushi é o Grande Santuário de Izumo, na Prefeitura de Shimane. O segundo dos três santuários mais importantes no Japão, esse é supostamente o local do primeiro assentamento, que mais tarde se tornou o palácio de Ōkuninushi nos dias antes da chegada de Ninigi, o neto de Amaterasu e o fundador do clã imperial.

Hoje, o Grande Santuário de Izumu é um amplo complexo de estruturas de madeira em um estilo similar ao Santuário de Ise, porém mais rústico. Contudo, isso nem sempre foi assim. As crônicas falam sobre a "casa alta" de Ōkuninushi, e uma ilustração do Período Kamakura parece mostrar uma estrutura de santuário erguida sobre grandes pilares. Em uma das descobertas arqueológicas mais espetaculares feitas no Japão, uma escavação da área do Grande Santuário de Izumo em 2000 revelou os restos de imensos suportes para a antiga edificação. Esses suportes eram formados pela amarração de conjuntos de três troncos de árvore juntos para formar um único pilar. Cada pilar completo tinha mais de 2m de diâmetro. Parece que a "alta casa" suportada por esses imensos pilares tinha ao menos 20m de altura, colocando-a entre as estruturas pré-modernas de madeira mais altas já criadas![5]

Tal como acontece com as histórias da morte de Izanami e da visita de Izanagi a Yomi, o *Nihonshoki* mais ou menos ignora Ōkuninushi em sua narrativa principal; ele é mencionado somente nas seções menores do tipo "um livro diz", e não parece ter sido amplamente cultuado pela primeira corte japonesa. Contudo, há evidências de que Ōkuninushi fosse um importante deus local no sul de Honshu, uma vez que ele, e não Susanowo, é a deidade dominante no Santuário de Izumo. A antiga Izumo tinha uma tradição diferente de construção de túmulos e metalurgia do que o resto do arquipélago: a tecnologia usada em Izumo nos primeiros séculos EC é mais similar à do antigo reino coreano de Silla (Torrence, 2016, p. 13). Talvez, o

---

5. Unearthed Pillar. *Japan Times*, 29/04/2000.

A ERA DOS DEUSES

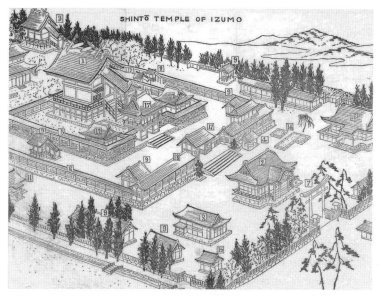

Santuário de Izumo na Prefeitura de Shimane, o principal local de culto a Ōkuninushi, muito tempo depois de os grandes pilares terem caído. Estudiosos não tinham conhecimento de seu tamanho anterior.

O GRANDE SANTUÁRIO DE IZUMO

• Principal local para o culto de Ōkuninushi; é também sagrado para Susanowo.
• Marca o local do primeiro assentamento de Susanowo, e do palácio de Ōkuninushi.
• Dito ter sido construído em honra a Ōkuninushi pelo lendário 11º imperador, Suinin (trad. r. 29 AEC-70 EC), cujo filho mudo, Príncipe Homutsuwake, então milagrosamente recuperou sua habilidade de falar.
• Em 2000, arqueólogos descobriram os restos de pilares de apoio para uma antiga versão do santuário; essa "casa alta" teria 20m de altura. O santuário moderno é um grande complexo rústico de madeira.

Grande Mestre da Terra Ōkuninushi fosse originalmente o patrono de um reino subsumido à corte japonesa há muito tempo e forçado a cultuar os descendentes de Amaterasu, tanto míticos como factuais.

A GEOGRAFIA DOS MITOS JAPONESES

A cosmologia do *Kojiki* e do *Nihonshoki* é confusa. Isso se deve, em parte, à falta de continuidade entre os textos, mas há também muito pouca descrição em ambos os trabalhos sobre *o que*, exatamente, está localizado *onde*. O domínio *mortal* – Ashihara-no-Nakatsukuni – é claramente identificado com o arquipélago do Japão. Infelizmente, o resto do mundo real não parece existir em torno das ilhas. Em vez disso, o que temos são vários "países" (*kuni*), a mesma palavra usada tanto para "província" como para "terra" nos tempos antigos. Em alguns lugares, esses "países" são unidos a Ashihara-no--Nakatsukuni, mas também coexistem em espaços fantásticos, como o fundo do mar.

O mais importante desses outros reinos é Takamagahara, "A Alta Planície do Céu". Essa é a terra de Amatsukami, especificamente de Amaterasu e sua corte. Por vezes, é identificada com o céu. Contudo, não é o mesmo que o domínio da noite de Tsukuyomi (que, interessantemente, carece de um nome). Takamagahara é descrito somente como estando "acima" de Ashihara-no-Nakatsukuni. Várias figuras diferentes, incluindo Izanagi e Izanami, e todos os enviados de Amaterasu ao Kunitsukami, usam um dispositivo conhecido como "Ponte Flutuante do Céu" (*ama-no-ukihahi*) para chegar ao reino mortal. A função da ponte nunca é descrita. Em tempos mais recentes, tem sido representada como tudo, de uma ponte regular a um elevador mágico.

Quando Izanami morre, ela vai para o Reino de Yomi. Yomi é fisicamente atingível a partir de Ashihara-no-Nakatsukuni, embora o texto nunca especifique onde exatamente está localizada a entrada – a encosta de Yomi. O nome usa os caracteres para "Fontes de Enxofre", emprestado de um termo chinês para paisagem vulcânica infernal.

A ERA DOS DEUSES

Izanagi (esquerda) e Izanami (direita) de pé na Ponte Flutuante do Céu.

A pronúncia *yomi* não é chinesa e é provavelmente um nome nativo do Japão. Yomi é o lar de bruxas, mulheres idosas além da idade de casar, e deidades do trovão, que provocam destruição. A terra raramente é mencionada fora das crônicas antigas, seja nas histórias medievais ou no folclore moderno.

Yomi é usualmente considerado ser o mesmo lugar do lar final de Susanowo, Ne-no-Katasu, ou "A Raiz Endurecida". Susanowo se aposenta aí após passar seu governo de Ashihara-no-Nakatsukuni para Ōkuninushi. Estranhamente, nada mais é mencionado sobre esse lugar. O nome é reminiscente de raízes subterrâneas, e em uma cena anterior Susanowo explica seu choro como saudades de sua mãe, Izanami, que está atualmente em Yomi. Esses dois fatos levaram estudiosos a vincular os dois lugares, embora haja problemas com essa atribuição. O mais notável desses é que Yomi não é subterrânea, mas Ne-no-Katasu pode ser.

O domínio final mencionado nas crônicas é a terra do deus do mar Watatsumi 綿津見. É usualmente considerado estar no solo do oceano, mas também possui jardins, campos de arroz, palácios e outras características do mundo terrestre. Esse domínio parece ser aquele originalmente designado a Susanowo antes de sua lacrimosa abdicação. Como o domínio de Tsukuyomi, esse também carece de um nome específico. É povoado por *kami* que se duplicam como criaturas do mar, talvez com inspiração em associações chinesas com água e o oceano. Embora Yomi e Ne-no-Katasu pareçam ser lugares diferentes, que podem ser acessados a partir do domínio mortal, o domínio marítimo está, como Takamagahara, em algum lugar separado e inacessível aos humanos. Para alcançá-lo é necessária a tácita aprovação de seu senhor, Watatsumi.

A CONQUISTA DA TERRA

Após Ōkuninushi completar a criação, Amaterasu decide assumir o controle das ilhas e unir terra e céu sob os Amatsukami. Ela escolhe o mais velho dos cinco filhos que teve com Susanowo, Ame-no-Oshihomimi 天忍穂耳, para persuadir Ōkuninushi a abrir mão do governo da terra. Ame-no-Oshihomimi não quer o trabalho difícil de pacificar os inquietos deuses da terra, e se recusa. Em seu lugar, Amaterasu decide enviar o segundo de seus filhos, Ame-no-Hohi 天穂日.

Ame-no-Hohi, obedientemente, desce ao mundo mortal. Ele se encontra com Ōkuninushi, e se enamora de Kunitsukami, recusando-se inclusive a retornar a Amaterasu por três anos. Frustrada, Amaterasu envia um deus conhecido como Ame-no-Wakahiko 天若日子 para contatar Ōkuninushi. Ame-no-Wakahiko, também, termina se aliando aos Kunitsukami, e se casa com uma das filhas de Ōkuninushi. Após oito anos, Amaterasu ordena um faisão a viajar ao domínio de Ōkuninushi para descobrir por que Ame-no-Wakahiko não retornou. Ame-no-Wakahiko atira no faisão, mas a flecha volta e o atinge igualmente, matando-o.

Nesse momento, os Amatsukami fazem uma assembleia para decidir o que fazer. Eles terminam resolvendo fazer um esforço menos diplomático. Amaterasu contata Takemikazuchi, um deus da força e das tempestades cujo pai era a lâmina usada por Izanagi para matar o deus Hi-no-Kagutsuchi. A missão de Takemikazuchi era conquistar a corte de Ōkuninushi pela força.

Takemikazuchi viaja para a terra com vários companheiros, e negocia com Ōkuninushi na costa de Izumo. Ōkuninushi consulta seu conselho de Kunitsukami. Seu filho, Kotoshironushi 事代主, um deus do conhecimento, é líder desse conselho. Kotoshironushi insiste que seu pai não lute com os Amatsukami, e, após muita deliberação, Ōkuninushi concorda. Ele aceita as exigências de Amaterasu e cede o governo da terra. Como compensação por abrir mão do governo do arquipélago, ele insiste em manter a autoridade sobre os assuntos religiosos dos *kami* e tomar um "grande palácio" em Izumo como lar – as origens do Santuário de Izumo.

Os Amatsukami conquistaram oficialmente o domínio de toda criação de Amaterasu. Agora, a tarefa de governar o mundo mortal deve começar. Para isso, Amaterasu se dirige ao seu neto, o filho mais velho de Ame-no-Oshihomimi. Esse neto tem muitos nomes, mas muitos deles contêm o elemento Ninigi, e é por esse nome que é conhecido hoje.

Ninigi, como seu pai, é uma deidade do cultivo do arroz. Além de trazer o sangue de Amaterasu por parte de seu pai, sua mãe é a filha de Takamimusuhi, uma das deidades que precedem Izanagi e Izanami. Ninigi, portanto, combina em si tanto o governo solar de Amaterasu como as forças criativas mais antigas que subjazem o universo.

Ninigi reúne alguns companheiros dentre os deuses que o ajudaram a retirar Amaterasu da Caverna de Rochas Celestial, e vai para a Terra. Antes de deixar a Alta Planície do Céu, ele recebe as Regalias Imperiais de Amaterasu: a espada Kusanagi, o espelho com a imagem de Amaterasu e o fio de joia que a atraiu para fora da Caverna de

Konohana-no-Sakuyabime, esposa de Ninigi e progenitora do futuro clã imperial.

Rochas Celestial. Ao chegar no domínio mortal, Takemikazuchi se junta ao grupo de Ninigi. O grupo se estabelece em Himuka ("Encarando o Sol"), moderna Hyūga na Prefeitura de Miyazaki. Ninigi se casa com Konohana-no-Sakuyabime, deusa das flores e filha dos deuses da montanha nascidos de Izanami. Seu casamento une firmemente uma das linhagens importantes dos Kunitsukami na linha de Amaterasu, e une as forças da natureza às do sol.

Takemikazuchi

Takemikazuchi é uma deidade do trovão, mas muito diferente de outras deidades do trovão nas crônicas antigas. Takemikazuchi é um deus da bravura e da batalha justa. Ele é também o mensageiro que finalmente faz as exigências de Amaterasu sobre Ashihara-no-Nakatsukuni chegarem ao conhecimento de Kunitsukami. Takemikazuchi se recusa a se curvar como os mensageiros anteriores, e mais tarde serve como um dos conselheiros de Ninigi. Ele parece mais um deus da guerra do que do trovão. Seu *status* de líder de guerra e sua importância original longe da corte imperial levantam questões quanto a se ele também fora outrora a deidade central de um reino ou região menor em tempos antigos. Se foi, isso significaria que Takemikazuchi também foi subsumido a Amaterasu como parte da nova ordem imperial.

Uma procissão de *miko* ou sacerdotisas do santuário no grande santuário Kasuga em Nara.

A partir do fim da era medieval, Takemikazuchi aparece como um patrono das artes marciais, particularmente da arte de manejar espadas. Desse ponto em diante ele é sempre retratado como um espadachim, geralmente sério, mas calmo. O santuário original de Takemikazuchi era o Santuário Kashima em Kashima, Prefeitura de Ibaraki, ao norte de Tóquio. Mais tarde, ele foi reconsagrado em vários outros locais no sul de Honshu, mais proeminentemente no Grande Santuário Kasuga em Nara.

Ninigi

Ninigi possui muitos nomes nas crônicas antigas, mas muitos deles terminam nas três sílabas pelas quais é conhecido hoje. Como o Neto Celestial, é o herdeiro de Amaterasu na terra, enviado para governar o domínio mortal em nome de Amatsukami.

Nomes mais longos de Ninigi contêm palavras para espigas de arroz, e estudiosos acham que ele foi originalmente um deus da agricultura. Contudo, a agricultura é usualmente o domínio de *kami* locais. Ninigi é cultuado com mais frequência como um deus do governo. Como uma figura mítica, sob alguns aspectos, é mais humano que deidade, e seu papel mais famoso é como ancestral do clã imperial.

Ninigi não é representado com frequência na arte, e imagens suas são raras mesmo no período moderno. Quando é representado, é usualmente como um jovem em roupas japonesas antigas. Essas imagens surpreendentemente apresentam muito poucas características distintivas.

Ninigi é cultuado somente em alguns santuários. O mais importante deles é o Santuário Kirishima em Kirishima, e o Santuário Nitta em Satsuma Sendai, ambos na Prefeitura de Kagoshima, bem como o Santuário Imizu 射水神社 em Takaoka, Prefeitura de Toyama.

AS ORIGENS DA LINHA IMPERIAL

Ninigi e Konohana-no-Sakuyabime têm sete filhos. Dois deles são Hoderi 火照 ("Chama Brilhante") e Howori 火折 ("Chama Tremeluzente"). Hoderi nasceu primeiro; de fato, Konohana-no--Sakuyabime anuncia que está grávida dele na manhã após seu casamento com Ninigi! Ninigi fica surpreso com quão rápido isso ocorre. Preocupado com a possibilidade de ela estar de fato carregando o filho de um amante anterior, Ninigi força Konohana-no-Sakuyabime a entrar em uma cabana, incendiando-a. As chamas poupam a deusa, que estava dizendo a verdade, e ela é encontrada intacta em meio às cinzas, segurando um bebê menino. O nome de Hoderi reflete seu nascimento em uma fogueira.

Hoderi se torna um famoso caçador, usando o conhecimento das montanhas herdado de sua mãe e avô materno para encontrar caça. Howori, seu irmão mais jovem, torna-se igualmente um pescador famoso. Um dia, os dois começam a discutir quando Hoderi tenta mostrar que pode pescar tão bem quanto seu irmão. Infelizmente, não pode, e até perde o anzol especial de pedra de Howori no oceano. Hoderi tenta dar a Howori outro anzol, mas Howori alega que, como todas as coisas têm seus próprios *kami*, seria como trocar uma criança por outra. Hoderi, então, decide mergulhar no mar para recuperar o anzol original de seu irmão.

Hoderi mergulha nas profundezas do oceano para procurar. Em vez do anzol, o jovem deus se depara com um maravilhoso palácio no fundo do mar. Esse é o lar de Watatsumi, o deus do oceano, que presumivelmente herda o domínio após Susanowo tê-lo abandonado. Hoderi fica com Watatsumi por vários anos. Durante sua estada no fundo do mar, apaixona-se pela filha de Watatsumi, Toyotama-hime 豊玉姫, uma deusa do tesouro. Os dois se casam, e então decidem retornar à superfície.

Ao retornarem, Toyotama-hime dá a Hoderi uma joia mágica que controla as marés. Ele desafia Howori novamente, e usa a joia para pescar mais peixes que seu irmão. Howori reconhece a derrota, e que Hoderi é mais adequado ao papel. Hoderi, então, herda o mandato de Ninigi sobre os domínios terrestres da criação. O casamento de Hoderi traz ainda outra força, os poderes do mar, para a linha imperial nascente; os descendentes de Amaterasu não só herdaram o mandato para governar as ilhas do Japão e os mares circundantes como também se casaram literalmente com as famílias da terra e da água.

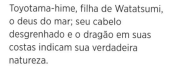

Toyotama-hime, filha de Watatsumi, o deus do mar; seu cabelo desgrenhado e o dragão em suas costas indicam sua verdadeira natureza.

Toyotama-hime engravida e se prepara para dar à luz o primeiro filho dela com Hoderi. Ela diz a seu esposo que, a despeito de sua forma agradável, ela ainda é uma filha do mar, e, assim, deve dar à luz sozinha em uma cabana reclusa. Ela lhe implora que não olhe para ela quando chegar o momento. Insuportavelmente curioso, Hoderi espia na cabana. Ele fica chocado quando, em vez de sua amada esposa, vê uma imensa criatura marítima em trabalho de parto! O que, exatamente, ele viu difere entre os textos, com o *Kojiki* afirmando ser um tubarão, e o *Nihonshoki*, um dragão.

Toyotama-hime dá à luz um menino, que ela chama Ugayafukiaezu 鵜萱葺不合, uma referência às penas do cormorão que cobriu com palhas sua cabana mágica de parto. Ela dá o menino a Hoderi, mas diz a seu esposo que nunca poderá perdoar seu desrespeito. Ela, então, parte para os oceanos para sempre. Em seu lugar, Toyotama-hime envia sua irmã, Tamayori-hime 玉依姫, uma deusa de objetos investidos de poder sagrado, para cuidar de Ugayafukiaezu enquanto cresce.

O menino traz consigo as linhagens dos Amatsukami, dos Kunitsukami e do mar. Todavia, Ugayafukiaezu é incapaz de assumir o manto do imperador, o destino dos descendentes de Amaterasu. Nenhuma versão explica exatamente por que, mas pode se dever à promessa que foi quebrada entre seus pais. Quando atinge a maturidade, Ugayafukiaezu se casa com sua tia, Tamayori-hime, e finalmente a linhagem do mar se liga ao resto sem incidentes. Eles têm quatro filhos, o mais jovem deles é melhor conhecido por seu nome imperial de dois caracteres: Jinmu 神武, "A Arma dos Deuses", o lendário Primeiro Imperador do Japão.

Watatsumi

Watatsumi, o deus do mar, aparece surpreendentemente pouco nas crônicas antigas. Certamente, considerando que o Japão é constituído de ilhas, *kami* de corpos individuais de água sempre tiveram enorme importância local. Contudo, Watatsumi vai além disso, cuidando do maior de todos os corpos de água.

Watatsumi, na verdade, é uma deidade tripla. Ele aparece pela primeira vez quando três irmãos nascem de Izanagi durante sua purificação após visitar Yomi. Sokotsu-Watatsumi 底津綿津見, "Deus da Travessia do Fundo do Mar" (ou Sokotsutsunowo 底筒之男, "Homem da Travessia do Fundo"); Nakatsu-Watatsumi 中津綿津見, "Deus da Travessia do Meio do Mar" (ou Nakatsutsunowo 中筒之男, "Homem da Travessia do Meio"; e Uwatsu-Watatsumi 上津綿津見, "Deus da Travessia da Superfície do Mar" (ou Uwatsutsunowo 上筒之男, "Homem da Travessia Superior"). Esses três aparecem como um único deus em todos os outros mitos concernentes a Watatsumi.

Watatsumi é cultuado em muitos santuários ao longo do Japão. O mais famoso deles é o Grande Santuário Sumiyoshi em Osaka. Originalmente, o Santuário Sumiyoshi era um grande complexo de santuários na praia, ao sul do antigo Porto de Naniwa. Hoje, o santuário fica vários quilômetros para dentro da península devido a aterramento marítimo, mas é ainda um grande ponto turístico, e o homônimo de seu distrito municipal inteiro. Curiosamente, todos os três deuses componentes de Watatsumi são consagrados separadamente em Sumiyoshi. Eles são cultuados em santuários menores idênticos situados um ao lado do outro, junto a um dedicado à Imperatriz Jingū 神宮皇后, uma figura sobre a qual falaremos mais no próximo capítulo.

JINMU, O PRIMEIRO IMPERADOR

Jinmu é a figura que faz a transição entre o mundo dos deuses e o mundo humano. Ele recebe sua autoridade para governar de Amaterasu, a matriarca divina. Ele também contém todos os outros componentes de criação em sua linhagem. De sua bisavó, Jinmu recebe o poder dos Kunitsukami e seu domínio sobre a terra. De sua mãe e avó, recebe o domínio sobre o mar. Diferente de seu pai, não é produto de uma promessa quebrada. Jinmu, portanto, representa a unidade de forças necessárias para trazer uma paz duradoura ao arquipélago.

Ele também representa o primeiro personagem nos mitos que é tão humano quanto deus. O Primeiro Imperador não tem uma conexão direta com a Alta Planície do Céu, exceto por meio de sua linhagem ancestral. Tudo que faz é focado apenas e completamente em preocupações "mortais", como o controle do território ou a derrota de inimigos locais.

O nome Jinmu é um nome de estilo chinês constituído de dois caracteres. Esse é um nome de estilo imperial que se tornou popular para governantes do século VIII, e que permanece o formato oficial hoje. Contudo, nas crônicas, ele é referido por seu nome real nativo: Kamu-Yamato-Iwarebiko 神日本磐余彦, ou "Príncipe Corajoso de Iware em Yamato, Abençoado Pelos Deuses". Esse nome impressionantemente grande registra a aldeia na qual ele terminará construindo seu palácio, Iware, na Sakurai moderna, Prefeitura de Nara.

Jinmu, o Primeiro Imperador, derrotando Tsuchigumo com seu arco longo e um bastão sagrado. O "Corvo de Oito Patas" Yatagarasu posa em seu ombro, emitindo a luz do sol.

O jovem príncipe é o quarto de quatro filhos nascidos de Ugayafukiaezu e Tamayori-hime. Ele cresce em Himuka, na costa sudeste de Kyushu. Tem três irmãos mais velhos: Itsuse, Inai e Mikeiri. Somente Itsuse, o mais velho, figura proeminentemente em alguma narrativa. Inai e Mikeiri mal aparecem no *Kojiki*, enquanto no *Nihonshoki* ambos desaparecem em afazeres. Inai viaja para o fundo do mar como um deus-tubarão e Mikeiri vai em busca de Tokoyo 常世, a terra da vida eterna. Contudo, Itsuse é muito próximo de seu irmão mais novo, e permanece ao lado de Jinmu.

Ugayafukiaezu e Tamayori-hime morrem quando seus filhos estão em seus 40 anos. Pouco depois, enquanto caça, Jinmu se depara com um homem com uma cauda; esse homem é Shiotsuchi 塩土, um Kunitsukami, e jura lealdade ao jovem príncipe. Shiotsuchi teve um sonho no qual Amaterasu e Takemikazuchi falam com ele. Eles o ordenam a dizer para os filhos de Ugayafukiaezu, e a Jinmu, em particular, viajarem para o norte. Lá, bem no centro de Honshu, eles encontrarão Yamato, um vale rodeado por montanhas e abençoado por rios. Amaterasu deseja que Yamato se torne o centro do domínio mortal. O caminho a seguir está repleto de Kunitsukami ainda não apaziguados. Jinmu e Itsuse terão de decidir segui-los ou não.

JINMU, O PRIMEIRO IMPERADOR

- Sua autoridade vem da deusa do sol Amaterasu, que é sua bisavó.
- É tanto humano quanto deus, e, assim, preocupado com problemas mortais.
- Lidera tropas em uma conquista para Yamato (moderna Prefeitura de Nara).
- Derrota vários Kunitsukami ("deuses da Terra") que não são subservientes a Amaterasu e aos Amatsukami ("deuses do céu").
- Casa-se com Himetatara-Isuzuhime, que tem a linhagem de uma pura Amatsukami.
- Estudiosos divergem quanto à existência ou não de Jinmu. Santuários dedicados a ele, e um túmulo, são todos construções modernas.

Shiotsuchi, cujo nome está associado às marés, junta-se a Jinmu como um construtor naval profissional. Para ajudar mais os príncipes, Amaterasu envia outro deus: Yatagarasu 八咫烏, o "Corvo de Oito Patas". Yatagarasu lidera o caminho para o norte, proclamando a chegada dos Descendentes Celestiais e de sua corte nascente.

Jinmu e Itsuse viajam pela costa, parando em vários lugares (a lista exata difere entre as crônicas). Em cada parada se deparam com as Tsuchigumo 土蜘蛛, as "Aranhas da Terra". Essas são Kunitsukami de braços e pernas longas, que se ressentem do governo dos Amatsukami sobre a terra. Algumas Tsuchigumo também terminam se juntando ao exército de Jinmu e de Itsuse. Outras lutam, mas são sempre conquistadas.

Com o tempo, os dois príncipes e suas forças chegam a Naniwa, o porto que se tornou a moderna cidade de Osaka. Naniwa é o acesso mais próximo a Yamato pelo mar. Quando os príncipes tentam descer de seus barcos, Nagasunebiko 長髄彦, um dos senhores Tsuchigumo de Yamato, trava contra eles uma batalha brutal. Durante a batalha, Itsuse é atingido por uma poderosa "flecha assobiante". Jinmu anuncia uma retirada. Quando suas forças deixam o campo de batalha, apercebe-se que estavam voltados ao leste, para o sol. Em vez disso, deveriam ter lutado com Amaterasu em suas costas; não ter feito isso provocou sua derrota.

Itsuse morre em decorrência de seus ferimentos, amaldiçoando seu destino com seu último sopro. Jinmu termina como o último herdeiro do sol. Ele reúne seu exército e navega ao sul em torno da Península de Kii para desembarcar em Kumano, que é agora a cidade de Shingū na Prefeitura de Wakayama. De acordo com o *Nihonshoki*, Jimu recebe um bom augúrio do Grande Deus de Kumano, uma misteriosa deidade local. No *Kojiki*, o sinal é um portento de Amaterasu. Independentemente de quem o envia, os augúrios são positivos, de modo que o exército dos Amatsukami se dirige à península. Eles viajam pelas montanhas da Península de Kii, seguindo a antiga rota de peregrinação (atualmente designada patrimônio da humanidade pela Unesco) conhecida como o Kumano Kodō.

A descrição do *Kojiki* da conquista de Jinmu após esse ponto é quase misericordiosamente breve. O príncipe viaja pelas montanhas para a bacia de Nara, onde enfrenta as forças de Nagasunebiko no Monte Kaguyama. Essa montanha baixa, de 153m de altura, pouco mais alta que uma colina, é, apesar disso, uma das Três Montanhas Sagradas de Yamato. Jinmu derrota completamente Nagasunebiko em suas encostas.

A descrição do *Nihonshoki* é muito mais detalhada. Foca cada um dos subordinados de Nagasunebiko e como Jinmu e suas forças os derrotaram. Essas histórias apresentam alguns temas que se repetirão posteriormente, como a existência de adversários gêmeos, um dos quais sendo bom e, o outro, mau. Logo após entrar em Yamato, Jinmu encontra um par de irmãos chamados Eshiki e Otoshiki. Ambos concordam em jurar lealdade a ele no grande salão de Eshiki. Otoshiki vem até Jinmu em segredo, dizendo-lhe que Eshiki colocou armadilhas de rochas no telhado do salão e planeja esmagar o príncipe durante a cerimônia. Jinmu envia suas forças para investigar. Na batalha resultante, Eshiki acidentalmente ativa suas próprias armadilhas e morre esmagado. Otoshiki jura lealdade de boa-fé e se torna um dos generais de Jinmu.

Em outro tropo que se repetirá no futuro, o *Nihonshoki* registra que Jinmu conquista uma vitória através de um ardil em forma de disfarce. Ele tenta sondar o Monte Kaguyama, mas o encontra bloqueado pelas forças de Nagasunebiko. O príncipe, então, manda Shiotsuchi e Otoshiki se vestirem com as roupas de uma mulher e um homem idosos. Assim, disfarçados, os dois vão à montanha e alegam ser peregrinos desejando orar a seu deus. As tropas inimigas riem em alto e bom som da aparência pobre do par, e então os deixam passar. Ao passarem o bloqueio, Shiotsuchi e Otoshiki roubam o barro sagrado da montanha e retornam a Jinmu. Jinmu faz um pote com o barro, que ele, então, usa para adivinhar as condições de sua vitória.

A ERA DOS DEUSES

Em ambas as versões, a entrada em Yamato culmina com a batalha no topo do Monte Kaguyama. As forças de Nagasunebiko são espalhadas ao longo de seu cume chato e extenso, enquanto o exército de Jinmu tem de atacar diretamente a partir da planície. O próprio príncipe lidera o ataque e derrota os Tsuchigumo com quase nenhuma baixa. Em ambas as versões, ele fez seguir sua vitória com várias canções. Muitas delas são afirmações prepotentes sobre sua habilidade com uma espada, ou sobre a velocidade da derrota de Nagasunebiko. Conhecidas como *kumeuta*, eram consideradas canções rituais por um clã específico que servia a família imperial. Um exemplo é a canção abaixo, cantadas por Jinmu logo após matar Nagasunebiko:

> Ferozes e furiosos
> camaradas dos combatentes
> em um campo de milhetos rabo de raposa floresce
> um fedido talo de cebolinha
> Procurem suas raízes,
> busquem seus ramos,
> ataquem e coloquem um fim nisso! (Ō, 2014, p. 67).

O Primeiro Imperador do Japão é entronado no primeiro dia do novo ano em seguida à sua pacificação de Yamato. Ele constrói um palácio nas encostas do nordeste do Monte Unebi, outro nas Três Montanhas Sagradas de Yamato. O moderno Santuário de Kashihara em Kashihara, Prefeitura de Nara, foi construído sobre o que é supostamente o local exato do palácio de Jinmu.

O primeiro ato de Jinmu como imperador é procurar por uma esposa apropriada. Embora tenha se casado antes em Himuka, ele agora necessita de alguém com *pedigree* digno de um descendente de Amaterasu. Chegam a ele rumores de uma bela mulher, a neta de um senhor local, que foi concebida por meios misteriosos. Algumas décadas atrás, a filha do senhor estava defecando em um rio que corria do Monte Miwa, outra montanha sagrada (embora não uma das Três Montanhas Sagradas), ao leste da bacia de Nara. A mulher foi vista pelo deus da montanha, uma deidade chamada Monoshironushi 物白主. Monoshironushi era um descendente de Takamimusuhi, um dos deuses originais da primeira criação, estando, portanto, entre aqueles com as posições mais elevadas dos Amatsukami.

Monoshironushi se apaixonou pela bela mulher. Ele se transformou em uma flecha vermelha, que, então, desceu a corrente e se alojou na genitália da mulher. Em choque, ela se levantou, e em seguida ele se transformou em um belo homem e declarou seu amor por ela. A criança nascida dessa união, uma menina chamada Himetatara-Isuzuhime 姫蹈鞴五十鈴姫, é extremamente bela. Ela também traz a linhagem de uma pura Amatsukami e, portanto, seria uma parceira perfeita para o novo imperador. Jinmu envia mensageiros para verificar a beleza e linhagem de Himetatara-Isuzuhime, e eles retornam com uma prova. Ele, então, a corteja e se casa com ela, iniciando a linhagem dos imperadores que supostamente continua no Japão até hoje.

Jinmu governa por 76 anos, até estar com 160 ou 170 anos (dependendo da crônica). Após sua morte, ele é sepultado no primeiro Mausoléu Imperial. Esse era supostamente um monte sepulcral no pé do Monte Unebi, próximo ao seu palácio. Muito interessante é que não há, em parte alguma, um monte sepulcral próximo à área onde as duas crônicas registram seu sepultamento – embora um tenha sido construído no fim do século XIX, como parte do projeto Xintoísmo Estatal que terminou com a Segunda Guerra Mundial.

A ausência de uma tumba para Jinmu foi desconcertante para autores pré-modernos. Alguns questionaram se o Primeiro Imperador do Japão verdadeiramente morreu; outros, se de fato foi real (uma posição sustentada por alguns estudiosos pré-modernos). Certamente, Jinmu nunca foi cultuado do mesmo modo que seus ancestrais ou outros *kami*. Quaisquer santuários dedicados a ele são também fenômenos modernos, como seu monte sepulcral.

O Primeiro Imperador não é um deus como seus ancestrais e com sua morte sua época chega a um término. Quaisquer feitos futuros da linha imperial, quaisquer iniciativas que tenham ou poderes que apresentem, pertencem, ao fim e ao cabo, apenas ao domínio humano. É a esse domínio que dirigimos nossa atenção a seguir.

3

O *MYTHOS* IMPERIAL

Este capítulo continua examinando as crônicas japonesas, o *Kojiki* e o *Nihonshoki*, quando deixam para trás as histórias dos deuses e começam as histórias sobre os humanos. Esse próximo conjunto de mitos é sobre os ancestrais do imperador e sobre como assumiram o controle do Japão. Eles também mostram uma imagem idealizada do domínio e oferecem diretrizes sobre como os japoneses antigos entendiam o reinado. Suas ideias pertencem ao século VIII, quando o *Kojiki* e o *Nihonshoki* foram escritos, mas foram revividos século após século, mesmo quando a sociedade e cultura do Japão evoluíram. Em algumas épocas os conceitos foram ignorados, e, em outras, adotados. Na época atual, são tratados como fontes de história e ideologia passada que basicamente não são mais aplicáveis ao Japão moderno. A mitologia dos primeiros imperadores é, portanto, tanto sobre o *ideal* de um imperador quanto qualquer outra coisa. Esse ideal permanece importante hoje.

O QUE É UM IMPERADOR?

O artigo I da Constituição do Japão declara: "O imperador deve ser o símbolo do Estado e da unidade do povo, derivando sua posição da vontade do povo com que reside o poder soberano"[6]. Essa constituição, adotada em 1946 e escrita pelas forças ocupantes americanas, definiu o governo do Japão contemporâneo e os papéis de seus

---

6. *Constitution of Japan*. Office of the Prime Minister of Japan and His Cabinet. Disponível em: http://japan.kantei.go.jp/constitution_and_government_of_japan/constitution_e.html Acesso em: 20/07/2020.

líderes desde o desastre da Segunda Guerra Mundial. O fato de que o primeiro artigo começa explicando o imperador e seu papel é um testamento de quão importante sua figura permanece hoje.

O artigo I da Constituição contém duas ideias muito importantes: a primeira é que o imperador é o símbolo do Japão e do povo japonês; a segunda, que seu poder vem do povo, não dele. A primeira ideia, a de que o imperador é o símbolo do Japão e de seu povo, é antiga. A segunda, a de que seu poder vem do povo, é nova, e diferente de qualquer coisa que viera antes – mas não chocante. Durante a Segunda Guerra Mundial, o imperador era percebido como um deus vivo, um ideal imposto pelo governo, o sistema educacional e muitos aspectos da própria cultura japonesa. Contudo, esse foco no imperador como deus-rei não foi a norma durante grande parte da história japonesa. Os imperadores eram muitas coisas em muitos tempos diferentes, e não eram com frequência cultuados como

Cerimônia de entronamento do Imperador Hirohito (r. 1926-1989), ilustrada como um pergaminho clássico. Atrás estão duas *takamikura*, plataformas cobertas para o imperador e a imperatriz.

deidades. Em muitos períodos não estavam sequer verdadeiramente no controle do governo! A ocupação americana usou essa compreensão histórica para devolver o imperador à posição de figura de proa, um símbolo, usado para unir o domínio.

Há várias palavras em japonês que são traduzidas como "imperador", e cada uma delas tem um significado específico. A principal usada hoje é *tennō*, que literalmente significa "soberano celestial". O termo era originalmente o nome de um governante antigo mítico da China. Nas fontes chinesas antigas refere a um governante do céu, ou, por vezes, à estrela polar. A estrela polar é a estrela mais próxima do eixo da Terra e, no Hemisfério Norte, todas as constelações parecem girar em torno dela, conhecida no Ocidente como Polaris, na constelação da Ursa Menor. Astrólogos chineses antigos observaram que o céu parecia girar em torno da estrela polar e, portanto, acreditavam que fosse o trono do céu (Piggott, 1997, p. 91-92). Essa ideia levou a crer que o governante do céu é como uma estrela polar, embora não literalmente a mesma coisa – e, portanto, que o governante da terra, ou ao menos de seu local mais importante (para eles, a China), deve igualmente o ser.

Tanto o *Kojiki* como o *Nihonshoki* chamam todos os governantes, a começar por Jinmu, "imperador", mas nenhum dos termos traduzidos como "imperador" foram usados até o fim do século VII EC. O primeiro governante a se chamar "imperador" foi Tenmu 天武 (631-686, r. 672-686), o quadragésimo governante na contagem tradicional. Tenmu conquistou o trono após um breve, mas intenso, conflito conhecido como a Guerra Jinshin em 672, depondo seu sobrinho, que havia sido coroado príncipe. De acordo com o *Nihonshoki*, o próprio Tenmu realizou uma divinação usando uma série de tábuas de madeira, e descobriu que deveria ser o próximo governante. A própria deusa do sol e matriarca divina, Amaterasu, verificou o resultado enchendo o céu sobre a Província de Yamato de nuvens de tempestade (*Nihonshoki*, 4, p. 313). Tenmu, então, proclamou-se não um governante terreno, mas um que extraía poder

O TENNŌ

- A principal palavra japonesa para imperador. Literalmente "soberano celestial", vem do nome de um antigo governante mítico da China (em chinês, *tianhuang*).
- Por vezes, refere-se à estrela polar, indicando o lugar do imperador no centro do domínio japonês.
- O *tennō* funciona como o mediador entre humanos e *kami*.
- Pode controlar o calendário japonês.
- Houve sempre uma dinastia, de modo que a família imperial não tem sobrenome.

Imperador Hirohito (r. 1925-1989), representado após seu entronamento cercado por membros do exército e da corte.

conhecido pelo termo *ōkimi*, ou "grande senhor"; "soberano" e "rei" são também traduções aceitáveis. Usaremos a palavra "imperador" porque as crônicas a usam, mas muitos livros respeitáveis da história japonesa não a usam para qualquer governante anterior a Tenmu.

O nome *tennō* implica a posição do imperador no centro do domínio japonês. Contudo, como a estrela polar, essa não é uma posição ativa. A estrela polar não *faz* coisa alguma; simplesmente se senta, e em virtude do que é, tudo o mais gira em torno dela. O *tennō* é teoricamente o mesmo: ele existe no centro do governo e todas as coisas orbitam ao seu redor, mas ele não necessita *fazer* outra coisa além de simplesmente ser. Há muitos exemplos históricos de imperadores assumindo o comando, e, na era moderna, as responsabilidades práticas do imperador para com a nação (como saudar líderes estrangeiros e ser responsável pelo gerenciamento de locais históricos relacionados à família imperial) se tornaram mais proeminentes e controversas, como em muitas democracias europeias cujas famílias reais são figuras de proa cerimoniais sustentadas financeiramente pelo Estado. Todavia, em um nível fundamental, o *tennō* é uma figura estática, uma imagem que serve para orientar todos.

No início do Período Heian, o termo *mikado* se tornou mais amplamente usado. *Mikado* é uma palavra japonesa nativa que significa literalmente "o portão honorável". Refere-se aos portões do palácio interno, dentro do qual o imperador e seu harém residem fora do alcance dos olhos do público. Embora nos séculos VII e VIII os imperadores fossem muitas vezes líderes de grandes eventos públicos, no século IX começaram a ser isolados cada vez mais no interior do palácio.

Tradicionalmente, um filho homem da família imperial herdaria o trono. A primogenitura, na qual a criança *mais velha* (homem) automaticamente herda o trono, *não* era praticada na corte japonesa. Qualquer príncipe imperial poderia ser escolhido como herdeiro, contanto que sua mãe fosse de *status* nobre o bastante. Imperadores tipicamente tinham um harém composto de várias mulheres diferentes, mas, usualmente, havia somente uma imperatriz máxima, que era sempre dos níveis mais elevados da aristocracia. Somente seus filhos, ou os das concubinas de posição mais elevada, seriam elegíveis para suceder o imperador. Esse padrão foi finalmente alterado

IMPERADORES MULHERES

- Houve sete casos em que mulheres se tornaram imperadores.
- Cinco imperadores mulheres ocorreram durante o Período Nara, incluindo a única mulher a passar o trono a outra mulher.
- Imperadores mulheres também são chamadas *tennō*, para o qual o termo mais comum é "imperatriz reinante".

no começo do século XX, e hoje o imperador se casa apenas uma vez com quem ele desejar (teoricamente, pois, na prática, a opinião pública limita a escolha das esposas potenciais).

As mulheres não devem herdar o trono, mas houve sete casos de mulheres que se tornaram imperadoras. Cinco desses ocorreram durante o Período Nara, quando uma carência de descendentes homens do ramo governante da família imperial obrigou princesas imperiais a ocuparem o trono. As outras duas mulheres que governaram foram postas no trono em situações similares; porém, mais tarde, no começo do século XVII e em meados do século XVIII, respectivamente. Como a língua japonesa não possui gênero, essas mulheres também eram chamadas *tennō*. Há muito debate sobre como se referir a elas, uma vez que "imperatriz" é usualmente usado para a líder do harém imperial. Este livro usará o termo "imperatriz reinante", embora "imperador mulher" seja provavelmente mais correto.

O QUE O IMPERADOR FAZ?

Com base nos termos importantes usados, as duas características mais bem conhecidas do imperador eram seu papel no centro do domínio e o fato de muitas vezes estar oculto no interior do palácio. Ambas essas qualidades são passivas. O imperador japonês não era usualmente um líder ativo como seu equivalente romano. Ele deveria ser um eixo para o resto do império, e não se posicionar na liderança dos exércitos. Todavia, tinha mais a fazer do que apenas existir. O imperador não era somente o descendente dos deuses, mas seu principal representante na terra. Nessa posição, esperava-se que realizasse cerimônias para o bem-estar do reino. Muitas dessas cerimônias, ao menos inicialmente, eram relacionadas aos *kami* e ao que se tornaria o xintoísmo. Contudo, cerimônias de outras origens – budismo, confucionismo e as de outras tradições continentais – foram rapidamente acrescentadas à mistura.

Além de realizar essas cerimônias, tecnicamente, o imperador organizava o calendário inteiro. Como centro metafísico do reino, era responsável por controlar a ordem adequada dos eventos. Para tanto, o imperador escolhia um nome de era, que reiniciava o calendário do ano 1. Essa prática permanece no Japão até hoje: além do calendário anual ocidental, o calendário japonês moderno também é contado por eras. O atual imperador, Naruhito, ascendeu ao trono em maio de 2019. Esse ano se tornou o primeiro ano de sua nova era de Reiwa, ou "paz manifesta". 2020, então, tornou-se Reiwa 2 etc. A numeração anual muda no dia da ascensão, significando que de janeiro a abril de 2019 ainda são registrados como os primeiros quatro meses de Heisei 31, a era anterior (o reino do agora aposentado Imperador Akihito).

Antes de 1868, o calendário japonês era contado somente em anos de eras. Embora imperadores modernos sejam proibidos por lei de mudar o nome da era após sua ascensão, imperadores pré-modernos não eram, e cerimonialmente reiniciavam o calendário para tranquilizar a nação sempre que eventos não eram favoráveis, como durante uma epidemia ou uma guerra. Em um caso extremo, um único ano solar teve até três nomes de era diferentes: 749 começou como Tenpyō 21; foi alterado no verão para Tenpyō Kanpō 1; e foi alterado novamente alguns meses depois para Tenpyō Shōhō 1! A decisão para alterar o nome da era, bem como que nome de dois ou três caracteres dar a ela, era feita através de conselhos de Estado. Hoje, um corpo de estudiosos e políticos escolhem o nome, e no caso de Reiwa (a era atual de Naruhito) houve um importante debate público após anúncio.

O IMPERADOR E O CALENDÁRIO JAPONÊS

- O imperador tem o papel de organizar o calendário japonês.
- Na ascensão ao trono, ele escolhe um nome de era, que reinicia o calendário para o ano 1.
- Originalmente, isso poderia ocorrer sempre que necessário, como após grandes eventos (positivos ou negativos), para dar à história um novo começo.
- Hoje, essa prática pode ocorrer apenas uma vez em cada reino imperial.
- Nomes de eras modernas são escolhidos por estudiosos e políticos, e somente afirmados pelo imperador (que não possui mais qualquer poder político).

O papel do *tennō* não era necessariamente o de um governante poderoso. Os níveis superiores da corte, e em tempos posteriores o governo xogunal, lidavam com a maior parte dos assuntos diários do Estado. O imperador japonês era, em contraste, basicamente uma fonte passiva de autoridade, enclausurado no interior do palácio, de modo que ele (ou ocasionalmente ela) pudesse interagir com os *kami* e outras forças que ajudavam a moldar o reino. O imperador era concebido como o eixo em torno do qual o império orbitava, e como a conexão mais importante entre humanos e os *kami*. Essas qualidades aparecem claramente nos mitos dos primeiros imperadores.

IMPERADORES LENDÁRIOS

O primeiro dos três pergaminhos do *Kojiki* termina com o nascimento de Jinmu. O segundo pergaminho da antiga crônica começa com a descrição da juventude de Jinmu, sua conquista de Yamato e seu entronamento como o Primeiro Imperador (cf. capítulo 2). Esse pergaminho faz a crônica dos eventos até o reino do décimo-quinto imperador, conhecido como Ōjin 応神 (datas de reinado tradicional 270-310 EC). O terceiro pergaminho do *Kojiki* prossegue com o filho de Ōjin, Nintoku 仁徳 (r. trad. 313-399), e continua ao longo do reino do trigésimo governante, Suiko 推古 (554-628, r. 593-628), a primeira imperatriz reinante. Suiko e os cinco governantes anteriores são as figuras mais antigas no texto cuja existência pode ser provada. Isso significa que o *Kojiki* cobre até o início do que poderíamos chamar "história" no presente.

O *Nihonshoki* tem um esquema organizacional diferente, com muitos de seus 30 livros dedicados a um único imperador. Contudo, apresenta a mesma lista e ordem de imperadores que o *Kojiki*. O terceiro livro do *Nihonshoki* é o registro de eventos anuais dedicado a Jinmu, e os livros 4-10 cobrem os próximos quatorze governantes. Isso é aproximadamente equivalente ao segundo pergaminho do *Kojiki*. Os livros 11-22 do *Nihonshoki* cobrem o mesmo período que o terceiro pergaminho do *Kojiki*. Os oito livros finais do *Nihonshoki* detalham o restante do século VII, terminando com o reinado da imperatriz reinante Jitō 持統 (645-703, r. 686-696), o quadragésimo

Um conjunto de xilogravuras do século XIX intitulado "Um Espelho das Deidades e dos Estimados Imperadores de Nosso País", apresentando figuras famosas tanto míticas como históricas.

primeiro monarca na ordem tradicional. O *Nihonshoki* é a única obra no Japão que aborda a história do século VII. Esses anais são também seus mais detalhados e são geralmente considerados historicamente acurados. Contudo, o resto da crônica é considerado tão mítico quanto qualquer coisa no *Kojiki*.

Estudiosos modernos consideram que nenhum dos primeiros quinze imperadores registrados no *Kojiki* e no *Nihonshoki*, incluindo Jinmu, tenha de fato existido. São geralmente referidos como os "imperadores lendários". Não há também quaisquer evidências arqueológicas no Japão, nem nos registros muito mais antigos da China, de que quaisquer figuras sequer vagamente similares a esses primeiros quinze governantes jamais tenham existido. Contudo, em alguns períodos da história japonesa, particularmente, o tempo entre a Restauração Meiji de 1868 e o fim da Segunda Guerra Mundial em 1945, as crônicas antigas eram tratadas literalmente como história (Thakur, 1995, p. 263). Durante essa era, manuais escolares ensinaram a existência de imperadores lendários como fato histórico, inclusive mapeando suas vidas e reinados extraordinariamente longos no calendário ocidental. Grande parte dessa educação era propaganda concebida para apoiar o Estado xintoísta e o sistema de imperadores como imaginado pelo governo pré-guerra pós-Meiji.

Os oito imperadores "faltantes"

Jinmu morreu após um reinado de 75 anos e é sucedido por seu segundo filho com Himetatara-Isuzuhime Suizei 綏靖 (r. trad. 581-549 AEC). Suizei é o primeiro de uma série de oito governantes sobre os quais mesmo as crônicas dizem quase nada. Esses oito – Suizei, Annei 安寧, Itoku 懿徳, Kōshō 孝昭, Kōan 孝安, Kōrei 孝霊, Kōgen 孝元 e Kaika 開花 – são coletivamente conhecidos como os "imperadores faltantes" nos estudos modernos. Tanto o *Kojiki* como o *Nihonshoki* registram seus nomes, o local de seus palácios e tumbas, as datas de suas vidas e seus reinados, e os nomes de suas esposas e filhos, mas apenas isso. Cada governante é ou o mais velho ou o segundo filho do anterior. Considerados juntos, seus reinados cobrem mais de 700 anos – um tempo muito longo para nada ocorrer.

Dada a falta de informações sobre os oito "imperadores faltantes", estudiosos modernos ponderaram por que foram sequer inseridos na lista de imperadores lendários. Uma teoria explica esses "imperadores faltantes" como empurrando Jinmu mais para o passado distante. Ao inserir oito governantes com longos reinados, a ascensão de Jinmu vai de apenas algumas centenas de anos antes da criação das antigas crônicas a mais de um milênio antes. Esse alongamento artificial permitiria à corte do Período Nara alegar que tinham uma história tão longa como a da corte imperial da China, ou mesmo mais longa. Um movimento como esse tornava mais difícil para outros candidatos, incluindo os de clãs concorrentes com seus próprios mitos ancestrais, argumentar contra os eventos retratados nas partes iniciais de ambas as crônicas.

Construindo o domínio: Sujin e Suinin

O décimo imperador listado nas crônicas é conhecido pelo nome de dois caracteres Sujin 崇神 (r. trad. 97-30 AEC). Sujin é o primeiro governante após Jinmu a ter revelados alguns detalhes de seu reinado além das informações básicas sobre seu palácio e locais de sepultamento, e os nomes de suas esposas e prole. De acordo com as crônicas, Sujin foi o segundo filho do governante anterior, Kaika. Nos cinquenta anos do reinado de Sujin, uma epidemia irrompeu, devastando as Províncias Natais (a região Kansai moderna). A

POR QUE ALGUNS IMPERADORES SÃO LENDÁRIOS?

- Estudiosos modernos duvidam de que os primeiros quinze imperadores no *Kojiki* e no *Nihonshoki* sequer existiram.
- Não há evidências arqueológicas ou historicamente verificáveis deles.
- As crônicas dão a esses imperadores vidas estranhamente longas e reinados de mais de um século.

despeito de preces a Amaterasu e a outros grandes deuses, não houve trégua. Sujin decidiu dedicar um novo santuário a Amaterasu fora do palácio e enviou uma de suas meias-irmãs para ser a alta sacerdotisa, mas ela adoeceu. Ele escolheu outra, mas não só ela adoeceu como todo seu cabelo caiu (*Nihonshoki*, 1, p. 270-271).

Logo após sua segunda meia-irmã adoecer, a tia de Sujin foi possuída, e começou a falar na voz de um poderoso *kami*. O *kami* se nomeou um Ōmononushi 大物主, literalmente, "Grande Mestre das Coisas", e alegou ser o deus do Monte Miwa. O Monte Miwa é uma das montanhas que cerca a estreita bacia de Yamato e do qual se tem uma visão dos supostos locais dos palácios de Jinmu e seus descendentes. Ōmononushi exigiu que Sujin o cultuasse com a mesma veneração mostrada a Amaterasu. Para isso, o *kami* exigiu que o governante localizasse um homem conhecido como Ōtataneko 大田田根子 e o trouxesse a ele para servir como seu sacerdote principal. Em troca, Ōmononushi faria a epidemia desaparecer.

Sujin ficou chocado com o fato de um *kami* tão poderoso ter passado desconhecido e não cultuado. Ele imediatamente decretou ordens para santificar o Monte Miwa e para erigir um santuário em sua base. Nesse meio-tempo, o soberano decretou uma busca por

---

O IMPERADOR SUJIN

- O décimo imperador listado nas crônicas, e o primeiro governante após Jinmu a ter revelados detalhes sobre seu reinado.
- Durante o quinto ano de seu reinado houve uma epidemia. Sua tia foi possuída pelo *kami* Ōmononushi ("Grande Mestre das Coisas"), que exigiu que Sujin o cultuasse.
- Ordenou que o Monte Miwa fosse santificado em honra a Ōmononushi, de modo que terminasse a epidemia; supostamente construiu o Santuário Ōmiwa em sua base.
- Morreu aos 118 anos de acordo com as crônicas.
- Escolheu seu filho mais novo Ikune (que governou como Imperador Suinin) como seu herdeiro.

todo o Japão pelo homem chamado Ōtataneko. Ele acabou sendo encontrado em Kawachi (a parte leste da prefeitura da Osaka moderna), trazido ao Monte Miwa e concedido o papel de sacerdote principal de Ōmononushi. Tão logo Ōtataneko conduziu os ritos apropriados, a epidemia se dissipou. O *Kojiki* explica que Ōtataneko era de fato o filho de uma jovem que havia sido seduzida por Ōmononushi. Isso o tornava a pessoa mais apropriada para servir o deus, que era de fato seu pai (Ō, 2014, p. 84-85).

Até hoje, o Santuário de Ōmiwa ("Santuário do Grande Deus") se encontra no pé do Monte Miwa. Diferente de muitos santuários xintoístas, o Santuário de Ōmiwa não possui um salão principal. Em vez disso, a montanha inteira é seu salão principal, bem como o *shintai*, ou corpo do deus. Há trilhas de caminhada na montanha, muitas das quais seguem caminhos antigos até o topo. Homens que desejavam comungar com o *kami* Miwa o escalariam. Originalmente, mulheres não tinham permissão de acessar a montanha por medo de que enfurecessem Ōmononushi, mas nas últimas décadas essa prática mudou.

Sujin não é somente o primeiro governante após Jinmu a receber uma descrição detalhada nas crônicas, mas também o primeiro a continuar o processo de Jinmu de consolidar o governo sobre o Japão. Uma vez evitada a crise de Miwa, ele enviou forças militares para subjugar os quatro distritos do domínio. Cada um desses distritos necessitava ser "pacificado", subjugado aos descendentes de Amaterasu. Embora supostamente 600 anos tenham se passado desde a morte de Jinmu, grande parte do arquipélago permanecia selvagem e indomada na perspectiva da corte. Hoje, estudiosos leem essas forças "rebeldes" como representações de tribos e reinos menores, agora, há muito perdidos para a história, que foram subjugados pela corte de Yamato provavelmente não antes do século III ou IV EC. Todavia, nas crônicas antigas, as terras que devem ser pacificadas são representadas como lugares maus e horríveis que se rebelam contra seus governantes legais ordenados *kami*.

No sexagésimo ano de seu reinado, Sujin desejou contemplar os tesouros mantidos no Santuário de Izumo. Ele ordenou que mensageiros imperiais viajassem a Izumo, uma jornada de algumas semanas do palácio, e trouxessem os tesouros de volta à corte. O senhor de Izumo, um homem chamado Izumo Furune 出雲振根, era o guardião dos tesouros, mas estava fora tratando de assuntos no norte de Kyushu, de modo que seu irmão mais novo, Izumo Irine 出雲入根, entregou os tesouros aos mensageiros imperiais. Quando Furune retornou ficou furioso. Convidou Irine para se banhar numa piscina, e, então, secretamente, trocou a espada de Irine por uma de madeira enquanto ele estava na piscina. Furune, então, desafiou seu irmão para um duelo; a espada falsa de Irine quebrou e Furune o matou. Quando a notícia desse evento chegou à corte, Sujin ficou tão horrorizado que imediatamente despachou dois generais e um exército para trazer Furune à justiça, o que fizeram.

De acordo com ambas as crônicas, Sujin morreu aos 118 anos. Para resolver a questão da sucessão antes de sua morte, chamou seus dois filhos com sua principal esposa para se apresentarem diante dele e recontarem seus sonhos. O filho mais velho, Príncipe Toyoki 豊城, sonhou que subiu ao topo do Monte Miwa. Lá, cravou uma lança na terra oito vezes, e bradou uma espada ao céu oito vezes. O filho mais novo, Príncipe Ikume 活目, também sonhou ter subido o Monte Miwa. Contudo, o que Ikume encontrou no pico foi uma área cercada por cordas sagradas, nas quais pardais estavam comendo milheto. Ikume correu pela área, dispersando os pardais e impedindo que o milheto fosse comido. Ao ouvir os sonhos de seus filhos, Sujin se apercebeu de que Ikume estava destinado a ajudar o povo a prosperar, e escolheu seu filho mais novo como seu herdeiro.

Ikume foi entronado como Imperador Suinin 垂仁 (r. trad. 29 AEC-70 EC). O registro de Suinin nas crônicas é mais esparso do que o de seu pai, mas ainda assim ele realizou algumas tarefas importantes. Uma delas foi fundar o Grande Santuário de Ise, que permanece hoje o centro do culto a Amaterasu. Ise está na prefeitura da Mie moderna, na costa pacífica sul de Nagoya. Em linha reta, é somente algumas dezenas de quilômetros de Nara, mas as escarpadas montanhas de Iga bloqueiam o caminho. Mesmo agora, qualquer jornada a Ise exige navegar em torno da Península Kii ou atravessar vales de rios e passagens de montanhas ao norte. Esse local remoto foi selecionado pela filha de Suinin, a Princesa Yamatohime 倭姫 ("Princesa de Yamato"), quando seu pai lhe pediu para encontrar um lar para Amaterasu no qual a deusa desejasse ser cultuada. Yamatohime procurou durante vinte anos antes de estabelecê-lo na costa de Ise. Yamatohime foi então designada a primeira Saiō, ou Alta Sacerdotisa de Ise (muitas vezes traduzido como "Virgem de Ise").

A Saiō era uma jovem solteira da família imperial que tradicionalmente era enviada a Ise para ser a representante principal de Amaterasu. A Saiō viveria em Ise até que uma nova fosse designada, usualmente quando houvesse uma mudança de reinado. A própria transição exigia várias cerimônias detalhadas e purificações, e, após isso, a Saiō deveria se abster de atividades impuras, incluindo sexo, durante seu período. A instituição prosseguiu até o fim da era da

O santuário interior de Ise, como visto c. 1910-1919. Considera-se que o estilo arquitetônico reflita os depósitos japoneses antigos do Período Kofun ou anterior.

Idade Média antes de finalmente cessar. Durante o Período Heian, no auge da importância de seu papel, a Saiō era muitas vezes representada como uma figura romântica. Sua intocabilidade ritual fez dela o tema de romances trágicos. Embora tanto o *Kojiki* como o *Nihonshoki* recontem a história de Yamatohime, evidências da arqueologia, bem como uma citação no *Man'yōshū*, datam a primeira sacerdotisa efetiva de Ise muito mais tarde, no reinado do Imperador Tenmu no fim do século VII EC (Duthie, 2014, p. 319-320).

Suinin se casou com uma mulher chamada Sahohime 沙穗姫 ("Mulher de Belas Plumas"), que também era sua sobrinha. Sahohime era muito próxima de seu irmão mais velho, Sahohiko 沙穗彦. Sahohiko ficou muito aborrecido com o fato de sua irmã se casar com o rei e exigiu que ela lhe dissesse quem ela amava mais, seu irmão ou seu esposo. Sahohime ficou confusa, de modo que Sahohiko a lembrou de que, quando envelhecesse, Suinin deixaria de amá-la, mas ele, como seu irmão, jamais. Convencida da lealdade de sua irmã, Sahohiko persuadiu-a a matar Suinin enquanto dormia. Sahohime esperou até que o governante adormecesse sobre seus joelhos, e então pegou sua adaga e tentou atingir seu pescoço, mas se apercebeu de que não poderia se permitir fazê-lo. Tentou três vezes, e a cada vez falhou. Após a terceira vez, Suinin acordou, e exigiu que sua esposa lhe dissesse o que fazia com uma adaga. Desabando em lágrimas, Sahohime contou a Suinin o plano contra ele, e então fugiu do palácio.

Sahohime e Sahohiko buscaram refúgio em seu feudo natal no extremo norte da bacia de Nara. Suinin trouxe um exército e os cercou. Sahohime então revelou que estava grávida de um filho de Suinin. Suinin suspendeu o cerco até que Sahohime desse à luz. A imperatriz afastada ofereceu seu filho ao imperador. Suinin fez seus homens se posicionarem em torno do portão, com ordens para agarrá-la quando passasse por ele para entregar o bebê. Contudo, Sahohime, ciente do plano, raspou sua cabeça e fez uma peruca com o cabelo, e então vestiu roupas danificadas com saquê. Quando os homens se aproximaram para pegá-la, tudo que tocaram caía, e Sahohime foi capaz de se libertar e voltar para seu irmão. Uma vez mais Sahohiko perguntou a ela quem ela amava mais, e dessa vez ela lhe disse sem hesitação em sua voz: era seu irmão. Suinin então ordenou que suas tropas invadissem sua casa e ambos Sahohime e Sahohiko foram mortos no ataque.

O filho de Suinin com Sahohime foi nomeado Príncipe Homutsuwake 誉津別. De acordo com o *Kojiki*, mesmo após ter crescido tanto que sua barba "tinha o comprimento de oito mãos", ele era incapaz de falar (Ō, 2014, p. 92). Um dia, Homutsuwake viu um belo cisne no céu, e tentou dizer algo. Sujin ficou admirado e enviou um caçador para capturar o pássaro. O caçador terminou capturando-o na terra de Koshi (mais tarde, províncias de Echizen, Etchū e Echigo); prefeituras de Fukui, Toyama e Niigata modernas). O cisne foi trazido de volta ao palácio e mostrado ao Príncipe Homutsuwake. O príncipe uma vez mais tentou falar, mas não conseguiu. Naquela noite, o desapontado Suinin teve um sonho estranho, no qual uma voz lhe dizia que o grande espírito de Izumo desejava um santuário.

Representação do Santuário de Izumo que foi afixada a um pedido por permissão para reparar seus pátios, datada de 1875.

O imperador acordou, e se apercebeu de que para curar a aflição de seu filho tinha de construir mais outro santuário, esse para Ōkuninushi, que outrora governara a terra de Izumo.

Suinin despachou Homutsuwake para Izumo, com vários outros príncipes. Os homens tiveram várias aventuras durante a jornada, mas Homutsuwake ainda não havia recuperado sua habilidade de falar. Eles terminaram chegando a Izumo, onde prestaram homenagem a Ōkuninushi e construíram um grande santuário, que se tornou conhecido como o Santuário de Izumo (na prefeitura da Shimane moderna). Quando estavam para partir, o Príncipe Homutsuwake olhou para trás e, repentinamente, exclamou quão belo o santuário era, e perguntou se era verdadeiramente em honra a Ōkuninushi. Ouvindo sua voz, os príncipes reunidos e seus homens ficaram felizes. Quando a notícia chegou ao imperador, Suinin despachou mais homens para construírem outro santuário.

O reino de Suinin apresentou outros momentos notáveis. Ele definiu pela primeira vez as províncias do império, nomeando-as e seus povos. No começo de seu reinado, um torneio de lutas – que pode ou não ter ocorrido no pé do distante Monte Fuji – foi a origem do esporte do sumô. Finalmente, Suinin continuou expandindo a agricultura no sul de Honshu. Por fim, morreu aos 138 anos e foi sucedido por seu filho, o Príncipe Ōtarashihiko-Oshirowake, que foi entronado como Imperador Keikō 景行 (r. trad. 71-130 EC).

Por mais sangrentas que algumas dessas histórias possam ser, demonstram a futilidade de se opor à corte. Os imperadores eram protegidos por poderosos *kami*, e se rebelar contra eles tinha o risco quase certo de derrota. Nem mesmo a própria imperatriz (Sahohime) é isenta desse destino. Embora estudiosos modernos não considerem que o Imperador Sujin e o Imperador Suinin tenham sido pessoas reais, tanto o *Kojiki* como o *Nihonshoki* tratam seus feitos como fatos históricos. Como grande parte da história, essa também possui um viés: mostrar o clã imperial não apenas como poderoso, mas como inevitável. Todavia, a importância dos imperadores não estava apenas em seu direito divino de governar. Como as histórias da fundação imperial de grandes santuários em Miwa, Izumo e Ise mostram, o governo desses soberanos era tanto sobre construção como supressão. Esse é um padrão que continua no próximo governante, com resultados ainda mais espetaculares.

Violência e vitória: Keikō e Yamato Takeru

Como seu pai Suinin, Keikō foi escolhido como imperador em detrimento de seu irmão mais velho. Antes de nomear seu sucessor, Suinin perguntou aos dois príncipes o que cada um mais desejava. O irmão mais velho desejava um arco e flechas, mas o mais novo (o futuro Imperador Keikō) desejava o próprio império. Feliz com a ambição de seu segundo filho, o Imperador Suinin o tornou seu herdeiro. Keikō cumpriu seu desejo, promovendo a expansão do reino como seu pai e avô fizeram. O *Nihonshoki* registra Keikō viajando para o sul de Honshu e Kyushu, percorrendo seu domínio e liderando exércitos para derrotar inimigos. A viagem de Keikō, muito distante de seu palácio, é inusual para um imperador tanto nos mitos como na prática histórica registrada.

Contudo, o Reino de Keikō é mais notável pelas ações de um de seus filhos. O Príncipe O'usu 小碓, ou "Pequeno Morteiro", mais tarde conhecido pelo epíteto Yamato Takeru 倭猛, "Homem Corajoso de Yamato", era o mais novo de dois filhos da primeira imperatriz de Keikō. O irmão mais velho de O'usu era o Príncipe Ō'usu 大碓 ou "Grande Morteiro". Um dia, Keikō notou que Ō'usu deixou de aparecer na corte por algum tempo, e então enviou O'usu para ver como estava seu irmão mais velho. O'usu era renomado por seu temperamento forte e proezas de batalha, e quando descobriu que Ō'usu estava ignorando as convocações imperiais, o príncipe mais jovem se enfureceu, matou seu irmão mais velho e depois cortou os braços e pernas do cadáver antes de trazê-lo de volta para jogá-lo diante do trono de seu pai.

Keikō ficou chocado com a brutalidade de seu filho, e também um pouco assustado. Contudo, o Príncipe O'usu só desejava servir seu pai. A fim de permitir que seu filho o fizesse, embora o mantendo distante de outros membros da família para segurança deles, Keikō decidiu enviar o príncipe para combater inimigos da corte. Chegou a notícia de que no extremo sul do reino, na ponta sul de Kyushu, um povo chamado Kumaso havia se tornado forte e orgulhoso sob um líder chamado Kumaso Takeru 熊襲猛, o "Homem Corajoso de Kumaso". No oeste, nas terras de Izumo (em torno do Santuário de Izumo), mais outro líder rebelde se insurgiu: Izumo Takeru 出雲猛, ou "Homem Corajoso de Izumo". Keikō decidiu enviar o Príncipe O'usu ao sul para derrotar Kumaso Takeru, e depois ao oeste para derrotar Izumo Takeru. Para marcar o novo *status* de seu filho como general, Keikō lhe conferiu o nome de Yamato Takeru ("Homem Corajoso de Yamato").

Após partir, Yamato Takeru primeiro viajou para Ise, e se encontrou com sua tia Yamatohime, que ainda era a Alta Sacerdotisa de lá. Ela lhe deu um conjunto de roupas femininas e o enviou ao seu caminho. Ele então viajou para o extremo sul, atravessando o Mar Interior em direção ao sul de Kyushu. Chegando à terra de Kumaso, vestiu as roupas femininas que sua tia lhe dera; ele era de uma beleza tão surpreendente que ficou tão bonito como mulher quanto era como homem. Kumaso Takeru ficou instantaneamente enfatuado com o recém-chegado. Sem saber a identidade de Yamato Takeru, Kumaso Takeru "*a*" declarou sua futura esposa. Yamato Takeru aceitou timidamente essa proposta, mas secretamente ocultou uma espada em suas roupas de noiva. Após o banquete nupcial, quando ele e Kumaso Takeru ficaram sós para consumar o casamento, Yamato Takeru retirou suas roupas femininas, revelando sua identidade, e matou Kumaso Takeru sobre o leito nupcial. Ele então recitou um poema de vitória, pelo qual os Kumaso o reconheceram e se submeteram à autoridade do imperador.

Após subjugar os Kumaso, Yamato Takeru viajou para Izumo onde, para sua surpresa, Izumo Takeru o recebeu com uma calorosa acolhida. Embora surpreso com a hospitalidade de Izumo Takeru, Yamato Takeru permaneceu focado em sua missão, e no dia seguinte secretamente substituiu a espada de Takeru por uma lâmina falsa feita de madeira antes de desafiá-lo a uma luta de boxe. A espada de Izumo Takeru quebrou, e Yamato Takeru o atravessou. Como esse é o mesmo truque que se acredita Izumo Furune, um dos inimigos do Imperador Sujin, ter usado contra seu próprio irmão duas gerações antes, no mesmo local, os dois mitos podem, de fato, ser ecos da mesma história.

Yamato Takeru retornou à corte, e o Imperador Keikō congratulou-o por sua bem-sucedida pacificação do oeste e do sul. Ainda assustado com o poder de seu filho, Keikō decidiu enviá-lo para uma última missão. No extremo nordeste ficam as terras dos Emishi, que se recusavam a obedecer aos comandos imperiais. Keikō desejava que Yamato Takeru os subjugasse também. Tendo dado essa ordem ao

Yamato Takeru (de pé) subjugando os Emishi do norte do Japão.

príncipe, Keikō imediatamente o dispensou. Yamato Takeru, aborrecido com a aspereza de seu pai, uma vez mais se dirigiu a Ise para buscar consolo com sua tia. Yamatohime confortou seu sobrinho, e lhe presenteou com um tesouro sagrado: a espada Kusanagi, a "Cortadora de Grama". Essa foi a mesma espada que Susanowo encontrou na cauda da Yamata-no-Orochi, e que se tornou uma das Três Regalias Imperiais (cf. capítulo 2). Na versão do *Kojiki* da história, Yamatohime também dá ao seu sobrinho um saco contendo um sílex.

A esposa de Yamato Takeru, uma mulher chamada Oto-Tachibanahime 弟橘姫, pediu para acompanhá-lo à terra dos Emishi. Aqui, o *Kojiki* interpõe uma história não encontrada no *Nihonshoki*. Enquanto viajavam para o norte, a companhia de Yamato Takeru chegou à Província de Suruga (prefeitura da Shizuoka moderna) e foram recebidos por seu governador, que estava secretamente aliado aos Emishi. Ele enviou Yamato Takeru para um campo para caçar, e então ordenou a seus homens que incendiassem esse campo. Apercebendo-se da traição, Yamato Takeru retirou a espada Kusanagi e, com um golpe, cortou toda a grama no campo, demonstrando a verdade de seu nome. Então, ele abriu o saco que sua tia lhe havia dado e retirou o sílex. Usando o sílex, ele acendeu seu próprio fogo na grama cortada, que se transformou em uma fogueira maior e abriu o caminho para que escapasse (Ō, 2014, p. 102).

YAMATO TAKERU

- Nascido como Príncipe O'usu, "Pequeno Morteiro"; mais tarde recebeu o nome de Yamato Takeru, "Homem Corajoso de Yamato".
- Matou seu irmão mais velho por ignorar convocações imperiais.
- Enviado por seu pai, o Imperador Keikō, em muitas conquistas ao longo do reino para matar e subjugar inimigos.
- Herói conquistador e indivíduo violento que inflige sofrimento.
- Detém a espada Kusanagi, a "Cortadora de Grama", uma das Três Regalias Imperiais.

Ambas as crônicas continuam a história com a chegada de Yamato Takeru à Província de Sagami (prefeitura da Kanagawa moderna), onde sua rota exigia que ele e seu séquito cruzassem a entrada do que é conhecido hoje como a baía de Tóquio. Eles contrataram barcos para navegar através da baía, mas no meio de sua travessia o céu ficou escuro, e uma súbita tempestade caiu sobre o mar. Os homens de Yamato Takeru ficaram assustados, mas Oto-Tachibanahime repentinamente falou. Ela afirmou que a tempestade era obra de Watatsumi, o deus do mar, e que se ele pudesse levá-la em troca, deixaria Yamato Takeru passar. Yamato Takeru e todos os seus homens choraram, mas pegaram a corajosa Oto-Tachibanahime e a soltaram no oceano. Ela submergiu e imediatamente a tempestade se dissipou.

Yamato Takeru e seus homens continuaram em direção a nordeste, chegando à Província de Kai (prefeitura da Ibaraki moderna). Dali, partiram para subjugar os Emishi, massacrando seus líderes e forçando as aldeias a se submeterem. Embora a tarefa tenha sido realizada com êxito, Yamato Takeru ainda lamentava a perda de sua esposa. Ao passar pelo Monte Tsukuba (na cidade de Tsukuba moderna, Prefeitura de Ibaraki), ele encontrou um ancião, vergado pela tristeza. Juntos, os dois compuseram um poema famoso.

Yamato Takeru e suas forças rumaram sudoeste para voltar para casa. Em sua tristeza e fúria, Yamato Takeru se descuidou, e enquanto passava pelo Monte Ibuki (na fronteira nas prefeituras de Shiga e Gifu modernas), subiu a montanha para caçar javalis. Ao ver um grande javali, atirou nele, ferindo-o, mas ele escapou. Sem que soubesse, o javali era o *kami* do Monte Ibuki, que ficou enormemente furioso em ter sido alvejado. Quando ele e suas forças continuaram sua jornada para casa, Yamato Takeru repentinamente desenvolveu uma estranha doença. Ele ficou pálido e letárgico, e ao longo dos próximos dias perdeu toda sua força e saúde. Seus homens tentavam animá-lo, mas toda vez que ficavam silentes, Yamato Takeru recitava um poema diferente, cada um mais triste que o último. Após compor o quarto poema, ele tremeu e morreu. Assim que seus homens terminaram de erigir seu túmulo, um pássaro branco repentinamente saiu dele e voou em direção ao sul. De acordo com o *Nihonshoki*, o pássaro parou em Yamato, e depois novamente em Kawachi antes de subir ao céu e desaparecer. Os homens o perseguiram, observando onde pousou. Eles mais tarde erigiriam santuários em ambos os lugares em que ele parou (*Nihonshoki*, 1, p. 386-387). Esses são conhecidos como santuários Shiratori ("Pássaro Branco"). Ouvindo sobre a morte de seu filho, o Imperador Keikō também se entristeceu.

A lenda de Yamato Takeru é uma das mais famosas dos ciclos míticos japoneses. As crianças em idade escolar a conhecem mesmo hoje, e tem havido romances, filmes, mangá e anime que recontam a história ou incorporam elementos dela. A rede de santuários de Shiratori ainda existe, mesmo que não seja exatamente popular, e seja muitas vezes associada a preces por boa sorte ou bons resultados românticos. Todavia, por mais conhecido que o mito de Yamato Takeru seja, não é bem compreendido, mesmo por estudiosos. Isso se deve parcialmente ao fato de a história ter muitos significados possíveis, alguns deles muito menos positivos do que outros em relação à antiga corte japonesa.

Yamato Takeru é uma figura valente, um filho leal que subjuga inimigos do reino em benefício de seu pai real. Ele satisfaz tanto a imagem do herói conquistador como os valores confucianos de devoção filial. Ao mesmo tempo, é violento e descortês, e tanto sua lealdade para com seu pai quanto suas conquistas em nome de Keikō resultam em muitas mortes, desespero e destruição. A crônica não hesita em mostrar a devastação produzida pelas conquistas de Yamato Takeru nem as formas pelas quais usa a trapaça para obtê-las. Todavia, também sacrifica tudo – seu tempo, sua vida e mesmo seu amor – a fim de satisfazer os desejos do imperador. Talvez, a coisa mais importante sobre Yamato Takeru é ele ser *puro*. Ele realiza a vontade do imperador com pura devoção, e derrota os inimigos do reino com pura força. Pode não ser heroico no sentido moderno, mas também não é um vilão.

Fé e conquista: a Imperatriz Jingū

Como muitos dos imperadores lendários, Keikō morre na improvável idade de 143 anos. Ele é sucedido por um filho que governa como Seimu 成務 (r. trad. 131-190 EC). Novamente, seu anuário mostra apenas seu palácio, túmulo, esposas e filhos. Ele também pode ser um "imperador faltante", inserido na narrativa histórica para fazer alguns dos governantes lendários remontarem mais para trás no tempo. Seimu é sucedido por seu sobrinho, o filho de Yamato Takeru, que governa sob o nome de Chūai 仲哀 (r. trad. 192-200). Chūai se casa com uma mulher chamada Okinaga-Tarashihime, mais conhecida por seu título posterior como Imperatriz Jingū 神宮. Jingū nunca reinou em seu próprio nome (ela não era uma "imperatriz reinante"); em seu caso, o título imperatriz traduz a palavra *kōgō*, literalmente, "por trás do soberano", o termo para a esposa com o *status* mais elevado no harém imperial.

No décimo oitavo ano do reinado de Chūai, tanto no *Kojiki* como no *Nihonshoki*, Jingū, grávida, é afetada por uma premonição enviada por Watatsumi, o deus do mar. Watatsumi ordena que Chūai lidere

Imperatriz Jingū (esquerda) e um servo.

os exércitos do Japão através do mar em direção ao oeste e invada a Coreia. Chūai zomba da ordem, e isso enfurece o deus, que declara que o governante "não governará mais tudo sob o céu" (Ō, 2014, p. 112). Chūai é ferido mortalmente em seguida, simplesmente caindo sobre sua cítara (um instrumento de cordas apoiado no colo). Jingū assume como regente, e imediatamente decide cumprir a ordem do deus. Embora já esteja grávida do filho de Chūai, parte para liderar seus exércitos através do mar e, pela força de sua vontade, consegue evitar que seu filho nasça antes que a conquista da Coreia seja obtida.

Inicialmente, as forças de Jingū desembarcam na região de Kaya, uma confederação de pequenas cidades-estados no que agora é a província do sul de Kyŏngsang, Coreia do Sul (*Nihonshoki*, 1, p. 427). Daí, avançaram para forçar a subjugação dos reis tanto de Paekche como de Silla, os dois reinos coreanos mais ao sul. Ambas as crônicas registram que após cada rei se render, Jingū aceita seu tributo e os deixa em paz como vassalos nominais do Japão. Um elemento de tributo é uma "espada de sete ramificações" presenteada a Jingū pelo rei de Paekche. Após três anos, a imperatriz volta para casa com suas forças militares. Durante a travessia final ela amarra pedras à sua saia, mantendo o bebê dentro até que possa retornar ao solo japonês. Quando embarcou em Kyushu, Jingū imediatamente deu à luz seu filho, o Príncipe Homutawake 誉田別. Homutawake crescerá para herdar o trono como Imperador Ōjin 応神 (r. trad. 270-310 EC).

A história da Imperatriz Jingū é possivelmente a mais controversa dos antigos mitos japoneses. Não há evidências históricas ou arqueológicas críveis de que quaisquer forças das ilhas japonesas tenham conquistado ou, de alguma outra forma, controlado qualquer parte da península coreana antes do século XVI. Contudo, há uma carência de fontes detalhadas da Coreia antes da era medieval – a obra sobrevivente de história mais antiga (incluindo história mitológica) para esse período é o *Samgkuk sagi* "Registro dos Três Reinos", p. 1.145). As fontes históricas chinesas também não contêm registro algum de qualquer presença japonesa na península, mas geralmente descrevem uma visão muito diferente do Japão, que não combina com história alguma das crônicas japonesas antigas. Na ausência de provas definitivas, muitos japoneses do início e do auge da era moderna acreditavam fortemente em Jingū como uma conquistadora japonesa real e heroica. Ela foi, portanto, usada para justificar invasões posteriores da Coreia e atrocidades cometidas contra os coreanos.

A fama de Jingū no Japão levou-a a ser associada a Watatsumi, e foi consagrada junto a ele no Santuário Sumiyoshi, um importante local para rituais xintoístas na Osaka moderna. Quando o governo Meiji instituiu o Estado xintoísta na década de 1870, Jingū, como muitas figuras imperiais, foi ensinada como história real. Ela foi também invocada como uma das razões para a anexação japonesa da Coreia em 1910. Durante os 35 anos de ocupação militar japonesa frequentemente brutal anterior à Segunda Guerra Mundial, Jingū foi empregada como uma figura de propaganda. O governo totalitário a representava como uma mulher corajosa, cujos esforços de 2 mil anos agora estavam sendo compensados sob a forma de colonização japonesa. Sua lenda permanece uma memória amarga para muitos coreanos. Tentativas de provar ou refutar o contexto histórico em torno de Jingū permanecem envoltas pela história da guerra e da colonização que se encontra entre o Japão moderno e as duas nações coreanas.

OS IMPERADORES SEMILENDÁRIOS

O filho de Jingū, Ōjin, é o último dos que os estudiosos chamam hoje os imperadores "lendários". Começando com o filho de Ōjin, o governante conhecido com Nintoku, entramos no domínio dos imperadores "semilendários". Esse termo não significa que as narrativas sobre eles sejam consideradas história confiável. Contudo, escavações arqueológicas, bem como evidências das crônicas japonesas, revelam a existência de pequenos reinos no arquipélago japonês no século IV EC. Em alguns casos, há inclusive traços de nomes que se parecem suspeitosamente aos vistos no *Kojiki* e *Nihonshoki*.

O primeiro governante a ser considerado completamente factual é Kinmei 欽明 (509-571, r. 539-571), o vigésimo nono governante na lista tradicional de imperadores. Os treze governantes anteriores a ele, começando com Nintoku, não são considerados historicamente acurados, mas podem ter se baseado em indivíduos e eventos reais. Isso contrasta com os primeiros quinze, que são considerados completamente lendários. Essa situação opaca, na qual há lendas sobre figuras que podem ou não ter existido, é o que se pretende expressar com o termo "semilendário".

Ōjin é o último governante no "Pergaminho Intermediário". O terceiro e último pergaminho continua com Nintoku. O *Nihonshoki* é dividido em muitos livros, e, portanto, não apresenta uma passagem tão óbvia de imperadores lendários a semilendários. Em ambas as crônicas, as descrições dos governantes se tornam menos obviamente sobrenaturais a começar por Nintoku. Suas idades, assim como a duração de seus reinados, diminuem significativamente para números mais críveis. Os *kami* ainda interagem com o clã imperial, mas são uma força cada vez menos ativa. Outros clãs, e outros países e povos – como os reinos coreanos –, também se tornam mais proeminentes na narrativa.

O Período Kofun (*c.* 200-538) está mapeado no mesmo período de tempo associado a esses imperadores "semilendários", e as coisas que vemos no registro arqueológico desse período realmente aparecem nas histórias. Tumbas e montes sepulcrais, embora sempre mencionados, tornam-se mais proeminentes nas crônicas, junto a descrições mais detalhadas da agricultura e do governo, que também correspondem a parte do que podemos ver a partir do registro arqueológico.

Para ser claro, a mitologia não está repentinamente sendo substituída pela história real. A transição é sutil, e para aqueles que escreveram tanto o *Kojiki* como o *Nihonshoki* provavelmente não foi de modo algum uma transição, uma vez que estavam compilando as descrições dos governantes lendários e semilendários como parte da mesma história oficial do mundo de acordo com a corte do Período Nara. Mas certamente as histórias dos imperadores semilendários refletem mais as realidades dos séculos V e VI do Japão do que quaisquer das histórias anteriores.

O começo da cultura: Ōjin e Nintoku

O Reino de Ōjin, o último dos imperadores puramente lendários, presencia as primeiras aparições da cultura continental no Japão: escrita, arte e artesanato como aquele usado na China e na Coreia. Ōjin é menos importante para as narrativas em forma de crônica do que sua mãe, Jingū, e seu filho Nintoku 仁徳, mas seu reinado possui algumas novidades impressionantes.

Aparentemente ignorando a exigência anterior de Jingū de "tributo" dos reinos coreanos de Silla e Paekche, Ōjin recebe visitantes da península. Um desses visitantes é Wani 和邇 (em coreano, Wang-in), um homem de grande conhecimento. Wani traz consigo cópias dos clássicos chineses, especificamente os *Analectos* de Confúcio, e o *Clássico dos Mil Caracteres* (em chinês, *Qianziwen*, em japonês, *Senjimon*). Ambos os livros eram usados para ensinar crianças a ler e escrever o chinês ao longo do leste da Ásia pré-moderna. Wani é encarregado de ensinar o príncipe coroado (não o filho que mais tarde reinaria como Nintoku, mas seu irmão mais velho) (*Nihonshoki*, 1, p. 484). Esses imigrantes também trazem novas formas de divinação, bem como outras tecnologias conhecidas no continente. Ōjin os recebe calorosamente, e eles começam a ensinar essas novas habilidades à corte.

O *Clássico dos Mil Caracteres* só foi de fato composto na China no século V EC, de modo que sua inclusão no registro de eventos anuais de Ōjin é obviamente falsa. Todavia, a história poderia ainda refletir uma memória cultural real. Leitura, escrita e outras tecnologias originalmente da China chegaram ao Japão em algum momento durante o Período Kofun ou no início do Período Asuka (538-710), trazidos por imigrantes do continente. Ao remontar ao mito os detalhes desses ingressos, e conectá-los a um imperador antigo, os criadores das crônicas transformaram essas memórias em algo mais. Todas as figuras que supostamente trouxeram a Ōjin essas tecnologias são estrangeiras, mas que vêm ao Japão porque querem honrar seus governantes, e não para agir em relação a eles como superiores. Da perspectiva dos chineses antigos, sem mencionar os reinos coreanos antigos, o arquipélago era um lugar atrasado. Todavia, as crônicas declaram essa posição como uma força; que os antigos imperadores do Japão mereceram esses presentes de fora, e que foram trazidos voluntariamente e dados com graça.

Ōjin teve onze esposas e muitos filhos. Seus dois favoritos ao trono foram o Príncipe Ōyamamori 大山守, que teve com sua segunda esposa, e Ōsazaki 大鷦鷯, com sua esposa de posição mais elevada. Ambos eram homens fortes e verdadeiros, dedicados a seu pai. Ōyamamori era o mais velho, mas o *status* de Ōsazaki era mais elevado. Ōjin abordou ambos os filhos e lhes pediu para decidirem a sucessão. Em vez de brigar pelo trono, Ōyamamori se retirou em favor de seu meio-irmão. Mas, depois, Ōsazaki fez o mesmo, afirmando que, como o irmão mais novo, não seria filial desconsiderar o direito de Ōyamamori. Os dois ficaram oscilando, cada um recusando o trono três vezes. Ōjin ficou impressionado com essas respectivas atitudes morais. Finalmente, Ōyamamori morreu, talvez para resolver a questão de uma vez por todas (o *Kojiki* declara que morreu em decorrência de uma doença, mas a razão nunca é apresentada no *Nihonshoki*). Assim, Ōsazaki assumiu o trono e reinou como Imperador Nintoku, o primeiro dos treze imperadores semilendários nas crônicas.

Com sua ascensão, Nintoku mudou o palácio para fora da Província de Yamato (prefeitura da Nara moderna) pela primeira vez. Após a morte de cada governante, o palácio era derrubado e movido para evitar expor o novo soberano à poluição ritual provocada pela morte do anterior. Nintoku mudou seu palácio para Naniwa, um porto no que agora é o centro de Osaka. Ele construiu seu palácio logo acima do porto e, de acordo com o *Nihonshoki*, mandou cavar um canal para facilitar o comércio. No terceiro ano de seu reinado, Nintoku subiu uma montanha para contemplar o domínio. Ficou chocado em ver pouca fumaça, o que indicava que poucas lareiras eram acendidas, e o pobre estado dos telhados e campos. Nintoku imediatamente declarou uma anistia de impostos por cinco anos. No sétimo ano de seu reinado, ele subiu novamente a montanha e ficou extremamente feliz em ver colunas de fumaça de lareira ondulando sobre os amplos campos verdes e telhados bem mantidos. Sua generosidade o tornou amado no interior e é uma razão para seu nome de dois caracteres; "Nintoku" significa "Justo e Virtuoso".

Contudo, a história mais famosa sobre Nintoku é, de fato, de adultério. Sua primeira esposa era chamada Iwanohime 磐之姫, que vinha do poderoso clã Kazuraki. Nintoku a cortejou e estavam muito apaixonados. Então, o imperador viajou para a terra de Kibi (prefeituras de Okayama e Hiroshima modernas), onde se apaixonou por sua prima, a Princesa Yata 八田. Os rumores de seu caso chegaram a Iwanohime em Naniwa. Aborrecida, a imperatriz fugiu para as

Imperador Nintoku, aqui, vestido em robes vagamente do Período Heian, observando a terra.

montanhas. Enquanto estava lá, compôs quatro poemas sobre saudades, que hoje estão entre os mais famosos da antologia poética do século VIII, *Man'yōshū*. Seus poemas são complexos, expressando tanto suas saudades do imperador como sua recusa em tolerar a situação. Aqui, um exemplo, o segundo do conjunto de quatro:

> Em vez disso –
> Desse constante anseio por amor –
> Melhor seria
> Repousar a cabeça nos penhascos da montanha
> E morrer, com minha cabeça entre as pedras (Cranston, 1993, p. 162).

Os poemas de Iwanohime não são de modo algum como outras canções antigas preservadas no *Kojiki*, no *Nihonshoki* ou nos livros antigos do *Man'yōshū*. Alguns estudiosos pensam que esses são de fato poemas do século VII ou do começo do século VIII que foram atribuídos a Iwanohime a fim de conectá-los ao romance trágico. Na história, eles têm o efeito desejado: Nintoku retorna a Naniwa, descobre que sua primeira esposa partiu, e vai em busca dela. Ele termina prometendo mudar suas atitudes, e Iwanohime retorna com ele ao palácio. Embora a Princesa Yata e outras três concubinas terminem ficando com Nintoku, Iwanohime é a única imperatriz, e a mãe de seus herdeiros.

A lenda de Nintoku e Iwanohime põe a composição da poesia no centro da narrativa. A poesia era considerada uma habilidade essencial para os aristocratas japoneses do século VIII em diante, e ainda é popular. O Japão tem uma rica tradição literária, e algumas de suas obras poéticas mais velhas apresentam personagens e eventos dos mitos antigos. Contudo, o que é mais importante é que a poesia era um modo de as pessoas comunicarem emoções. Muitos dos grandes romances da literatura japonesa envolvem pessoas compartilhando poemas de sedução, tristeza, amor e saudades. Dessa perspectiva, os poemas de Iwanohime oferecem um exemplo mitológico de um modo que a poesia "deveria" ser usada.

Há vários monumentos importantes do Período Kofun que estão associados a Nintoku, mas não há evidências verificáveis que conclusivamente conectem o governante – que permanece semilendário – a esses locais. Eles ou são historicamente ligados a seu reinado ou indicam a existência de um governante como ele no tempo próprio. Talvez, o mais surpreendente desses seja o Daisenryō Kofun, o maior monte sepulcral conhecido no Japão. Está localizado na cidade moderna de Sakai, na Prefeitura de Osaka, a vários quilômetros a sudeste da antiga Naniwa. A localização corresponde aproximadamente àquela dada para o monte sepulcral de Nintoku no *Kojiki* e *Nihonshoki*, e, assim, estudiosos no século XIX afirmaram que era de fato o túmulo lendário. A verdade é que não temos ideia alguma de quem o construiu, presumivelmente para um poderoso governante local. Com uma base oito vezes do tamanho da grande pirâmide de Giza, no Egito, considera-se que esse imenso túmulo na forma de uma fechadura tenha exigido cerca de 2 mil homens e mais de dezesseis anos para ser construído. Devido ao seu *status* oficial como um túmulo de um imperador antigo, escavações nunca foram permitidas, embora em outubro de 2020 uma proposta para escavações estivesse percorrendo os escritórios relevantes do governo. Até o momento, ao menos, o túmulo mantém seus mistérios.

Do mito à história

Nintoku e Iwanohime têm quatro filhos. O mais velho sucede seu pai como Imperador Richū 履中 (r. trad. 400-405). Richū é apenas o segundo governante (após o malfadado Chūai) a ter um reinado curto, e o primeiro cujo tempo de vida é de extensão realista. Após a morte de Nintoku, o filho de uma de suas esposas de posição inferior lidera uma rebelião que resulta na destruição completa de Naniwa por um incêndio. Richū foge para Yamato, a antiga área central do clã imperial e, quando atravessa o Monte Ikoma (na fronteira das prefeituras de Osaka e Nara modernas), ele vê o palácio em chamas a distância. Richū compõe um poema de tristeza antes de prosseguir:

> Encosta Hanifu
> Quando paro, contemplo
> Ar cintilante
> Queimando a coleção de casas
> Em torno da casa de minha esposa (Cranston, 1993, p. 46).

Richū termina derrotando a rebelião, mas morre em seguida. Dois de seus irmãos sobem ao trono após ele, o primeiro exemplo de governantes da mesma geração em ambas as crônicas. O primeiro é Hanzei 反正 (r. trad. 406-410), uma figura imponente de 3m de altura, e com grandes dentes, todos do mesmo tamanho, de acordo com o *Kojiki*. Hanzei é entronado a despeito do direito dos dois filhos de Richū, que silenciosamente desaparecem da narrativa. Contudo, o governo de Hanzei também é breve; cinco anos mais tarde ele também morre e um terceiro irmão ascende ao trono como Ingyō 允恭 (r. trad. 410-453). Seu reinado também é longo, embora não inacreditavelmente extenso. Ingyō é amado, e seu governo é basicamente pacífico; quando morre, mensageiros vêm do Reino de Silla, na península coreana, oferecer condolências.

As realidades confusas da história parecem lentamente estar se sobrepondo às tramas míticas. Na verdade, há poucos elementos ostensivamente sobrenaturais nas descrições dos governantes que sucedem Ingyō. Há outros nove governantes antes de Kinmei, o primeiro considerado historicamente verificável, mas as descrições desses governantes se tornam mais humanas em seus detalhes. Eles constroem palácios e fazem cerimônias para aplacar os *kami*. Combatem rebeliões e executam projetos de obras públicas. As crônicas prosseguem gentilmente na direção de seu próprio presente, e, lentamente, abandonam seus ornamentos mais épicos. Alguns imperadores, como Yūryaku 雄略 (r. trad. 456-479), o vigésimo primeiro governante, ainda se envolvem em encontros com o sobrenatural, em episódios que são usualmente de natureza romântica ou relacionados a duelos pessoais. Yūryaku é, de fato, um dos imperadores semilendários com a mais forte pretensão de ter sido "real". Um governante japonês similar, aproximadamente da mesma época, é mencionado nas crônicas chinesas, e uma famosa espada em um túmulo na prefeitura da Saitama moderna, ao norte de Tóquio, traz uma inscrição mencionando um senhor feudal com um nome muito similar, embora os detalhes específicos do reinado de Yūryaku não possam ser verificados como descritos pelas crônicas.

Após fazer a crônica do governo de Kinmei no século VI, o *Kojiki* essencialmente cessa. O texto lista somente as informações básicas do reinado para os próximos quatro governantes, terminando com Suiko, a primeira imperatriz reinante (ou imperador mulher). Contudo, o *Nihonshoki* continua, e é o único texto sobrevivente a registrar os eventos do fim dos séculos VI e VII. Seus livros finais são de grande valor para historiadores, cobrindo os eventos do Período Asuka em detalhes minuciosos. Nesse ponto da narrativa, recontando eventos de apenas uma ou duas gerações anteriores às vidas dos compiladores contemporâneos, o texto parece ser, basicamente, acurado. É ainda muito enviesado na direção da família imperial, mas a crônica agora inclui evidências que podem ser corroboradas por outras fontes. Como nessa porção do *Nihonshoki* não há mais conteúdo mitológico, vamos encerrar aqui nossa jornada através das crônicas.

O JAPÃO MÍTICO NAS CRÔNICAS CHINESAS

Há uma fonte importante sobre "mitos" concernentes ao Japão antigo: as crônicas chinesas. A escrita foi inventada na China em algum momento do milênio II AEC, e já havia uma longa história de textos escritos, incluindo crônicas, na época do surgimento da Dinastia Han no fim do século II AEC. A primeira menção ao Japão ocorre no *Sanguo shi* ("Registro dos Três Reinos") do século III EC. O livro é uma compilação das histórias dos reinos de Wu, Wei e Shu

Han, que se formaram após o rompimento da Dinastia Han em 220 EC. Os anais dedicados ao Reino de Wei também descrevem eventos nas estepes do norte, na península coreana e no arquipélago japonês. A seção "Crônicas de Wei" do *Sanguo shi* inclui um capítulo chamado a "Descrição do Povo de Wa" (em chinês, *Woren zhuan*). Wa 倭 (pronunciado *wo* no mandarim moderno, e representado por um caractere que significa "pequeno povo anão") é o nome pelo qual os chineses antigos conheciam o arquipélago japonês. De acordo com a descrição, Wa é um grupo de ilhas montanhosas no mar oriental, povoada por um tipo de povo pequeno e selvagem. A terra fora originalmente dividida em mais de uma centena de pequenos países, mas após muitos anos de lutas um homem (não nomeado na crônica) conseguiu conquistar todos eles. Quando morreu, Wa voltou novamente a lutar, até que após 70 ou 80 anos o povo decidiu por um governante mulher. Eles escolheram uma mulher chamada Himiko 卑弥呼 (possivelmente também "Pimiko"; em chinês, *Beimihu*), uma poderosa feiticeira, como sua governante. Himiko enfeitiçou o povo de Wa com magia, e então se ocupou de seus feitiços, retirando-se para o interior de seu palácio.

HIMIKO E O POVO DE WA

- Histórias do Japão mítico da crônica chinesa *Sanguo shi* do século III.
- Wa era o nome para o arquipélago japonês na China antiga.
- Himiko foi um governante mulher e feiticeira que enfeitiçou o povo de Wa para a paz após séculos de guerras, e depois se retirou ao seu palácio com mais de mil assistentes mulheres. Seu irmão mais novo serviu como sua face pública.
- Nenhuma prova de Himiko jamais foi encontrada, mas aspectos de sua história correspondem a parte da cultura material do Período Kofun (c. 20-538).
- Himiko e sua capital Yamatai são bem conhecidos na cultura popular moderna, mas não foram histórias importantes em períodos anteriores.

A descrição do *Sanguo shi* explica que Himiko nunca se casou, a despeito de ser "madura" (Tsunoda, 1961, p. 13). Ela fez seu irmão mais novo ajudá-la como sua face pública, e poucos a viram pessoalmente. Todas as suas outras assistentes, mais de mil, eram mulheres. Seu irmão era o único homem no palácio inteiro. O irmão de Himiko e seus guardas armados administravam sua capital, uma cidade grande cercada por uma estacada de madeira. A terra de Himiko era conhecida como Yamatai. Por duas vezes Himiko enviou emissários de Yamatai ao governante de Wei, que retornaram com brocados e selos de ouro.

Poucos literatos japoneses dos períodos Nara e Heian pareceram se preocupar com a descrição apresentada no *Sanguo shi*. Ela não tem o *status* de um mito do mesmo modo que as lendas das crônicas japonesas antigas. Contudo, as descrições chinesas do Japão antigo se tornaram mais amplamente conhecidas no começo e no auge da época moderna. Muitos japoneses hoje ouviram falar de Himiko, e muitos trabalhos de cultura popular tratam dela. Quase todo ano aparece um novo livro ou documentário televisivo discutindo se Yamatai existiu e, caso tenha existido, em que parte do Japão, e quem Himiko pode ter sido. Essa história muito diferente levanta várias questões; uma delas é se a história de Himiko é de algum modo mais historicamente acurada do que os mitos no *Kojiki* ou no *Nihonshoki*; outra é se ela está relacionada a algum dos imperadores lendários ou suas famílias. A Imperatriz Jingū, a única figura aproximadamente similar nas crônicas japonesas, é retratada de forma muito diferente. Jingū pode interagir com os *kami*, mas é predominantemente uma guerreira e uma líder, não uma feiticeira oculta. O análogo mais próximo ao retrato de Himiko no *Sanguo shi* é a tia de Takeru, Yamatohime, a primeira Alta Sacerdotisa de Ise que não é uma figura importante nas lendas japonesas.

Os mistérios de Himiko permanecem insolúveis. Um dos aspectos mais importantes de sua história é como se tornou entremeada de mitos nativos. Himiko não é uma figura mitológica antiga, mas moderna. Partes iguais de lenda urbana, super-heroína anime e estrela de um suspense histórico, ela existe junto a imperadores lendários e aos antecessores dos *kami* nas imaginações dos japoneses modernos. Desse modo, sua história é mais do que apenas uma nota de rodapé histórica. À medida que os mitos do Japão evoluíram com a sociedade japonesa ao longo dos séculos, Himiko se tornou mais conhecida do que algumas das figuras lendárias discutidas no capítulo anterior. Essa transição é um padrão que veremos se repetir. A mitologia japonesa não é fixa ou congelada, mas algo crescente que ainda está se desenvolvendo. Como o próximo capítulo mostrará melhor, documentos históricos, folclore comum e inclusive pessoas reais podem ser envolvidas nos mitos japoneses e transformados em uma parte deles.

4

KAMI E HUMANOS DIVINOS VIVOS

Ao longo dos dois capítulos anteriores, examinamos os mitos que se originaram nas crônicas japonesas antigas do século VIII EC. Com este capítulo, começamos a explorar como os mitos japoneses evoluíram ao longo do tempo. Há três modos importantes pelos quais a mitologia japonesa se desenvolveu: pelo acréscimo de novas características, pelas interações de crenças religiosas e pelas mudanças na sociedade e tecnologia. Embora os mitos que examinamos até agora sejam geralmente considerados "xintoístas" na origem, já contêm referências ao budismo, confucionismo, taoismo e outras filosofias. Em períodos posteriores, mais elementos dessas outras religiões, e muitos de seus deuses, entraram na mitologia japonesa. A sociedade japonesa avançou e mudou ao longo dos 1.300 anos desde que as crônicas antigas foram escritas pela primeira vez, e continua a fazê-lo. À medida que a sociedade muda, mudam também os modos de contarmos histórias e seu significado para nós. Os mitos não são exceção a esses desenvolvimentos.

Este capítulo examinará alguns exemplos do primeiro modo pelo qual a mitologia japonesa evoluiu: o acréscimo de novos mitos e figuras sobrenaturais, particularmente durante o Período Heian (784-1185), também conhecido como a "era clássica" da história japonesa. Talvez o exemplo mais surpreendente de um acréscimo assim seja quando humanos foram transformados em *kami*. Essas transformações podem ser literais, envolvendo um humano que ascende para se tornar um deus, e é mais tarde cultuado. Elas podem ser igualmente graduais, começando com a morte de uma pessoa famosa, após a qual seu espírito é reconhecido como provocando eventos bons ou maus. Com o tempo, o espírito da pessoa morta começa a ser cultuado por grupos ainda maiores de pessoas até também ser considerada uma deidade poderosa. Esse processo é tão antigo quanto as próprias crônicas ancestrais e já ocorria quando a corte do Período Nara (710-784) criou sua história oficial do clã imperial, mas não terminou naquela época.

A deificação, o ato de transformar um humano em um deus, não é um processo simples. Em muitos casos, começa com uma consciência de que o espírito de uma pessoa (usualmente morta) ainda tem poder. Esse poder pode ser assustador, como causando desastres naturais, ou útil, como trazendo boa sorte aos vivos. À medida que se espalham as notícias sobre o espírito, as pessoas podem começar a orar para ele, apelar a ele ou se protegerem contra ele. Alguns aspectos da vida terminam sendo mais fortemente associados ao espírito, dependendo de quem a pessoa foi em vida, lendas que a cercavam ou as coisas que se acreditavam que seu espírito havia feito após sua morte. Essa rede de associações e culto se torna a estrutura para a crença no espírito como o deus de um lugar, conceito ou propósito específicos. Os cinco exemplos abaixo são alguns dos mais famosos *kami* japoneses que foram outrora humanos ou associados a humanos específicos. Todos podem estar vinculados a pessoas históricas que de fato existiram. Se os mitos sobre esses indivíduos são ou não verdadeiros é uma questão diferente, e que somos incapazes de responder. Contudo, o que podemos dizer é que, devido a esses mitos, cada uma dessas pessoas é considerada um *kami* em algum momento após sua morte. Nenhuma delas aparece entre os deuses antigos das crônicas do século VII, e muitos deles não eram vistos como *kami* durante suas vidas. Todavia, hoje, quase todos são *kami* bem conhecidos, relacionados a aspectos específicos da cultura japonesa.

O PRÍNCIPE SHŌTOKU

O Príncipe Shōtoku 聖徳太子 (574-622) é uma das figuras humanas mais antigas a serem deificadas nas primeiras crônicas japonesas a serem escritas, e era conhecida por sua adesão ao budismo, na época uma religião muito nova no Japão. Contudo, em meados do século

VIII, quando foram desenvolvidos mitos que exageravam sua juventude e seus poderes, o príncipe passou a ser visto não apenas como um primeiro adepto do budismo, mas como um guardião espiritual no Japão. No Período Heian, o Príncipe Shōtoku era cultuado como o heraldo do conhecimento budista, e mesmo hoje é conhecido por seus poderes mágicos e sua importância religiosa como o primeiro defensor japonês da fé budista.

O nome Shōtoku Umayado 厩戸 signifca "Virtude Sagrada". Não era seu nome original e, de acordo com o *Nihonshoki*, foi concedido ao príncipe muito mais tarde em sua vida (Como, 2008, p. 4). Seu nome de nascimento era Príncipe Yōmei 用明 (540-587, r. 585-587 e também era conhecido como Kamitsumiya 上宮. Seu pai, Yōmei, foi o segundo dos quatro filhos de Kinmei (o primeiro governante historicamente verificável; cf. capítulo 3) a ocupar o trono. Yōmei sucedeu seu irmão mais velho, Bidatsu 敏達 (538-586, r. 572-585), mas morreu em seguida de uma doença. Como ambos os irmãos tiveram vários filhos homens, o Príncipe Umayado não estava imediatamente na linha de sucessão ao trono.

Umayado era considerado inteligente, mas o *Nihonshoki* diz pouco sobre sua infância. Quando ele era adolescente, a corte se envolveu em uma disputa entre o Mononobe 物部, um an-

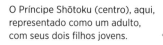

O Príncipe Shōtoku (centro), aqui, representado como um adulto, com seus dois filhos jovens.

tigo clã de ritualistas que apoiavam o culto aos nativos *kami*, e o Soga 蘇我, um clã imigrante do continente que era fortemente budista. A disputa irrompeu em um conflito militar. De acordo com o *Nihonshoki*, Umayado, ainda um adolescente, questionou se o exército poderia sozinho obter a vitória para o Soga. Sozinho, ele cortou ramos do sumagre chinês (*Rhus chinensis*, em japonês, *nurude*), e produziu ícones dos Quatro Reis Celestiais, deidades guardiãs do budismo (Como, 2008, p. 19). O príncipe colocou os ícones em seu cabelo, e sua magia protegeu as forças Soga, permitindo-lhes uma vitória fácil.

O Soga e sua promoção do budismo dominariam a corte das décadas de 580 a 640, e o Príncipe Umayado se tornou um de seus principais aliados. Após a morte de seu pai, o trono passou a outro filho de Kinmei, que governou como Sushun 崇峻 (m. 592, r. 587-592) e morreu sem deixar descendentes. Como nenhum dos filhos de Bidatsu ou Yōmei eram velhos o bastante, a viúva de Bidatsu, que também era sua meia-irmã e, portanto, também de linhagem real, assumiu o trono como Suiko (554-628, r. 593-628), a primeira governante mulher historicamente verificável do Japão. O Príncipe Umayado, agora na maioridade, foi nomeado príncipe coroado de Suiko. Ele serviu sua tia como um regente em vez de simplesmente como um herdeiro. O *Nihonshoki* registra que o príncipe tomou decisões e adotou juízos que foram sempre extremamente justos. Ele reuniu monges e monjas budistas e estabeleceu uma rede de templos patrocinados pela corte, incluindo dois que permanecem famosos hoje: o Shitennōji em Osaka, e o Hōryūji em Ikaruga, perto de Nara. Ele também decretou uma série de dezessete éditos chamados mais tarde uma "Constituição de Dezessete Artigos". Embora não fosse uma constituição no sentido moderno do termo, pela primeira vez as leis básicas da corte japonesa eram registradas por escrito.

Qualquer um desses atos seria o bastante para o príncipe ser lembrado pela história, mas, dados os três, ele se tornou conhecido mesmo em sua própria época como um paradigma de virtude e orientação religiosa. Isso o levou a ser chamado Shōtoku, o nome pelo qual é lembrado hoje. O príncipe morreu em 622, sete anos antes de sua tia, e nunca ascendeu ao trono. Seus filhos foram assassinados em um golpe logo após sua morte, e sua linhagem desapareceu do Japão. Politicamente, teve muito pouco efeito em desenvolvimentos futuros.

A descrição do *Nihonshoki* é o único registro detalhado da vida do príncipe escrito antes de ele se tornar um ícone religioso. Ele morreu noventa e oito anos antes de a crônica ser compilada, e nenhum registro contemporâneo de sua existência sobreviveu. A descrição do *Nihonshoki* contém alguns elementos que são claramente exagerados. O mais notável é o texto da própria "Constituição de Dezessete Artigos", que contém termos anacrônicos que não seriam usados no governo até o Período Nara (Como, 2008, p. 86). Contudo, o *Nihonshoki* não considera o príncipe outra coisa senão humano, embora excepcionalmente talentoso e dedicado. Todavia, no fim do século VIII, a uma geração da finalização do *Nihonshoki*, o Príncipe Shōtoku começou a ser honrado como uma figura quase divina em templos budistas. Ele incorporava alguns dos valores centrais da religião, a despeito de nunca ter sido um sacerdote, e, como jamais governou como imperador por si só, não foi lembrado por quaisquer erros, tampouco seus descendentes estavam ainda à volta para macular sua imagem. Ele terminou sendo considerado um dos principais proponentes do budismo no Japão antigo. Na virada do século IX, lendas sobre o brilhantismo, a pureza e os poderes abençoados de Shōtoku eclipsaram a história real do Umayado histórico.

De acordo com o *Jōgū Shōtoku taishiden hoketsuki*, uma descrição da vida do príncipe do século XI, ele foi abençoado mesmo antes de seu nascimento (Como, 2008, p. 166). Aos 2 anos ele leu o cânone budista inteiro e era capaz de recitar sutras perfeitamente. Seu intelecto surpreendia aqueles à sua volta, assim como sua perfeita compreensão da teologia budista. Uma figura feita de luz dourada supostamente visitou-o em seus sonhos e lhe ensinou segredos de magia e doutrina. Essas visitações o encorajaram a produzir monumentos budistas em nome do Japão. Sua construção do

Templo Shitennōji, dedicado aos Quatro Deuses Celestiais, foi em gratidão por seu auxílio mágico durante a Guerra Soga-Mononobe. Ao cumprir sua promessa de construir um templo em seu benefício, o príncipe obteve um mérito ainda maior.

O *Jōgū Shōtoku taishiden hoketsuki* foi o primeiro de vários desses textos sobre o príncipe que apareceu durante o Período Heian. Cada um desses fortaleceu a lenda de Shōtoku. Entre as histórias contadas sobre ele está aquela em que ele previu em sonhos a importância do budismo, e tinha a habilidade de discernir as verdadeiras identidades de estrangeiros. Uma história famosa remonta à descrição do *Nihonshoki*. O Príncipe Shōtoku estava fora cavalgando com seus assistentes quando viu um pobre mendigo ao lado da estrada. Os assistentes ignoraram o homem, mas Shōtoku desceu de seu cavalo e cumprimentou o mendigo como se fosse de *status* igual. Shōtoku tentou trazer o homem consigo, mas ele estava quase morto de fome e não podia se mover. Para a surpresa de seu séquito, o príncipe tirou sua própria capa e cobriu o corpo do homem, dizendo-lhe para que descansasse bem. Ao retornar para casa, Shōtoku enviou mensageiros para encontrar o mendigo, mas eles descobriram que já havia

---

O PRÍNCIPE SHŌTOKU

- O nome significa "Virtude Sagrada"; seu nome de nascimento era Príncipe Umayado, filho do Imperador Yōmei (r. 585-587).
- Serviu como regente para sua tia, que governou como a Imperatriz Reinante Suiko (r. 593-628); ele foi supostamente o primeiro a codificar leis da corte japonesa por escrito. Detalhes de sua vida foram obscurecidos por mitos posteriores.
- Foi deificado no budismo japonês no século IX; seu culto esteve no auge nos séculos XII-XIV.
- Considera-se que tenha lido o cânone budista inteiro aos 2 anos; muitas vezes descrito como um bebê de 2 anos em ícones.
- Visitações sobrenaturais o encorajaram a construir monumentos, vários dos quais ainda sobrevivem.

perecido. O príncipe ordenou que um monte sepulcral fosse construído e hermeticamente fechado em torno do corpo do homem. Vários dias depois, o príncipe reuniu seus homens novamente e lhes disse que o mendigo era um sábio imortal. Enviou um mensageiro ao túmulo, que relatou que parecia ter sido aberto por dentro, e agora estava vazio. Somente o Príncipe Shōtoku tinha discernimento para reconhecer um sábio (Como, 2008, p. 102).

O culto ao Príncipe Shōtoku foi mais proeminente nos períodos Heian e Kamakura (1185-1333). Acreditava-se que preces feitas ao espírito de Shōtoku salvassem de doenças ou calamidades. Embora não fosse a deidade budista mais amplamente cultuada, há vários ícones famosos seus (Como, 2008, p. 134-135). No século XI, tornou-se comum representar o príncipe como um bebê de 2 anos ou mais jovem, com seu cabelo em um par de cachos em forma de rabo de cavalo. Essas estátuas não eram os objetos principais de veneração em templos, que eram usualmente de budas ou bodisatvas. Em vez disso, como estátuas de sábios famosos e fundadores de seitas, representações de Shōtoku eram muitas vezes colocadas em alcovas ou pavilhões de culto menores.

Hoje, o Príncipe Shōtoku não é amplamente cultuado no Japão, mas é bem conhecido como uma figura histórica. Muitos elementos de seu culto religioso, como os detalhes de sua vida imortal, agora se misturam às histórias de textos como o *Nihonshoki*, ou mesmo de descobertas arqueológicas recentes sobre o tempo em que ele viveu. Uma representação de Shōtoku apareceu em várias notas promissórias emitidas

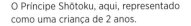

O Príncipe Shōtoku, aqui, representado como uma criança de 2 anos.

durante o século XX. Ele é também o tema de vários mangás populares, incluindo o famoso *Hi izuru tokoro no tenshi* ("Príncipe da Terra do Sol Nascente", 1980-1984), que reimagina o príncipe como uma figura mágica, mas moralmente ambígua e sexualmente anormal que manipula todos à sua volta para fins trágicos.

EN NO GYŌJA: MÁGICO DAS FLORESTAS

O *Shoku nihongi* ("Crônicas Continuadas do Japão", 797) é uma sequência para o *Nihonshoki,* que cobre os anos 696-791, que foi encomendada pelo império. Em um registro de 699, o *Shoku nihongi* narra que um homem chamado En no Ozunu 役小角 (também Tosunu ou Otsuno; 634-c. 700 ou 707) foi sentenciado ao exílio por praticar magia negra. O registro inclui uma breve passagem sobre En no Ozunu. Ele era conhecido como um mestre da feitiçaria e tinha vários discípulos. Um deles o acusou de usar espíritos para extrair água e cortar lenha, e de os compelir com encantos para que não desobedecessem (Keenan, 1999, p. 343-344). "Magia negra" (tradução para o termo *jujutsu,* literalmente "técnica de amaldiçoar", que não deve ser confundida com a arte marcial conhecida como jiu-jitsu) incluía conjurar os mortos, assim como os *kami* naturais ou outros espíritos, e forçá-los a trabalhar ou a matar em favor do conjurador.

En no Ozunu foi exilado na Província de Kii (prefeitura da Wakayama moderna), uma região de estepes, montanhas cobertas de florestas no sul da bacia de Nara. A região era sagrada para muitos *kami*, particularmente aqueles cultuados nos santuários triplos de Kumano. Esses são três santuários separados, com uma distância aproximada de 20km entre eles, e são considerados um santuário em três lugares. Os santuários Kumano são antigos destinos de peregrinação, e a rota sobre as montanhas para chegar a eles é igualmente um antigo lugar de retiro e treino para ascetas das montanhas. Conhecidos como *yamabushi* ("aqueles que se prostram sobre a montanha") ou *shugenja* ("aqueles que praticam treinamento profundo"), esses ascetas das montanhas praticam uma mistura sincrética de crenças budistas, xintoístas e taoistas conhecida como Shugendō ("O Caminho de Treinamento Profundo") (Keenan, 1999, p. 348).

Registros do *yamabushi* e seus retiros nas montanhas Kii remontam aos séculos VII e VIII. Contudo, no início do século IX, eles começaram a alegar que suas práticas derivavam de uma figura fundadora lendária conhecida como En no Gyōja 役行者, ou "En, o Praticante". Quando perguntados sobre a identidade desse misterioso fundador do Shugendō, os *yamabushi* explicavam que não era outro senão En no Ozunu. Lendas anteriores ainda o descreviam como uma figura ambígua, que pode ter compelido um ou mais deuses das montanhas a servi-lo, e que voou pelos céus para a China após seu exílio (Keenan, 1999, p. 347). Contudo, no fim do Período Heian, ele era visto como uma figura univocamente positiva. O feiticeiro exilado era agora reverenciado como o fundador de um culto, que combinava aspectos dos eremitas budistas, alquimistas taoistas e curandeiros religiosos cultuadores dos *kami*.

Acreditava-se que En no Gyōja tivesse transcendido sua mortalidade enquanto vivia recluso nas montanhas de Kii. Os *yamabushi* e outros que praticavam o Shugendō acreditavam que ele tivesse se tornado um *kami* com um pé no mundo das deidades budistas e outro no mundo dos espíritos naturais. Supostamente, ele muitas vezes aparece a suplicantes como um ancião vestindo as roupas de um típico asceta das montanhas: longos robes, um rosário de preces de madeira e por vezes um chapéu de palha ou uma capa de chuva. Ele também aparecia como um menino de cerca de 5 anos, usualmente vestindo somente calções. Em ambas as formas, ele montava um grande boi negro.

En no Gyōja é basicamente cultuado como uma fonte de magia benéfica, conhecimento esotérico ou ambos. Ele não é necessariamente um *kami* das montanhas, embora tenda a aparecer recluso nas montanhas. Ele também não é uma deidade budista, mas está estreitamente ligado a figuras esotéricas do budismo tântrico, uma corrente do budismo que foca a natureza oculta da realidade entremeando ideias de seitas múltiplas. O centro principal de devoção

En no Gyōja abre o Monte Fuji com seus poderes.

Shugendō é o Monte Yoshino, no extremo sul da bacia de Nara onde a rota para os santuários de Kumano inicia. O Templo Kinpusenji no Monte Yoshino, que se localiza no topo da encosta norte do pico, tem sido o principal templo do Shugendō desde o Período Heian. O Monte Yoshino era um local famoso para ritos astrológicos conduzidos pelos governantes japoneses do século VII e mais tarde considerado uma morada de Maitreya (em japonês, Miroku), o Futuro Buda. Contudo, com o tempo, a associação de En no Gyōja ao local levou ao culto dos *kami* da montanha de lá, incluindo ele (Keenan, 1999, p. 346).

A fé em En no Gyōja e na miríade de outras deidades de Shugendō (independentemente de sua religião de origem) dá aos *yamabushi* grandes poderes. Eles podem compelir maus espíritos, curar doenças, comandar as forças da natureza e, por meio de condicionamento físico e mental, manter grande saúde até uma idade avançada. Muitos desses talentos são aqueles pelos quais o En no Ozunu original foi supostamente exilado. Embora os *yamabushi* sejam figuras selvagens, vivendo longe da civilização, não são maus, e na literatura são muitas vezes procurados como a última esperança de aristocratas sofrendo com maldições ou outras dificuldades. En no Gyōja também aparece na literatura japonesa posterior como uma figura misteriosa, mas benéfica. No início da era medieval, ele aparece em histórias para dar conselhos crípticos ou para ajudar um de seus *yamabushi* a salvar alguém; seus dias como inimigo da corte antiga estão há muito esquecidos.

Como o Príncipe Shōtoku, En no Gyōja não é amplamente cultuado hoje. O Shugendō ainda mantém praticantes e experienciou nova fama com a designação das antigas rotas de Kumano como Patrimônio da Humanidade pela Unesco. Contudo, os *yamabushi* efetivos permanecem escassos no mundo moderno. Os santuários de Yoshino e de Kumano são agora destinos turísticos e a imagem dos *yamabushi* medievais é popular na ficção, mangá e anime. Diferente daquela do Príncipe Shōtoku, a história por trás de En no Gyōja é muito menos conhecida no Japão moderno. Muitas pessoas no presente o conhecem como uma deidade, mas poucos sabem que ele é baseado em uma pessoa real, ou mesmo detalhes de por que é cultuado.

O PRÍNCIPE SWARA: ARQUITETO DA VINGANÇA

No fim de 781, o Imperador Kanmu 桓武 (736-806, r. 781-806) foi entronado em Nara. O último governante do Período Nara, Kanmu viria a ser um dos mais famosos imperadores na história japonesa. Logo após seu entronamento, o imperador decidiu mudar a capital para longe de Nara. Embora as razões exatas sejam desconhecidas, considera-se que um fator importante era o desejo de Kanmu de abandonar as famílias aristocráticas mais antigas e os grandes templos budistas, os quais chegaram a exercer um forte controle sobre a corte. Kanmu escolheu criar sua nova capital em um local conhecido como Nagaoka, a meio-caminho entre as cidades modernas de Osaka e Quioto. Nagaoka ficava junto ao Rio Yodo, uma das principais rotas de comércio entre o Mar Interior e o resto das Províncias Natais. O planejamento começou imediatamente, e a capital foi movida oficialmente em 784, terminando o Período Nara (Van Goethem, 2008, p. 108-110).

Um dos detratores mais visíveis do plano de mudar a capital foi o meio-irmão de Kanmu, o Príncipe Sawara 早良親王 (750?-785), que era uma figura poderosa na corte. Como Sawara foi muito vocal contra a mudança, era fácil culpá-lo por quaisquer problemas. Em 784, apenas meses antes que a capital fosse oficialmente transferida, um dos chefes do comitê para sua construção foi assassinado. As *Nihon kōki* ("Crônicas Posteriores do Japão", 840), a narrativa oficial que segue o *Shoku nihongi* e cobre a virada do século IX, infelizmente sobrevivem apenas em fragmentos. Contudo, remanescem nela evidências suficientes para reconstruir o que ocorreu depois, mais ou menos acuradamente.

O Príncipe Sawara não parece ter estado por trás do assassinato, mas foi falsamente incriminado por Kanmu, que ordenou sua execução por traição no começo de 785. A mudança para Nagaoka ocorreu como planejado. Dois anos mais tarde, o Rio Yodo transbordou durante uma primavera extremamente chuvosa, inundando grande parte da cidade; um ano mais tarde, isso ocorreu de novo, provocando ainda mais danos gerais. Hoje, compreende-se que a cidade estivesse situada em uma planície aluvial natural, espremida entre o rio e uma montanha baixa, mas na época esses eventos foram considerados o trabalho de *kami* en-

O Imperador Kanmu (r. 781-806), representado em roupas genéricas de estilo chinês.

raivecidos. Divinadores começaram a trabalhar tentando entender que deus poderia estar por trás das calamidades, e o que queria. Eles determinaram que o *kami* era o fantasma do Príncipe Sawara. Incapaz de repousar por ter sido incriminado por assassinato, o príncipe estava agora sabotando o grande projeto de Kanmu – e parecia estar vencendo.

Em 788, o príncipe coroado de Kanmu, o futuro Imperador Heizei 平城 (773-824, r. 806-809), ficou severamente doente. Nesse momento, Kanmu decidiu fazer o que fosse possível para apaziguar o fantasma de seu meio-irmão. Isso começou com uma declaração pública da inocência do Príncipe Sawara. Um segundo decreto imperial declarou retroativamente que Sawara havia sido o príncipe coroado, e postumamente o nomeou Imperador Sudō. Os decretos de Kanmu basicamente reescrevem a história de modo que o espírito de Sawara recebesse as honras mais elevadas em vez de ser relembrado como um traidor. Essas mudanças apaziguaram tanto o espírito do príncipe coroado que ele se recuperou, mas Nagaoka-kyō permaneceu com má sorte, e Kanmu começou a fazer planos para mudar sua capital novamente. Em 794, dez anos depois da malfadada mudança, a capital foi movida novamente, para Heiankyō, que se tornaria a moderna cidade de Quioto.

O Príncipe Sawara representa uma história admonitória: se você incrimina seus parentes por um crime, tenha cuidado com sua vingança do além-túmulo. A corte Heian antiga levou essa lição muito a sério, e alterou o curso da história japonesa. Contudo, o Príncipe Sawara não foi um caso único. Kanmu estava imbuído em "reduzir" o clã imperial incluindo seus próprios descendentes, matando vários parentes – vários deles voltaram como espíritos enraivecidos. Calamidades que ocorreram a Kanmu e seus filhos em décadas posteriores foram igualmente atribuídas às execuções de parentes de Kanmu durante as décadas de 780 e 790. Após o século IX, o problema da vingança fantasmal se tornou um componente central tanto na ficção como nos registros históricos.

Diferente dos outros exemplos neste capítulo, o Príncipe Sawara nunca foi cultuado como um deus. Nenhuma lista moderna de imperadores o inclui, e, hoje, é essencialmente apenas uma nota de rodapé histórica interessante. Todavia, sua lenda permanece importante por duas razões. A primeira é que a maldição de Sawara foi muitas vezes dada como a razão para a fundação de Quioto. A segunda é seu papel como um dos primeiros e mais famosos exemplos de um humano que se torna um *kami* furioso após a morte. O Príncipe Sawara é mencionado em vários trabalhos de cultura *pop*, incluindo alguns filmes de fantasia histórica. Embora não exerça o mesmo horror e a mesma reverência que exerceu para os aristocratas do Período Heian, o príncipe injustiçado que se tornou um espírito vingativo é ainda capaz de gerar alguns gritos.

SUGAWARA NO MUCHIZANE: GÊNIO CELESTIAL

Sugawara no Michizane 菅原道真 (845-903) nasceu em uma ilustre família de aristocratas estudiosos. Embora não no topo da aristocracia, o clã Sugawara era bem conhecido como um grupo de administradores estudiosos e competentes. Michizane era um gênio mesmo para os padrões elevados do clã. Graduou-se na Academia do Estado em 870 com todas as honras e se mostrou adepto às tarefas burocráticas de nível médio que aguardavam por jovens cortesãos (Borgen, 1994, p. 89-91). Ele também era reconhecido por suas habilidades literárias, particularmente em poesia chinesa clássica (em japonês, *kanshi*), Michizane foi encarregado das relações diplomáticas com enviados coreanos e chineses. Devido às suas habilidades literárias, era muito procurado para realizar composições em benefício de cortesãos de *status* mais elevado. Sua estrela ascendeu rapidamente – assim como a inveja de seus pares.

Quando o Imperador Uda 宇陀 (866-931, r. 887-897) subiu ao trono, Michizane escreveu vários ensaios vigorosos apoiando alguns membros da corte. Esses granjearam-lhe aclamação geral, e ele foi recebendo posições cada vez melhores. Na década de 890 estava

Cena de uma biografia de Sugawara no Michizane (esquerda), mostrando a futura deidade ensinando uma princesa imperial na corte.

encarregado das relações diplomáticas do Japão, e esteve por trás da decisão de cortar os laços com a instável Dinastia Tang na China (Borgen, 1994, p. 240-243). A escrita de Michizane tanto em chinês como em japonês era popular na corte, e sobrevive em várias antologias, incluindo o *Shinsen man'yōshū* ("Recém-compilada Coleção de Inúmeras Eras", antes de 913), o *Kokin wakashū* ("Coleção de Poesia Antiga e Moderna", 920) e *Shūi wakashū* ("Coleção de Antologias", 1005). Michizane também era conhecido como um político franco que apelava aos aristocratas para levarem vidas mais morais ao estilo confuciano.

Contudo, quando Uda abdicou em 897, a estrela de Michizane perdeu a intensidade. O filho de Uda, o Imperador Daigo 醍醐 (885-930, r. 897-930), era próximo de Fujiwara no Tokihira 藤原時平

(871-909), um descendente do poderoso clã Fujiwara. Tokihira incriminou Michizane por conspirar contra o novo imperador. Embora não tenha sido executado, Michizane foi rebaixado de *status* e enviado ao exílio. Ele viveu o restante de sua vida em Dazaifu (na prefeitura da Fukuoka moderna), um assentamento no norte de Kyushu a centenas de quilômetros da capital.

Após a morte de Michizane, desastres começaram a ocorrer à corte de Daigo, um após o outro. Primeiro, membros do clã Fujiwara que haviam testemunhado crimes de Michizane morreram sob circunstâncias misteriosas quando se encontravam saudáveis. Então, os filhos do Imperador Daigo começaram a morrer. Uma seca atingiu a capital no verão de 930 e, bem quando as preces por chuva começaram, uma grande tempestade, mais intensa do que pediam as preces, surgiu do nada e o salão de audiência principal do palácio imperial foi atingido por um raio, incendiando-o totalmente (Borgen, 1994, p. 308). Como no caso do Príncipe Sawara, divinações foram realizadas a fim de determinar a causa dessa série de catástrofes.

SUGAWARA NO MICHIZANE (TENJIN)

- Nascido em uma família de aristocratas estudiosos. Reconhecido por suas habilidades literárias.
- Na década de 890, recebeu o controle das relações diplomáticas japonesas.
- Rompeu os vínculos com a Dinastia Tang. Compilou várias antologias de prosa e poesia que eram populares na corte do Imperador Uda.
- Morreu no exílio após ter sido incriminado por conspirar contra o novo imperador.
- Após sua morte, a corte do Imperador Daigo (filho de Uda) enfrentou muitos desastres e o fantasma de Michizane foi considerado o culpado.
- Sua posição e título foram restabelecidos postumamente, e um santuário foi construído em sua honra. Isso pôs um fim a outros ataques do fantasma de Michizane.
- Agora cultuado (como "Tenjin") por proteção ao trabalho e sucesso intelectual.

O fantasma vingativo de Michizane foi revelado como o culpado, buscando vingança pelas políticas que lhe custaram seu trabalho, sua reputação e, por fim, sua vida. Quando o espírito por trás dos desastres foi identificado, Daigo ordenou que as posições e os títulos funcionais de Michizane fossem restaurados postumamente, e toda menção ao seu exílio fosse removida dos registros oficiais. Um santuário especial, chamado Kitano Tenmangū, foi construído em sua honra em Quioto. Quando foi consagrado como um *kami*, os ataques de Michizane pararam, e a capital ficou em paz.

Ao longo dos próximos 70 anos, o espírito de Sugawara no Michizane ganhou adeptos entre aristocratas que buscavam proteção para o trabalho e a capacidade intelectual. Kitano Tenmangū se transformou em um grande santuário, e um segundo Tenmangū foi construído em Dazaifu, onde Michizane morreu exilado. Agora, conhecido como Tenman Tenjin 天満天神, ou "Deus Celestial Que Ocupa o Céu", o espírito de Michizane foi formalmente investido em 973 como o maior *kami* de estudo e conhecimento. Esse burocrata não só ultrapassou o Príncipe Sawara com a fama de seus ataques na corte como também foi transformado em um importante deus em menos de um século.

Hoje, o deus que outrora se chamava Sugawara no Michizane é muitas vezes mais conhecido simplesmente como Tenjin. Tenjin é cultuado ao longo do Japão em santuários geralmente conhecidos como Tenmangū ("Palácio que Ocupa o Céu") após os dois originais em Quioto e Dazaifu. Ele é um deus popular entre os jovens, particularmente entre estudantes do ensino médio e universitários buscando ajuda nos exames. Embora a história sobre quem foi Sugawara no Michizane, e por que foi deificado como Tenjin, seja bem conhecida em todo o Japão, muitas pessoas não consideram ativamente a figura histórica e o *kami* o mesmo ente. Tenjin não é geralmente representado em santuários. Quando é, muitas vezes é como um homem vestindo roupas de um cortesão de meados do Período Heian. Diferente das ideias ocidentais (ou mesmo chinesas) de um sábio como um ancião sensato, Tenjin é associado de um modo mais geral ao brilhantismo da juventude e à habilidade da meia-idade em vez de à sabedoria que vem do longo estudo. Surpreendentemente, embora seja um objeto de culto popular, Tenjin tem pouca presença na cultura *pop*. Talvez seu culto seja comum demais para ser considerado um tema excitante para um filme ou mangá no Japão contemporâneo.

MINAMOTO NO YOSHIIE: DEUS DO CAMPO DE BATALHAS

O Período Heian chegou ao fim próximo do surgimento do Xogunato Kamakura em 1192, mas as sementes de seu término haviam sido plantadas muito antes. A dominação do clã Fujiwara dos círculos internos em torno dos imperadores não estava completa no começo do século XI. Isso, por sua vez, levou a imperadores cada vez mais jovens controlados por regentes Fujiwara, que eram o real poder por trás do trono. Imperadores muitas vezes se aposentavam ao atingir a maioridade e viviam suas vidas adultas livres de (parte das) amarras da posição. Na virada do século II, isso levou à prática do Insei, ou "sistema do imperador aposentado", na qual uma criança imperadora seria colocada no trono e controlada por um ou mais regentes Fujiwara (muitas vezes seus parentes maternos); enquanto isso, havia um ou mais imperadores aposentados vivos, muitas vezes adultos ainda muito jovens. Esses imperadores aposentados frequentemente faziam votos básicos como monges laicos budistas e depois faziam suas próprias manipulações políticas de dentro dos templos vizinhos.

A aristocracia japonesa há muito havia deixado de liderar esforços de guerra, que eram basicamente restritos à lenta conquista do norte de Honshu, longe da capital. Ao longo dos últimos 150 anos, os papéis anteriores dos guerreiros aristocráticos haviam sido assumidos por soldados profissionais hereditários estabelecidos basicamente nas províncias distantes. Dois dos mais poderosos desses clãs guerreiros foram os Taira (também conhecidos como os Heike) e os Minamoto (também conhecidos como os Genji). Ambos os clãs, junto a outros menos conhecidos, foram ativos na conquista do norte. Esse esforço prolongado, iniciado já no fim do século VII, levou até cerca de 1100 para ser completado. Dois de seus conflitos finais foram a Guerra Zenkunen (1051-1063) e a Guerra Gosannen (1086-1089). Os inimigos nesses conflitos eram os Emishi, os mesmos grupos que Yamato Takeru teve de subjugar em lendas de séculos anteriores. Nesse ponto, o termo "Emishi" passou a referir qualquer um no norte de Honshu que não aceitasse a autoridade da corte imperial. As etnicidades e línguas efetivas dessas populações são desconhecidas, embora japoneses do resto do arquipélago vivessem entre elas. Como não produziram muitos registros escritos, muito do que sabemos sobre os Emishi, e sobre a conquista do norte, vem de material produzido ou pela ou para a corte imperial japonesa em Quioto.

O líder Minamoto tanto na Guerra Zenkunen como na Gosannen foi um homem chamado Minamoto no Yoshiie 源義家 (1039-1106). Yoshiie era conhecido como um guerreiro natural, habilidoso com a espada e o arco e igualmente à vontade tanto no dorso de um cavalo

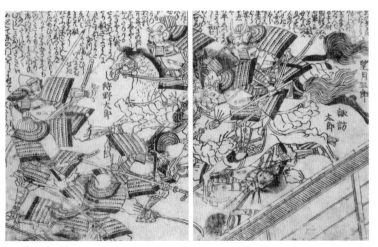

A Perturbação Heiji (1150), da qual os descendentes de Minamoto no Yoshiie participaram.

> **OS EMISHI**
> - Inimigos nos conflitos durante as conquistas do norte de Honshu.
> - O termo "Emishi" passou a significar qualquer um do norte de Honshu que rejeitasse a autoridade da corte imperial.
> - Muitas informações sobre eles vêm da corte imperial japonesa.
> - Etnicidades e línguas não são conhecidas. Contudo, é provável que muitos tenham sido etnicamente "japoneses".

como a pé. Liderando uma força relativamente pequena de guerreiros altamente treinados, Yoshiie rompeu os cercos durante a última fase da Guerra Zenkunen. Após vencer os estágios finais do conflito, Yoshiie viajou a Tóquio para se apresentar à corte com seus espólios, incluindo as cabeças dos poderosos líderes Emishi. Devido à proeza da batalha de Yoshiie, ele passou a ser conhecido como Hachimantarō 八幡太郎 ("Filho de Hachiman") (Oyler, 2015, p. 48-50).

Hachiman 八幡 é o deus patrono dos guerreiros, e, por extensão, da própria guerra. Hachiman não aparece no *Kojiki* nem no *Nihonshoki*. Ele é mencionado em registros a partir do Período Nara como uma deidade cultuada nas províncias, basicamente por camponeses e guerreiros (Scheid, 2014, p. 33-34). Como sabemos muito pouco sobre em que acreditavam as pessoas fora da corte até o fim do período medieval, Hachiman poderia na verdade ter raízes nativas muito mais profundas. De qualquer modo, os guerreiros sob e em torno de Minamoto no Yoshiie no século XI acreditavam nesse deus e atribuíam seus poderes de líder à sua bênção. Duas décadas após sua espetacular ascensão, Yoshiie retornou aos campos de batalha do norte de Honshu, e comandou as forças imperiais na destruição dos Emishi durante a Guerra Gosannen. Na época de sua morte, a lenda de Yoshiie havia se espalhado por toda parte, mesmo entre os aristocratas em Quioto (Oyler, 2015, p. 51).

Na década de 1150, o sistema Insei explodiu num conflito violento. Vários imperadores aposentados, líderes Fujiwara e mesmo templos budistas levaram forças armadas para as ruas de Quioto. O Taira e o Minamoto foram chamados à capital por líderes de lados opostos, e serviram como militares privados para as famílias aristocráticas. O Taira terminou decidindo permanecer, aumentando sua própria base de poder e substituindo brevemente o Fujiwara no controle da capital do governo imperial. Eventos chegaram a uma segunda frente em 1180, quando Minamoto foi chamado de volta para depor o arrivista Taira. O conflito que seguiu, conhecido como a Guerra Genpei, viu a destruição do poder aristocrático e estabeleceu as bases para o governo militar que definiria a Idade Média japonesa.

O líder Minamoto era um comandante brilhante chamado Minamoto no Yoritomo 源頼朝 (1147-1199). Yoritomo foi o tataraneto de Yoshiie e parecia ter herdado suas habilidades ancestrais. Na eclosão da Guerra Genpei, Yoritomo já era o veterano de muitas batalhas bem-sucedidas contra senhores locais e os remanescentes rebeldes Emishi. Yoritomo era conhecido como um líder corajoso, mas também um estrategista astuto com mais do que um toque de paranoia. Ele se mostrou um adversário para as forças Taira, mesmo que também terminasse dependendo de vários de seus próprios comandantes no processo. Quando a poeira baixou em 1185, Yoritomo foi o último líder das duas grandes casas guerreiras a permanecer de pé. Em vez de tomar o poder em Quioto como os Taira fizeram, Yoritomo escolheu partir para sua terra natal no Kantō, as planícies em torno da Tóquio moderna. Contudo, exigiu que o imperador o nomeasse xogum em 1190. Dois anos mais tarde, Yoritomo iniciou o Xogunato Kamakura, e com ele um dos desenvolvimentos históricos mais importantes do Japão.

Minamoto no Yoritomo declarou seu ancestral Yoshiie como um patrono pessoal e familiar. Contudo, considerando que governou o Japão como seu primeiro xogum, o culto pessoal de Yoritomo a seu ancestral se misturou a questões mais amplas de religião. A lenda de Yoshiie como o filho do deus Hachiman levou à visão de que Yoritomo era similarmente protegido pelo deus da guerra. Isso, por sua vez, levou a Hachiman ser cultuado em uma escala muito maior. As figuras tanto de Yoshiie como de Yoritomo se fundiram à ideia popular de Hachiman – como a figura do lendário Imperador Ōjin (cf. capítulo 3). Em meados do século XIII, Hachiman era visto como o protetor militar do Japão, e o responsável pela segurança de seu povo (Oyler, 2015, p. 53).

A associação de Hachiman a guerreiros, e particularmente a Minamoto no Yoshiie, também o transformou no deus da arte do arco e flecha. Ele é usualmente representado como um antigo guerreiro japonês medieval, um homem de meia-idade usando uma armadura tradicional e carregando uma espada, um arco e uma aljava cheia de flechas. Em alguns casos, retratos de Hachiman são explicitamente de Minamoto no Yoshiie, ou mesmo (mais raramente) de Minamoto no Yoritomo. Nos últimos séculos as três figuras se fundiram num *kami* sincrético.

Hachiman é cultuado em santuários Hachimangū ao longo do Japão. O mais famoso é o Santuário Usa, muitas vezes chamado Usa Hachimangū, na prefeitura da Ōita moderna em Kyushu. Esse santuário parece ter sido originalmente dedicado ao espírito do Imperador Ōjin. É mencionado em textos dos períodos Nara e Heian e foi patrocinado pela família imperial (Scheid, 2014, p. 34). A associação do santuário a Hachiman é de origem incerta e pode anteceder a devoção da classe guerreira aos *kami*. Outros Hachimangū importantes estão no norte e leste de Honshu, as áreas tradicionalmente associadas aos clãs de guerreiros medievais. Esses incluem o grande Tsurugaoka Hachimangū em Kamakura (na prefeitura da Kanazawa moderna), que era um dos principais santuários do próprio Minamoto no Yoritomo.

Hoje, Hachiman é amplamente cultuado, embora em um menor grau que Tenjin ou alguns dos outros grandes *kami*. Ele foi uma das deidades mais importantes durante o império moderno do Japão, entre a Restauração Meiji e o fim da Segunda Guerra Mundial. Nomeado um patrono da família imperial e do Estado-nação japonês (ambos entidades políticas que sucediam seu culto original), Hachiman era também o *kami* mais importante para soldados no Exército e na Marinha Imperial. Era invocado durante as guerras modernas do Japão até e inclusive durante a Segunda Guerra Mundial e enfrentou uma reação adversa equivalente durante a Ocupação Americana e nas décadas pós-guerra. Essa história moderna faz o culto de Hachiman mais emocionalmente carregado do que o de outras deidades, como Tenjin. Essa pode ser uma razão pela qual ele não é mais importante hoje. O pacifismo oficial do Japão contemporâneo pode ser outra.

HUMANOS E DEUSES; HUMANOS COMO DEUSES

A fronteira entre "espírito" e "humano" é porosa. Os exemplos acima mostram como os espíritos de certas pessoas puderam ser cultuados após a morte, e com o tempo se tornarem algo maior e mais importante.

Duas representações de Minamoto no Yoshiie como o deus Hachiman: como no nobre Heian (esquerda), e como um guerreiro medieval montado (direita).

Mas, em outros casos, espíritos de pessoas podem afetar o mundo enquanto estão vivas. Os japoneses pré-modernos criaram uma lenda detalhada com relação aos espíritos de indivíduos tanto vivos como mortos, e as formas pelas quais interagiram com outras pessoas. Essas interações iam de muito positivas a negativas e mesmo fatais. Lidar com os espíritos de outros humanos era tão repleto de perigos potenciais quanto lidar com entes vivos comuns.

Sabemos pouco sobre a compreensão japonesa antiga dos espíritos locais. As crônicas do século VII tratam das origens da família imperial, a organização do mundo e outros eventos mais amplos. As compilações do século IX do folclore de temática budista conhecidas como *Nihon ryōiki* ("Registro de Histórias Estranhas do Japão", organizadas entre 787 e 824) são a fonte mais antiga que registra histórias que não estão conectadas à família imperial. Contudo, o *Nihon ryōiki* trata basicamente do ensino de lições relacionadas ao budismo por meio de suas fábulas. Outra ficção e diários sobrevivem em números ligeiramente menores do fim do século IX e começo do século X. Isso nos deixa uma lacuna entre os mitos japoneses iniciais, que datam do início do Período Nara (*c.* 700), e registros do que os nobres acreditavam, que só começam a aparecer em meados do Período Heian (*c.* 900).

Aristocratas Heian eram usualmente letrados, mas outros poucos no Japão eram capazes de ler e escrever antes do século XVI. Isso significa que, quando falamos sobre o folclore Heian, ainda estamos falando somente sobre as histórias das classes superiores. Há poucos registros sobre o que os agricultores ou as pessoas pobres das cidades acreditavam até muito tarde na história japonesa; suas visões serão tratadas nos próximos dois capítulos. Quase toda nossa lenda sobre humanos e espíritos no Período Heian e no período medieval inicial do Japão, portanto, vem de textos produzidos por aristocratas, que viviam usualmente em Quioto.

Aristocratas Heian acreditavam que partilhavam sua visão do mundo não somente com uma variedade de *kami* naturais, mas também com os espíritos das pessoas. Havia dois tipos básicos desses espíritos: pacíficos e agressivos. Espíritos pacíficos ofereciam pouco a temer. Esses eram usualmente os resultados de vínculos cármicos entre pessoas que mantinham o espírito de uma pessoa amada no lugar após ter morrido. Pessoas que estavam muito apaixonadas, ou que compartilhavam uma ligação cármica similar com uma vida prévia, poderiam ser mantidas por seu vínculo à pessoa amada. Esse vínculo era tecnicamente negativo de acordo com o dogma budista, uma vez que impedia as pessoas de se libertarem do ciclo de renascimento, mas era muito menos perigoso do que outras consequências possíveis.

Um dos maiores medos dos cortesões Heian eram espíritos humanos agressivos. Conhecidos como *onryō* ou *goryō*, esses eram os espíritos de humanos que haviam sido traídos ou, ao contrário, carregavam um ressentimento contra outros humanos vivos. *Goryō*, em particular, são os espíritos daqueles injustamente condenados à morte – que nesse caso podem também ser chamados *shiryō* ("espíritos mortos"), como o Príncipe Sawara – ou daqueles que haviam perdido tudo devido à traição, mas ainda estão vivos, que nesse caso podem também ser chamados *ikiryō* ("espíritos vivos"). *Onryō*, embora um termo sobreposto, muitas vezes se refere a espíritos que são maus em vez de meramente enraivecidos. *Goryō* e *onryō* são gerados ou após uma morte violenta ou por emoções violentas em alguém que ainda está vivo (Faure, 2016a, p. 140). Eles aparecem à noite, em casas abandonadas, ou então em seções escuras e solitárias de ambientes urbanos pré-modernos.

Goryō e *onryō* provocam numerosos desastres. Em casos como o do Príncipe Sawara ou Sugawara no Michizane, esses desastres podem afetar grandes grupos de pessoas. Essas calamidades podiam envolver inundações, incêndios, tempestades, terremotos ou doenças. Nos pesadelos de nobres comuns Heian, esses espíritos vingativos provocavam desastres de escala menor como o colapso de casas, dores ou morte repentinas de indivíduos, ou mesmo o nascimento de uma criança morta. Em alguns casos, um espírito pode possuir uma pessoa viva, provocando nela grande agonia e/ou morte. Esse fenômeno, conhecido em japonês como mononoke 物の怪, é também outro termo para os espíritos que o provocam. A *possessão mononoke* pode ser por espíritos vivos ou mortos.

Um exemplo famoso vem do *Genji monogatari* ("A história de Genji", *c.* 1000), um dos trabalhos de ficção pré-modernos mais famosos do Japão. É uma história longa e épica sobre um príncipe imperial que se tornou um plebeu e seus romances com diferentes mulheres na corte. No começo da história, o personagem principal, Genji 源氏, começa um relacionamento com uma mulher mais velha conhecida como Rokujō 六条. Genji se afasta de Rokujō e começa casos com várias outras mulheres. Durante um desses encontros, Genji está numa casa abandonada com sua presente amante, uma jovem chamada Yūgao 夕顔. Yūgao fica aterrorizada com o lugar, mas Genji a tranquiliza. Mais tarde, ele é acordado por uma presença espectral. Quando Genji procura Yūgao, encontra-a fria e morta; a presença grita para ele em um ataque de ciúmes e é implicada ao espírito vivo de Rokujō. Isso é confirmado em um capítulo posterior, quando a esposa legal de Genji, Aoi 葵, também morre sob circunstâncias misteriosas.

Aoi e Genji têm uma relação problemática. Eles se casaram por razões políticas quando jovens. Genji tinha casos com outras mulheres e Aoi era fria e distante. Contudo, as coisas melhoraram entre eles quando Aoi ficou grávida de seu filho. Durante sua gravidez, ela

---

GORYŌ E *ONRYŌ*

- Espíritos humanos agressivos que foram traídos ou então têm ressentimentos contra os vivos.
- *Goryō*: espíritos daqueles injustamente sentenciados à morte, ou que ainda estão vivos e perderam tudo devido à traição.
- *Onryō*: termo mais geral para espíritos maus.
- Provocam desastres e doenças; podem possuir os vivos. As consequências desses ataques podem afetar muitas pessoas.

O fantasma de Yūgao, representado contra as flores da lagenária que têm seu nome, na página de capa desse capítulo de uma edição do Período Edo de *A história de Genji*.

parte para assistir ao Festival Kamo, e sua carroça inadvertidamente bloqueia a carroça de Rokujō. Rokujō, ainda incomodada por Genji ter rompido sua relação anterior, é consumida pelo ciúme quando vê sua esposa. Logo depois, quando Aoi entra em trabalho de parto, um espírito sob a forma de uma mulher aparece para torturá-la e matá-la imediatamente após o nascimento da criança. Genji reconhece esse espírito como o mesmo que matou Yūgao. Rokujō, então, acorda em sua própria casa com cheiro de papoula e fumaça em suas roupas – os mesmos aromas usados para afastar o mal no local de parto de Aoi.

Em ambos os casos, Rokujō ainda está viva quando seu espírito mata as outras duas mulheres. Seu eu desperto não é consciente dessas ações e ela, de fato, fica horrorizada quando descobre o que fez a Aoi. Contudo, ela é representada como sendo tão ciumenta de outros objetos de afeto de Genji que não pode se conter. Ao dormir, o espírito angustiado de Rokujō deixa seu corpo e se torna um *goryō*, procurando outros que Genji ama e matando-os em ataques de raiva. Estudiosos modernos acreditam que a possessão espiritual, particularmente aquela feita por Rokujō, tenha se originado como um modo de explicar mortes repentinas que o conhecimento médico da época não conseguia. Essa pode ser uma razão pela qual a possessão espiritual muitas vezes mata mulheres durante o parto. Contudo, o tropo é conhecido também a partir de uma variedade de outros exemplos, incluindo ataques a homens, ou por espíritos de homens.

Rokujō talvez seja o exemplo mais clássico de possessão espiritual de uma pessoa viva na ficção japonesa. Suas interações com Yūgao e Aoi, assim como com Genji, não são apenas momentos cruciais na narrativa do *Genji monogatari*, mas também o tema das peças nô do século XV e da ficção moderna. Outros estereótipos posteriores de fantasmas de mulheres ciumentas, tanto de pessoas vivas como mortas, são fortemente baseados no arquétipo do *Genji monogatari* e da série de terrores de Rokujō.

Humanos não são entes sobrenaturais na visão de mundo japonesa, mas podem se tornar. Grandes indivíduos podem se tornar inclusive mais lendários após suas mortes, até que seus espíritos sejam cultuados pelos milagres que oferecem a seus descendentes e cultuadores. Os injustamente perseguidos podem retornar para infligir vingança espiritual, levando as pessoas a temê-los e respeitá--los. Em uma escala pequena, isso resulta em histórias de fantasmas e possessões espirituais. Em grande escala, vemos tudo, da adoração do Príncipe Shōtoku como uma deidade ao reconhecimento póstumo temeroso do Príncipe Sawara. O respeito e a compreensão dessas figuras, como os próprios mitos, crescem e mudam com o tempo. Sugawara no Michizane passou de uma pessoa famosa a um fantasma assustador, e, finalmente, tornou-se um deus.

Estudiosos modernos leem esse processo de múltiplos modos. De um lado, o desenvolvimento de figuras lendárias que se transformam em novos objetos de culto não é único do Japão. Santos católicos, sábios sufistas e gurus hindus (dentre outros) experienciam transformações similares em figuras de culto. Por outro lado, a facilidade com que deuses entram ou saem do panteão japonês o torna surpreendentemente fluido. As crônicas antigas não são a essência e finalidade do xintoísmo ou de qualquer outra mitologia religiosa. Como as necessidades das pessoas mudam com o tempo, eventos se tornam lendas que então oferecem esperança e poder àqueles que deles necessitam. Os mitos japoneses são muito bons em incorporar essas mudanças.

Figuras como Michizane, bem como as outras apresentadas neste capítulo, encontram-se entre os mundos de deuses e humanos. Há muitos como eles no folclore japonês. Os fundadores das grandes seitas budistas se tornaram santos reverenciados a quem as preces são oferecidas. Análogos reais de Rokujō se tornam espíritos maus que rondam o interior, o material das histórias de fantasmas e admonitórias. Há muitos outros tipos de espíritos que vivem junto a humanos, dos quais alguns serão tratados no próximo capítulo. Contudo, as figuras que cruzam os dois mundos formam um dos elementos mais importantes da mitologia japonesa, e das diferentes formas de religião praticadas no Japão mesmo hoje. Elas são a prova do poder transformador da contação de histórias: lendas, quando libertadas, podem transformar um príncipe em um santo, e um criminoso exilado em um profeta da vastidão.

5

CÂNONES ESTRANGEIROS: O PANTEÃO BUDISTA JAPONÊS

O termo "cânones estrangeiros" (*Canon Foreigner*) descreve um fenômeno que ocorre nos filmes ou séries televisivas modernos baseados em romances ou quadrinhos. Esse termo é usado para um novo personagem que é introduzido como importante à trama, mas que não existe no meio original (*Canon Foreigner*). Um personagem assim é "cânone" na medida em que é oficialmente reconhecido como uma parte do trabalho. É também "estrangeiro" na medida em que não está presente na versão original da história. Esse conceito pode também ser aplicado a trabalhos antigos, incluindo a mitologia. Mitos são fluidos não somente ao longo do tempo, mas através do espaço e das fronteiras nacionais e culturais. Quando uma pessoa interage com outros grupos, seus deuses, heróis e demônios nativos podem ser transmitidos a outra cultura como personagens em histórias ou serem transacionados como mercadorias. O Japão, que adota o budismo, o confucionismo, o taoismo e inúmeras outras tradições do leste da Ásia e além, possui muitos exemplos desses deuses estrangeiros. Em muitos casos, tornaram-se nativos, com nomes distintivos e formas de culto japoneses – e, em alguns casos, até mesmo se fundem com *kami* nativos.

Este capítulo explora os "cânones estrangeiros" na mitologia japonesa: o panteão budista. O budismo existiu no Japão por mais de 1.500 anos. Durante esse tempo, essa religião interagiu com outras, sendo a mais importante delas o xintoísmo nativo. Essas interações não são somente entre pessoas ou lugares. Também tomam a forma de filosofias compartilhadas ou concorrentes, deuses – e mitologias.

Figuras, histórias e influências budistas se juntaram aos mitos nativos do Japão, enriquecendo-os. Há, é claro, deidades estrangeiras de outras tradições que também se tornaram importantes para a mitologia japonesa, mas esses outros *kami* não fazem parte de um todo único, geralmente coerente, do mesmo modo que o "panteão" budista (um termo abrangente para uma coleção variável de deuses e outros entes sobrenaturais). Por essa razão, serão tratados separadamente no capítulo 6.

Uma rápida observação sobre nomenclatura: o budismo vem da Índia, e foi originalmente registrado em línguas indianas antigas, basicamente, o sânscrito e o páli, mas os nomes usados no Japão para deidades, lugares e conceitos budistas foram transmitidos por meio da China. Portanto, são usualmente pronúncias japonesas dos termos chineses, que foram traduzidos ou transliterados ao chinês a partir dos originais indianos. Este capítulo introduzirá os nomes em sânscrito (sân.) e em japonês (jap.) para muitas ideias, assim como os nomes em chinês (chin.) quando necessário. Para conceitos budistas básicos usaremos palavras sânscritas como *buda* ou *bodisatva*, em vez das japonesas *nyorai* ou *bosatsu*. Contudo, onde o equivalente japonês é funcionalmente diferente, ou onde o nome sânscrito é longo e complicado, usaremos os nomes japoneses (como nos casos da bodisatva Kannon e do rei de sabedoria Fudō Myōō).

BUDISMO E MITOLOGIA JAPONESA

O budismo é uma religião amplamente praticada com muitas seitas diferentes, múltiplas mitologias e uma história de milhares de anos. Aqui, focamos somente as deidades e figuras mitológicas budistas que tiveram o maior impacto no Japão. Elas não são necessariamente as figuras mais importantes em outros países, ou em outras formas de budismo, embora muitas sejam conhecidas fora do Japão.

O budismo japonês abrange várias escolas diferentes, mas todas fazem parte da tradição Mahayana ou "Grande Veículo". Essa é uma das três principais divisões do budismo, junto à Teravada ("Caminho

CÂNONES ESTRANGEIROS: O PANTEÃO BUDISTA JAPONÊS

dos Anciãos") e à Vajrayana ("Veículo do Diamante"). A Teravada, praticada amplamente no sudeste da Ásia, foca um conjunto central de textos considerados as escrituras mais antigas e "originais" da Índia antiga. A Vajrayana, praticada no Tibete e na Mongólia, enfatiza práticas tântricas. A Mahayana, que é praticada ao longo do leste da Ásia bem como no Vietnã, abrange várias escolas. Todas essas escolas Mahayana acreditam em "meios expedientes" (sân. *upāya*,

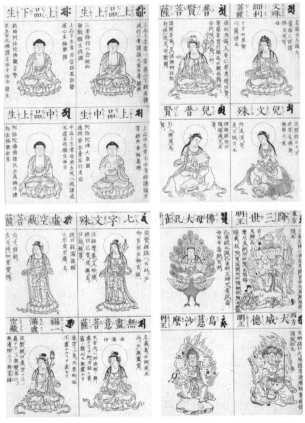

Uma série de figuras budistas com nomes e/ou posições: budas (superior esquerda); bodisatvas (inferior esquerda, superior direita); devas e reis de sabedoria (inferior direita).

jap. *hōben*), um modo de obter a salvação durante a vida. Cada escola é definida por seu foco em um ou mais meios expedientes específicos: meditação, por exemplo, nas escolas do zen-budismo.

Outra característica importante do Budismo Mahayana é sua dependência de figuras divinas. Há mais deidades e níveis de divindade nas formas mahayanas de budismo do que nas escolas Theravada ou Vajrayana. Muitas dessas figuras caem em quatro níveis. No topo estão os budas (jap. *nyorai*). Os budas são mortais que atingiram a iluminação completa durante suas vidas. Eles se aperceberam da verdade do mundo e nesse processo se libertaram do ciclo interminável de renascimentos. Ao morrerem, os budas atingem o *nirvana* (jap. *nehan*), um estado de não existência positiva onde a pessoa simultaneamente não existe mais, ainda que seja uma com o universo inteiro. Os budas são muitas vezes representados como monges, com cabeças raspadas, vestimenta simples e com auréolas extensas e brilhantes. Muitos budas têm uma iconografia específica que permite aos cultuadores identificarem qual deles uma estátua ou imagem representa.

No segundo nível estão os bodisatvas (jap. *bosatsu*). Esses são entes que, como os budas, começaram como mortais comuns, e que retornaram no momento da iluminação, escolhendo renunciar ao processo inteiro a fim de ter a capacidade de ajudar outros entes. Bodisatvas são mais acessíveis, mas um pouco menos poderosos do que os budas, uma vez que ainda estão envolvidos nos "mundos de desejo" – o universo. Bodisatvas também existem nas escolas Theravada e Vajrayana, mas são menos proeminentemente cultuados nessas tradições do que nas formas do Budismo Mahayana, incluindo aquelas praticadas no Japão. Bodisatvas são muitas vezes retratados como príncipes indianos, com cabelos soltos, belos robes e correntes de joias. Como os budas, há itens ou símbolos específicos que permitem identificar qual bodisatva está sendo representado em cada estátua ou imagem.

Deidades mahayanas do terceiro nível são conhecidas como reis de sabedoria (sân. *Vidyārāja*; jap. *myōō*). Essas são as únicas deidades verdadeiramente violentas no budismo. São as defensoras da religião, que derrotam demônios e purgam os maus. São também aqueles que impelem as pessoas ao caminho correto pelo medo, em vez de pela persuasão ou salvação. Dada sua natureza, os reis de sabedoria são muitas vezes representados no leste da Ásia como figuras assustadoras com terríveis olhos vermelhos, pele de cores primárias e bradando armas como espadas. Eles podem estar cercados por fogo, em pé sobre demônios derrotados, ou então envolvidos em cenas de violência contra os inimigos do budismo. Do mesmo modo com as representações de outras deidades budistas, os reis de sabedoria também têm uma iconografia específica que permite diferenciá-los.

O quarto nível de deidades mahayanas é conhecido como devas (jap. *tenbu*). *Deva* é a palavra sânscrita para "deus" em um sentido geral, e muitos devas são deidades indianas (alguns dos quais são importantes no hinduísmo moderno) que foram cooptadas pelo budismo. O budismo considera os devas figuras imensamente poderosas, mas ainda inseridas nos "mundos de desejo", um termo para o

---

QUATRO NÍVEIS DE DEIDADES NO BUDISMO JAPONÊS (MAHAYANA)

- Budas: no topo da hierarquia, são mortais que atingiram a iluminação e estão livres do ciclo de renascimento. Quando morrem, atingem o nirvana. São usualmente representados como monges budistas.
- Bodisatvas: mortais que no momento da iluminação retornam ao mundo para que possam ajudar outros; usualmente representados como príncipes indianos.
- Reis de sabedoria: defensores violentos da religião, com terríveis olhos vermelhos e armas; eles compelem as pessoas pelo medo ao caminho correto.
- Devas: guardiões do budismo, muitas vezes deuses de outras religiões que foram absorvidos na cosmologia budista; são representados como homens com armaduras e mulheres com robes esvoaçantes. Embora sejam deuses, os devas ainda estão presos no ciclo de renascimento.

multiverso. Devas budistas não são imortais, diferentemente de seus equivalentes no hinduísmo e em outras religiões indianas. Embora suas vidas possam se estender por milhares ou mesmo bilhões de anos, cada deva budista tem uma origem e uma morte da qual renascerão, como todos os entes que não atingiram a iluminação. Muitos devas são guardiões do budismo, e embora estejam classificados abaixo dos reis de sabedoria, budas ou bodisatvas, ainda são figuras importantes de culto. Os devas no budismo do Leste Asiático são muitas vezes representados como figuras da China antiga (em vez de suas formas originais indianas), sejam homens em armaduras ou mulheres em robes esvoaçantes. Algumas das figuras mais comuns também possuem uma iconografia consistente que permite diferenciá-las, mas vêm muitas vezes em conjuntos que podem ser individualmente idênticos (ou quase). Há ainda entre um e três níveis inferiores de deidades entre devas e humanos, dependendo da tradição e seita de budismo. Essas são figuras complexas que não aparecem com frequência em explicações básicas do panteão budista japonês (ou outro), de modo que não trataremos deles aqui.

BUDAS: OS ILUMINADOS

Há mais de um buda. Aquele que os manuais históricos mais referem é conhecido no Budismo Mahayana como o "Buda histórico". Esse é Sidarta Gautama, cuja vida proveu o modelo em torno do qual o budismo coalesceu por volta de 500 AEC. O Buda histórico é considerado a única de várias figuras que atingiu a iluminação. Dependendo da escola e da tradição no budismo, ele é variadamente compreendido como sendo o único buda em nossa era da história, o único buda em nosso plano de existência, ou simplesmente o mais conhecido de ambos.

O Buda histórico também é conhecido como Śākyamuni ("Sábio do Clã Śākya") em sânscrito, transliterado ao japonês (via chinês) como Shakamuni 釈迦牟尼. No Japão, ele é muitas vezes referido como Shaka-nyorai 釈迦如来, ou apenas Shaka 釈迦. Ele é o

CÂNONES ESTRANGEIROS: O PANTEÃO BUDISTA JAPONÊS

ŚĀKYAMUNI, O BUDA HISTÓRICO

- Humano chamado Sidarta Gautama, que viveu c. 500 AEC. Mais tarde, ganhou o nome sânscrito Śākyamuni, que significa "Sábio do Clã Śākya", pronunciado em japonês como Shakamuni, por vezes abreviado como Shaka.
- O professor original dos princípios budistas; atingiu a iluminação.
- Manifestou 32 atributos físicos que marcam uma pessoa como um buda.
- Teve muitas vidas prévias, cada uma prevendo sua futura santidade.
- Amplamente cultuado no Japão como uma figura de salvação e iluminação.

---

pregador principal da maioria dos princípios do budismo e muitos sutras são atribuídos a ele. Muitos desses sutras não são do período de tempo correto, ou mesmo do país correto – alguns são provavelmente de origem chinesa ou da Ásia Central –, mas todos afirmam ser as próprias palavras de Śākyamuni. Ele também é o principal exemplo e inspiração históricos para a religião, mesmo em escolas que cultuam outros budas.

Śākyamuni nasceu como Sidarta Gautama, um príncipe do Clã Śākya que governava uma cidade conhecida como Kapilavastu. A localização da cidade é desconhecida hoje, mas acreditava-se ter sido ou no sul do Nepal ou próxima à fronteira nepalesa do norte da Índia. O príncipe cresceu completamente isolado do mundo exterior e não tinha conhecimento de sofrimento, doença, envelhecimento ou morte. Um dia, resolveu se aventurar fora dos muros do palácio e tomou consciência do sofrimento humano. Chocado, Gautama renunciou à sua posição real e dedicou sua vida a buscar uma resposta ao sofrimento. Reuniu diferentes seitas do que hoje chamaríamos hinduísmo antigo, buscando respostas, mas sem encontrá-las. Uma dessas seitas era um grupo de sacerdotes que praticavam meditação intensa; outro, um grupo de ascetas que jejuavam na floresta. Nenhum grupo deu a Gautama qualquer outra compreensão, mas um dia ele decidiu seguir uma memória de uma experiência que tivera quando criança. Meditando sob uma figueira, Gautama finalmente atingiu a verdadeira compreensão do sofrimento e se tornou instantaneamente iluminado (Carrithers, 2007, p. 2-3).

Após sua iluminação, Śākyamuni começou a pregar o budismo, ganhando rapidamente seguidores. Ele previu sua própria morte, que ocorreu exatamente como profetizou, solidificando ainda mais o movimento em torno de seus ensinamentos. Nos séculos após seu falecimento, à medida que as histórias do Buda histórico se espalhavam pela Ásia, lendas ainda mais sobrenaturais foram acrescentadas à sua vida. Imediatamente após sua iluminação, Śākyamuni supostamente manifestou os 32 atributos físicos que marcam qualquer buda. Esses incluíam crescer mais de 2m de altura, adquirir pele dourada metálica, um grande calombo em sua cabeça e lobos das orelhas, dedos das mãos e pés alongados. Muitos ícones japoneses de Shaka preservam essas características, usando bronze dourado ou tinta dourada para a pele e vestimenta do ícone, e enfatizando os elementos diferentemente moldados do corpo.

O Buda histórico supostamente também tem uma longa série de vidas prévias, cada uma das quais tendo previsto sua futura santidade. As histórias sobre essas vidas prévias são conhecidas como *jātaka*, em sânscrito (*honshōtan*, em japonês). Há livros inteiros de histórias *jātaka*; um exemplo é a do "Leão que mostrou compaixão pelo filhote de um macaco e lacerou sua própria carne para uma águia". A versão japonesa recontada aqui vem de um texto conhecido como *Konjaku monogatarishū* ("Uma coleção de histórias de tempos agora passados", *c.* séculos XI-XII), embora seja baseada em uma tradução anterior de um texto sânscrito original.

No passado distante, um leão vivia em uma caverna nas montanhas do norte da Índia. Próximo dali vivia um casal de macacos que tinha dois filhotes pequenos. Os filhotes cresceram e ficaram muito pesados para sua mãe levá-los consigo para buscar alimento, mas ela ainda necessitava obter alimento para eles. O leão prometeu vigiá-los, e isso liberou ambos os macacos para sair para procurar comida. Contudo, uma águia também estava observando, e tão logo os macacos partiram, ela se precipitou para capturar os filhotes dos macacos. O leão começou a defendê-los, mas, então, a águia lhe disse que também tinha filhotes e que necessitava dos filhotes dos macacos para alimentá-los. O leão não queria que os pais nem os filhotes ficassem com fome, então, cortou um pedaço de sua própria perna e deu para a águia alimentar seus filhotes. Quando a mãe-macaca retornou, encontrou seus filhotes seguros, e ficou tomada de emoção. O leão era uma vida anterior de Śākyamuni, e os macacos eram as vidas prévias de vários de seus discípulos (a vida prévia da águia não é declarada) (Haruo, 2007, p. 535-537).

Śākyamuni ainda é amplamente cultuado no Japão e é uma figura importante em muitas escolas budistas mahayana. Ele não tem quaisquer domínios específicos e é uma figura geral de salvação e de iluminação budista. Ele pode ser representado de pé, sentado ou deitado, mas sempre assume a forma típica de qualquer ícone de buda: um monge budista com vestimentas simples com cabelos escuros cacheados e a cabeça rentemente raspada. Quando de pé ou sentado, ele está usualmente sobre um pedestal de flor de lótus. O lótus, que começa como um bulbo no barro na superfície de um lago e cresce através da água para irromper no ar acima, é uma metáfora para renascimento e iluminação em muitas religiões indianas. O gesto da mão que usualmente marca uma estátua como sendo de Śākyamuni

O Buda histórico Śākyamuni (Shaka), representado como um recém-nascido já apresentando sinais físicos de iluminação. Esse ícone é parte de uma tigela para rituais de limpeza.

é conhecido como o "gesto de tocar a terra", e apresenta a mão direita apontada para baixo, com as palmas para dentro, com o segundo, terceiro e quinto dedos esticados. Quando o Buda histórico é representado deitado – raro para deidades budistas – é usualmente uma representação da morte de Śākyamuni. Essas representações muitas vezes o mostram deitado de costas em um longo féretro, cercado por figuras de deuses, humanos e animais chorando[7].

Śākyamuni fazendo seu famoso sermão no Pico do Abutre, assistido por bodisatvas, devas e humanos mortais.

Outro buda importante no Japão é Amitābha, o Buda da Luz Infinita, conhecido em japonês como Amida 阿弥陀. Ao atingir a iluminação, esse buda fez um voto para criar um paraíso no extremo oeste do multiverso. Pela prece a ele por sua salvação, entes podem ser renascidos nessa Terra Pura do Oeste, depois do que obtêm automaticamente a iluminação, atingindo o *nirvana* após sua morte. A Terra Pura é um lugar de metais preciosos vivos e joias que crescem,

---

7. Shaka. *Japanese Architecture and Art Net Users System (Jaanus), 2001.* Disponível em http://www.aisf.or.jp/~jaanus/

Parinirvana, ou Morte do Buda: Śākyamuni se deita sobre um féretro cercado por deuses em lamento, humanos e animais enquanto sua mãe, a senhora Maia, desce do céu para levar sua alma.

banhadas em luz eterna e livres de qualquer tipo de pecado. É paraíso, mas ao mesmo tempo é somente uma parada na estrada da iluminação, uma vez que o *nirvana*, não o nascimento ali, é o verdadeiro objetivo (Atone; Hayashi, 2011, p. 9).

Amitābha é uma figura antiga no budismo. Ele e sua Terra Pura aparecem em sutras que remontam aos últimos séculos AEC da Índia, e é cultuado nas três amplas divisões do budismo. A posição da China no centro do mundo budista mahayana por muitos séculos influenciou fortemente as ideias dessa tradição sobre Amitābha, e sua Terra Pura é geralmente representada na arte do Leste Asiático como um ideal chinês de paraíso (Inagaki, 2003, p. xiii-xiv).

Além dos metais vivos e da atmosfera brilhante, apresenta palácios em estilo chinês, comida suntuosa e criadas mágicas que flutuam no ambiente tocando música celestial. Na iconografia japonesa, Amida (Amitābha) é muitas vezes mostrado com um de dois sinais de mão: o sinal de meditação, que apresenta todos os cinco dedos de ambas as mãos pressionados um contra o outro, ou o sinal de exposição, que apresenta as duas mãos estendidas, com a esquerda para baixo e a direita para cima, com o polegar e o indicador de cada uma formando um círculo.

Amitābha é usualmente acompanhado por dois bodisatvas, Avalokiteśvara e Mahāsthāmaprāpta. Avalokiteśvara, conhecido em japonês como Kannon 観音, representa compaixão, e é uma deidade extremamente importante no Japão que será discutida detalhadamente adiante neste capítulo. Mahāsthāmaprāpta, conhecida como Seishi 勢至 em japonês, representa sabedoria. A tríade de sabedoria, compaixão e salvação (como oferecida por Amida) é o que permite ao poder da Terra Pura do Oeste atrair os perdidos e os desesperados. Grupamentos similares das três figuras, usualmente um buda e dois bodisatvas, aparecem em toda a prática mahayana. Esses grupos de três são conhecidos como tríades, particularmente quando formam conjuntos físicos de três ícones. Em alguns casos, a identidade do buda ou dos bodisatvas é o que permite a identificação da tríade inteira.

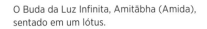

O Buda da Luz Infinita, Amitābha (Amida), sentado em um lótus.

Na China, na Coreia e no Japão, o culto de Amida formou suas próprias escolas, conhecidas coletivamente como Budismo da Terra Pura. No Japão, em particular, essas tomaram a forma das escolas Jōdo ("Terra Pura") e Jōdo Shinshū ("Terra Pura Verdadeira"). Cada uma repousa sobre a ideia de que chamar o nome de Amida lhe permite ouvir a voz de uma pessoa suplicante, de modo que ele conduzirá sua alma até a Terra Pura para seu próximo renascimento. O meio expediente adotado pelas duas escolas é a repetição do nome de Amida, usualmente no canto *namu amida butsu* ("Prece a Amida Buda!"), embora as escolas difiram em outros pontos de doutrina. Como esse tipo de meio expediente é muito fácil de executar, mesmo para plebeus, Jōdo e Jōdo Shinshū se tornaram extremamente populares no Japão e permanecem as duas maiores seitas budistas no país hoje.

O Buda Amitābha (Amida; centro) flanqueado pelos bodisatvas Avalokiteśvara (Kannon; esquerda), e Mahāsthāmaprāpta (Seishi; direita).

Bhaiṣajyaguru, o Buda da Medicina, é outra figura importante no Budismo Mahayana. Ele é conhecido no Japão como Yakushi 薬師 ou "Mestre da Medicina", uma tradução literal do significado de seu nome. Yakushi é conhecido a partir de um sutra antigo (um texto escritural ou filosófico indiano) de origens desconhecidas que reconta como ele se tornou iluminado ao fazer doze votos, os quais envolviam curar sofrimento físico ou mental. Devido a essa ênfase na cura, Yakushi é cultuado por dar saúde física na vida, em vez de facilitar o renascimento no paraíso como Amida (Thành; Leigh, 2001, p. xii). Yakushi era historicamente muito mais importante no leste da Ásia do que em outros lugares no mundo budista. Ele estava entre os primeiros budas cultuados amplamente na Coreia e no Japão, talvez devido à crença de que pudesse curar doenças. Alguns estudiosos acreditam que, após o budismo ter sido levado a uma nova região, mas antes de sua doutrina ter sido amplamente compreendida, os poderes mágicos de uma figura como Yakushi seriam os mais atrativos aos novos seguidores.

Yakushi é comumente representado sentado e segurando um pequeno recipiente. O recipiente representa um jarro mágico de pedra celestial que contém um unguento que pode curar os males do mundo. Além disso, Yakushi é representado de modo muito similar a Shaka (Śākyamuni). O Buda da Medicina é acompanhado por dois bodisatvas que representam o sol e a lua, conhecidos em japonês como Nikkō 日光 e Gekkō 月光. Eles são muitas vezes chamados os "enfermeiros" do "doutor" Yakushi. O culto a Yakushi foi muito popular durante grande parte da história japonesa antiga e clássica, mas declinou durante a era medieval. Hoje, ele é cultuado menos amplamente do que Shaka ou Amida.

Vairocana, conhecido em japonês como Birushana 毘盧遮那 ou como Dainichi Nyorai 大日如来, é mais um buda importante. Birushana é uma transliteração do nome sânscrito original, mas Dainichi Nyorai significa "Grande Buda Solar". Isso ocorre porque Vairocana é um buda primordial, uma figura que, para começar, nunca foi mortal. Em vez disso, é uma representação da luz da própria iluminação quando se espalha pelo multiverso como raios de luz de um sol. De acordo com algumas doutrinas, Vairocana é o "verdadeiro" buda e todos os outros são meramente "reflexos" de iluminação em diferentes mundos de desejo. Considera-se também que Vairocana represente śūnyatā (jap. kū 空), ou "vazio", a verdadeira natureza do universo. Essa é uma qualidade positiva. A luz que emana de Vairocana através do universo é, de fato, a luz do vazio, que revela a insignificância dos "mundos de desejo" (Hodge, 2003, p. 39).

A estátua mais famosa de Vairocana no Japão é o Grande Buda do Templo Tōdaiji em Nara. Originalmente forjada na década de 740, está entre as maiores estátuas budistas do mundo. Vairocana é usualmente representado sozinho ou cercado por muitos bodisatvas esotéricos. As estátuas de Vairocana em sua maior parte representam-no sentado em um pedestal de lótus. Há um gesto específico associado a Vairocana no qual o indicador da mão esquerda é entrelaçado pela mão direita, cujo próprio indicador está envolto em torno dela. Isso representa a união de toda existência a si.

Vários outros budas têm sido cultuados no Japão, mas nenhum tão amplamente como esses quatro. Contudo, outras deidades budistas de níveis inferiores, como alguns

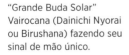

"Grande Buda Solar" Vairocana (Dainichi Nyorai ou Birushana) fazendo seu sinal de mão único.

bodisatvas e devas, de fato, têm presenças maiores na mitologia japonesa. Budas por sua própria natureza não existem mais; eles podem ser invocados para salvação, mas não interagem com o mundo. Contudo, bodisatvas, reis de sabedoria e devas ainda se movem nos "mundos de desejo", de modo que podem atuar (e atuam) para salvar pessoas. Embora de *status* inferior ao dos budas, essas deidades têm efeitos mais diretos sobre seus seguidores, e algumas são amplamente reverenciadas no Japão.

BODISATVAS: AGENTES DE SALVAÇÃO

Bodisatvas são figuras que, no momento da iluminação, retornam para os mundos de desejo pouco antes de obter o estado de buda. Como resultado, não são budas completos, mas são a coisa mais próxima, e são capazes de conduzir outros para a salvação sem ter deixado a realidade inteiramente. Há bodisatvas que no Japão são cultuados proeminentemente junto a budas, como parte de tríades com um buda e outro bodisatva; outros são cultuados individualmente. O mais importante de todos esses na prática budista japonesa é Avalokiteśvara, conhecido em japonês como Kannon. Kannon é um bodisatva híbrido, de gênero fluido. Avalokiteśvara, também conhecido em sânscrito como Padmapani, incorpora a compaixão de todos os budas. Isso não é o mesmo que a compaixão ou empatia terrenas. Em vez disso, "compaixão" aqui é pelo próprio estado de estar vivo e preso no ciclo de renascimento. Como tal, Avalokiteśvara anseia por salvar todos os entes vivos do ciclo, e atua de vários modos para isso. Embora originalmente masculino, Avalokiteśvara pode ser retratado na arte indiana como masculino ou feminino. Essa fluidez de gênero se tornou mais complexa quando o bodisatva foi levado à China no século IV ou V EC e renomeado Guanyin ("Percipiente de Clamores"), que significa compaixão por aqueles que sofrem. Contudo, já havia uma deusa taoista conhecida como Guanyin na China na época. Assim, Avalokiteśvara, o bodisatva indiano da compaixão (então, usualmente masculino) se tornou misturado com sua deidade taoista feminina, resultando na figura de Guanyin como um bodisatva predominantemente feminino com mais poderes ativos do que é típico para outros bodisatvas (Yu, 2001, "Introduction").

Kannon é a pronúncia japonesa do Guanyin chinês. Como na China, Kannon é muitas vezes representada como feminina, embora possa aparecer como masculino, sem gênero, ou qualquer outra combinação. Ela também tem várias formas diferentes, e cada uma delas expressa um modo diferente de ajudar quem sofre a atingir a iluminação. Kannon de Mil Braços é usualmente representado com 50 braços, cada um dos quais atua 20 vezes. Cada mão segura um implemento diferente – uma roda, uma flor de lótus ou mesmo instrumentos mais esotéricos – para salvar um tipo específico de pessoa que sofre. Kannon de Onze Cabeças possui dez cabeças menores no topo de sua cabeça principal. Cada uma dessas cabeças olha numa direção diferente, de modo que nenhum ente que sofre possa escapar de sua visão. Kannon de Mil Braços e Kannon de Onze Cabeças são muitas vezes combinadas no mesmo ícone. Kannon Tecelã de Sonhos possui apenas dois ou quatro braços, e usualmente apenas uma cabeça. Ela tece uma rede para capturar aqueles que estão presos por ilusões como ganância, luxúria ou fome. Há também outras versões mais esotéricas de Kannon. Essas incluem a forma na qual ela aparece em uma tríade com a bodisatva Seishi e o buda Amida.

Kannon está entre as figuras budistas mais amplamente cultuadas no Japão. Ela também muitas vezes intervém diretamente para ajudar seus cultuadores, e há muitas histórias em que Kannon ajuda indivíduos em necessidade. Aqui está uma famosa história registrada na coleção do século XII *Konjaku monogatarishū*. Na Província de Bitchū (prefeitura da Okayama moderna, na Honshu Central) havia um homem chamado Kaya no Yoshifuji. Ele era um mercador que enriqueceu comercializando moedas de metal. Um dia, Yoshifuji dava uma caminhada quando viu uma bela mulher. Ele perguntou seu nome e, quando ela mostrou timidez, a seguiu até sua casa. Embora tenha vivido em sua cidade a vida inteira, Yoshifuji nunca

Kannon de Mil Braços, a deidade budista japonesa da compaixão, sentada sobre um lótus. Cada um dos 25 braços representa 40 braços, e segura um implemento ou símbolo de salvação.

vira a casa da mulher; era uma grande mansão em uma colina, cheia de empregados. Encantado pela beleza da mulher e pela riqueza da casa, Yoshifuji decidiu ficar com ela como seu amante.

A família de Yoshifuji ficou preocupada quando ele desapareceu sem qualquer explicação. Quando as buscas por ele deram em nada, construíram uma imagem de Kannon e oravam para ela diariamente por seu bem-estar. Um dia, um estranho portando o cajado de um sacerdote laico budista chegou à cidade. Sem pedir orientações, ele foi direto às ruínas de uma casa que havia sido destruída pelo fogo anos antes. O homem apontou seu cajado para as ruínas e, subitamente, raposas começaram a sair dali, correndo aterrorizadas e se espalhando. Após alguns minutos, uma criatura semelhante a um macaco e coberta de terra saiu rastejando lentamente em direção à luz. Era Yoshifuji! A casa que ele imaginara era uma ilusão conjurada pelas raposas. Sua família imediatamente o levou para casa, e o estranho desapareceu na confusão. Mais tarde, foi revelado que o homem fora uma aparição de Kannon, movida pelos apelos da família, que viera para salvar Yoshifuji da possessão e morte (Haruo, 2007, p. 545-547).

Outro bodisatva amplamente cultuado, que é conhecido por interceder em benefício de humanos comuns, é Kṣitigarbha, conhecido em japonês como Jizō 地蔵. Se Kannon promete, por compaixão, salvar todos que sofrem por não terem atingido a iluminação, Jizō promete instruir todos que necessitam de ajuda a aprender as formas de atingi-la. Como tal, ele é comumente representado como um monge budista em uma peregrinação; portanto, um cajado com anéis pendurados e vestindo um hábito de viagem vermelho. Suas estátuas muitas vezes o mostram com uma auréola em torno de sua cabeça raspada. Essa auréola, junto aos mantos de tecido vermelho que tipicamente cobrem seus ícones, são as principais formas de identificar Jizō.

Como Avalokiteśvara (Kannon), a figura indiana original Kṣitigarbha de Jizō pode ser tanto masculina como feminina. No

---

AVALOKITEŚVARA (KANNON), BODHISATTVA DA COMPAIXÃO

- Incorpora compaixão por todas as coisas vivas e quer ajudá-las a escapar do ciclo de renascimento.
- Originalmente um bodhisattva indiano masculino (Avalokiteśvara), misturado com a deusa taoísta Guanyin, da China, para produzir um bodhisattva de gênero fluido, conhecido no Japão como kannon.
- Retratado na arte como homem ou mulher, assume formas diferentes: Mil Braços, Onze Cabeças e Tecelã de Sonhos.

caso de Kṣitigarbha, isso se deve ao fato de ter tido duas vidas passadas importantes. Em uma, era uma donzela de casta nobre na Índia antiga; na outra, um monge budista no subcontinente indiano. Contudo, quando o culto a Kṣitigarbha foi levado ao leste da Ásia, ele foi primeiramente concebido como masculino, e sua associação com monges se fortaleceu (Glassman, 2012, p. 6-8).

No Japão, Jizō é visto como um guardião e como um instrutor. É particularmente protetor de crianças, mulheres grávidas e viajantes. Estátuas suas, separadas ou em longas filas, são colocadas em cruzamentos ou junto a passagens e, em alguns casos, espalhadas ao longo de encostas para proteger viajantes de males. Há também lendas populares preservadas no *Konjaku monogatarishū* e em outras coleções dos períodos Heian e Medieval que representam Jizō salvando crianças ou mulheres grávidas de males. A partir do Período Muromachi, Jizō passou a ser associado ao Rio Sanzu 三途の川, o caminho percorrido pelas almas mortas para serem julgadas para seu renascimento. Quando as crianças morrem, Jizō encontra e cuida de suas almas, permitindo a elas um limbo pacífico ou um rápido renascimento, dependendo da história. Até hoje as pessoas colocam pequenas pilhas de pedras em cemitérios e em cruzamentos para simbolizar crianças perdidas muito jovens, marcando locais de prece a Jizō por sua salvação.

Há um importante bodisatva que, dependendo da forma pela qual é cultuado, pode atravessar para o estado de buda. Esse é Maitreya, conhecido em japonês como Miroku 弥勒, o Buda do Futuro. É o próximo buda a nascer no mundo, uma figura semelhante a um messias; contudo, como o tempo é uma

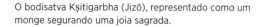

O bodisatva Kṣitigarbha (Jizō), representado como um monge segurando uma joia sagrada.

ilusão no cosmos budista mais amplo, Maitreya também existe no aqui e agora; é possível alcançá-lo e orar para ele. Até seu nascimento efetivo no mundo para se tornar o próximo buda, um evento que ocorrerá em algum ponto no futuro distante, Maitreya é um bodisatva. Ele é muitas vezes representado e cultuado nessa forma. Contudo, ele também é cultuado como o buda que se tornará, e, quando representado nessa forma, assemelha-se a Amida (Amitābha) ou Shaka (Śākyamuni) (Kitagawa, 1981, p. 108-110).

Maitreya é um bodisatva pensativo, com sua mente sempre no futuro que ele salvará. Nessa forma, ele é usualmente representado com uma perna para cima na posição do lótus, e a outra pendurada, com seus olhos perdidos em pensamento. Ele possui sua própria Terra Pura, o Céu Tuṣita (jap. *Tosotsuten* 兜率天), no extremo norte do multiverso, no qual ele reúne almas para motivá-las na direção da iluminação. Maitreya era o centro de um importante culto no Período Nara e no começo do Período Heian, possivelmente trazido da península coreana. O culto a ele reapareceu em épocas de grande turbulência, quando as pessoas ansiavam por sua aparição futura, e por vários séculos os cultos a Maitreya surgiram e caíram com guerras e epidemias (Lee, 1993, p. 349-350). Hoje, ele é menos amplamente cultuado do que Kannon, Jizō e os budas Shaka e Amida, mas ainda é uma figura importante no budismo japonês.

Samantabhadra (jap. Fugen 普賢) e Mañjuśrī (jap. Monju 文殊) são um par de bodisatvas que acompanham o Buda histórico, Śakyamuni. Fugen representa as ações, enquanto Monju representa a sabedoria. Ambos são necessários: ação sem sabedoria resulta em pressa e estupidez, enquanto sabedoria sem vontade para agir é desperdiçada. Esses dois bodisatvas flanqueiam o Buda histórico, para representar que ele possuía ambas as qualidades, mas eles também têm poderes próprios e aparências distintas. Fugen cavalga um elefante e concede o poder para atingir objetivos elevados. Monju cavalga um leão azul, e por vezes segura uma espada flamejante e uma flor de lótus em suas mãos. Ele traz a sabedoria para distinguir a verdade da falsidade, e desfaz ilusões enquanto oferece a beleza da iluminação.

Como com budas, há ainda mais bodisatvas na tradição budista mahayana. Contudo, muitos desses são figuras esotéricas, e não são – nem jamais foram – amplamente cultuados no Japão como qualquer um dos cinco mencionados aqui. Eles também raramente aparecem nas lendas populares ou nos mitos japoneses, e não interagem com humanos como Kannon ou Jizō.

REIS DE SABEDORIA: LIBERDADE ATRAVÉS DO MEDO

O terceiro nível de deidades budistas são os reis de sabedoria, *vidyārāja*, em sânscrito, e *myōō*, em japonês. Enquanto budas são os professores distantes e iluminados, e os bodisatvas são figuras angelicais que salvam os necessitados, os reis de sabedoria são os pais furiosos do panteão budista mahayana. Essas figuras assustadoras têm dois papéis. O primeiro é derrotar os demônios que representam

Maitreya (Miroku), o Futuro Buda, aqui, representado como um bodisatva por ainda não ter nascido.

vícios como ganância e luxúria. O segundo e mais importante papel é forçar os seguidores a se comportarem propriamente. Os reis de sabedoria trazem a disciplina nascida da compaixão e lembram o devoto do preço de se desviar do caminho da retidão.

Os cinco reis de sabedoria são agrupados em um conjunto conhecido como os Cinco Guardiões do Budismo. Eles são Acāla, o Imovível, conhecido em japonês como Fudō Myōō 不動明王, e seus quatro subsidiários: Trailokyavijaya (jap. Gōzanze Myōō 降三世明王), Kuṇḍali (jap. Gundari Myōō 軍荼利明王), Yamāntaka (jap. Daiitoku Myōō 大威徳明王) e Vajrayakṣa (jap. Kongōyasha Myōō 金剛夜叉明王). Desses cinco, Fudō Myōō é o mais importante. Ele é tão virtuoso que nada pode movê-lo a não ser ele próprio, o que significa que não é afetado por grande parte da existência e, portanto, não pode ser derrotado, evitado ou bloqueado. Seu papel é destruir os demônios que tentam seduzir as pessoas, mas também

O bodisatva Samantabhadra (Fugen, esquerda), cavalgando um elefante, é muitas vezes acompanhado de Mañjuśrī (Monju, direita), que cavalga um leão.

lembrar aqueles que estão sendo seduzidos que não há caminho fácil para os problemas da vida. Como um pai severo, Fudō Myōō disciplina o mundo (Faure, 2016a, p. 116-117).

Todos os reis de sabedoria são representados com feições assustadoras, mas Fudō Myōō é o mais temível deles. Sua pele é usualmente azul; seu cabelo é do carmim escuro das brasas e está cercado por coroas de fogo e fumaça. Ele está vestido com uma tanga e pode usar joias de caveira. Ele muitas vezes segura uma espada e um laço. A espada empala os inimigos do budismo, enquanto o laço captura aqueles que tentam fugir dos caminhos da retidão. Fudō Myōō se senta sobre uma rocha, prova de sua imobilidade. Por vezes ele é acompanhado por dois jovens acólitos, que estão ocupados decapitando ou então destruindo um demônio (Faure, 2016a, p. 125). Em grande parte do resto do mundo budista, Acāla e seus quatro reis subsidiários são componentes menores (embora importantes) do panteão geral; mas, no Japão, o culto a Fudō Myōō é mais importante do que o de muitas outras deidades budistas. Templos inteiros são dedicados a ele e é também associado a algumas das mais violentas deidades xintoístas, como Hachiman.

O rei de sabedoria Acāla (Fudō Myō'ō), defende o budismo dos demônios da iniquidade com sua espada e seu chicote.

Há vários outros reis de sabedoria que não estão associados aos Cinco Guardiões. Um é quase tão importante quanto Fudō Myōō no budismo japonês: Rāgarāja, conhecido em japonês como Aizen Myōō 愛染明王, o Rei de Sabedoria Tingido de Luxúria. Quase o oposto de Fudō Myōō, Aizen Myōō tem a pele carmim e o cabelo azul-escuro, e é cercado pela escuridão e por chamas. É coberto de robes com joias e tem seis braços, e cada um deles segura um item diferente usado para levar seguidores à salvação. Enquanto Fudō Myōō representa a severidade, Aizen Myōō representa o poder da energia sexual aguçado para um ponto focado, no qual se transforma de uma distração em um instrumento para a iluminação. Em Aizen Myōō, luxúria sexual, sede de sangue e ambição são canalizadas para atingir a iluminação, em vez de autorizadas a determinar os objetivos de vida de uma pessoa (Faure, 2016a, p. 169).

O rei de sabedoria Rāgarāja (Aizen Myō'ō) igualmente defende o budismo do mal, aqui representado pela cabeça decapitada do demônio em sua mão.

DEVAS: DEUSES DA ÍNDIA, AO VIVO DO JAPÃO

O budismo é capaz de incorporar deidades de muitas outras religiões, mas uma vez incorporadas não são mais consideradas onipotentes ou imortais, porque, sob o sistema budista, mesmo deuses devem um dia morrer e reentrar no ciclo de renascimento, a menos que também atinjam a iluminação. Contudo, como os humanos estão muito abaixo na hierarquia divina, um deus pode ainda parecer ser onipotente ou imortal em comparação a um humano. Essa compreensão permite ao budismo absorver deuses de outras religiões ou ao menos viver junto a eles em relativa harmonia.

Os deuses da Índia antiga foram absorvidos muito cedo na história do budismo. Esses são uma mistura de deuses védicos da antiga religião indiana e deidades mais recentes que permanecem importantes no hinduísmo moderno. Deuses indianos terminaram recebendo novas identidades e tarefas na religião budista e, quando o budismo se espalhou para o leste da Ásia, também levou o panteão indiano em sua forma budista. Muitos desses deuses e deusas foram mais tarde reinterpretados na China e na Coreia antes de serem levados ao Japão. Em alguns casos, eles continuaram a evoluir mesmo após chegarem no Japão, ou eram vistos do mesmo modo que os *kami* que já existiam. Eles formam o quarto nível das deidades budistas mahayanas, conhecidos em japonês como *tenbu*, do sânscrito *deva* (Faure, 2016b, p. 7-9).

Muitos devas são agrupados em conjuntos no budismo japonês. Esses conjuntos têm pouco a ver com o poder relativo. Enquanto os devas se encontram abaixo dos reis de sabedoria, bodisatvas e budas, todos esses vários entes são extremamente poderosos de uma perspectiva humana. O conjunto de devas mais comumente visto no Japão são os Quatro Reis Celestiais 四天王 ou Shitennō. Esses eram originalmente quatro deidades encarregadas de guardar espaços de templos no budismo indiano. Na China foram considerados mais importantes e se tornaram os guardiões das quatro direções, cada um o equivalente a um rei entre deuses menores. No Japão, são muitas vezes representados como homens com cabelo e pele coloridos e brilhantes que usam a armadura dos antigos generais chineses. Eles sempre vêm em conjunto e cada um é associado a armas específicas e a uma das quatro direções cardeais.

O norte é Tamonten 多聞天 (também conhecido como Bishamonten 毘沙門天, do sânscrito Vaiśravaṇa), Aquele Que ouve Tudo. Ele é provavelmente derivado de Kubera, o antigo deus indiano da riqueza. Tamonten segura um guarda-chuva ou um pagode como uma arma e é associado às cores amarelo e verde. Ao sul está Zōjōten 増長天, Aquele Que Provoca Crescimento. A origem de Zōjōten é incerta, mas seu nome sânscrito, Virūḍhaka, é o termo para grão germinando. Suas armas são uma espada e uma lança, embora usualmente segure apenas uma ou outra, e é muitas vezes mostrado destruindo um demônio. Zōjōten está associado à cor azul. Ao leste está Jikokuten 持国天, Aquele Que Sustenta o Reino. Sua origem é igualmente incerta, mas, como o sânscrito Dhṛtarāṣṭra, ele está associado à música no sudeste da Ásia e no Tibete, e pode anteriormente ter sido um deus da música. No Japão, Jikokuten é uma deidade muito mais temível, que empunha um tridente e é muitas vezes representado destruindo um demônio. O último Rei Celestial

Os Quatro Reis Celestiais, tipicamente representados como antigos generais chineses. Da esquerda para a direita: Tamonten, Jikokuten, Zōjōten e Kōmokuten.

é Kōmokuten 広目天 do oeste, Aquele Que Vê Tudo. Seu original indiano, Virūpākṣa, segura um olho que tudo vê, e observa o carma de todos os entes sencientes. No Japão, Kōmokuten segura um pincel e um pergaminho, e registra os feitos que observa.

Os Quatro Reis Celestiais, como os reis de sabedoria de nível mais elevado, podem realizar atos violentos que os bodisatvas e budas não podem. Contudo, diferentes dos reis de sabedoria, mas como os outros devas, os Quatro Reis Celestiais não estão próximos da iluminação. São meramente mais poderosos do que os humanos. São dedicados ao budismo, e com seus poderes e exércitos protegem o multiverso budista de todos os lados. Eles podem ser invocados para proteger indivíduos, templos ou mesmo países inteiros do mal. No passado, foram muitas vezes invocados para defender contra doenças, abrangendo desde doenças individuais de um imperador ou ministro de Estado até epidemias que devastavam o arquipélago inteiro. De acordo com algumas lendas, os poderes do Príncipe Shōtoku se deviam à proteção dos Quatro Reis Celestiais. É, supostamente, por isso que um dos principais templos que ele construiu no começo da década de 600 foi o Shitennōji, ou "Templo dos Quatro Reis Celestiais", que se encontra hoje em Osaka (embora nenhum de seus prédios existentes sejam originais). No folclore do Período Heian, os Quatro Reis Celestiais defendem contra a possessão espiritual além de doenças.

Além dos Quatro Reis Celestiais, há conjuntos maiores de devas. Esses incluem os Doze Generais Divinos 十二神将 (Jūni Shinshō) que protegem o Buda da Cura, e as Vinte e Oito Legiões 二十八部衆 (Nijūhachi Bushū) que acompanham o Kannon de Mil Braços. Muitos deuses da Índia antiga estão presentes nesses conjuntos, com novos nomes japoneses.

DEVA E KAMI AO MESMO TEMPO

Vários outros devas são individualmente importantes no Japão. Um dos mais cultuados hoje é Benzaiten 弁財天, muitas vezes abreviado por Benten. Benzaiten se origina com a deusa indiana Sarasvatī, que ainda é uma deidade importante no hinduísmo moderno. Na época em que chegou ao Japão, Benzaiten se tornou reverenciada como a deusa da eloquência, música, beleza e artes. Embora de origem indiana, e considerada uma deva budista, Benzaiten não protege especificamente o budismo (Faure, 2016b, p. 163). Seu culto começou a mudar das estritas associações budistas durante o Período Heian, e no século XII foi reinterpretada como sendo outra forma de um *kami* nativo – qual *kami*, contudo, depende do texto que apresenta o argumento. De acordo com a crença japonesa medieval, Benzaiten pode ser uma forma de Ugajin 宇賀神, um deus da fertilidade com corpo de cobra e cabeça humana (que pode ser baseada nas deidades cobra *nāga*). Pode ser também uma forma de Ichikishimahime 市杵島姫, uma deusa que reside no Mar Interior (Faure, 2016b, p. 192-195), pouco conhecida nas ilhas.

Benzaiten é a patrona das altas artes da corte japonesa. Essas incluem poesia, música, dança, retórica e artes visuais. Ela é também uma dos Sete Deuses da Sorte 七福神 (Shichifukujin), um grupamento de vários deuses nativos e estrangeiros que começaram a ser cultuados em conjunto em algum momento após o século XIII,

A deva Benzaiten (esquerda), próximo a um músico que recebe sua patronagem.

para trazer sorte aos seus cultuadores. Os poderes de dar sorte, por sua vez, foram-lhe reatribuídos como uma deusa individual, e ela não apenas traz inspiração artística como também riqueza para as iniciativas de uma pessoa.

Benzaiten é muitas vezes representada como uma nobre trajando vestimentas chinesas medievais. Seu cabelo está usualmente para cima em um elaborado toucado e ela veste robes suntuosos, muitas vezes com múltiplos xales, fitas e saias. Ela também pode ser representada como uma monja budista, com sua cabeça raspada coberta com um capuz justo, e vestindo robes longos e simples. Por vezes, sobre sua cabeça, repousa o *kami* Ugajin, uma pequena cobra enroscada com cabeça humana (masculina ou feminina). Benzaiten possui um número variável de braços, embora raramente mais de seis. Pode segurar um alaúde, uma flauta ou o armamento dos deuses guardiões budistas, como uma espada e/ou uma lança.

Benzaiten é cultuada em lugares conhecidos como Bentendō, ou Salões Benten. Essas estruturas podem ser parte de santuários ou templos maiores, mas podem ser também locais independentes. Tecnicamente, um Bentendō é um santuário xintoísta, não um templo budista, devido à última associação de Benzaiten a *kami* específicos. Um famoso exemplo é Shinobazu Pond Bentendō no Parque Ueno, no centro de Tóquio. Esse santuário é em uma ilha artificial, cercada por lótus, no Lago Shinobazu, um reservatório artificial construído sobre as ruínas do Templo Kan'eiji, que foi um importante local budista durante o Período Edo (1600-1868). Hoje, resta apenas sua pagode, situada em uma colina com vista para o Bentendō.

Outra deva importante que é cultuada separadamente no Japão, também como parte de um conjunto de guardiões, é a deusa Kichijōten 吉祥天, também chamada Kisshōten. Como Benzaiten, Kichijōten se origina com uma importante deusa indiana, nesse caso Lakṣmī (muitas vezes romanizada como Lakshmi). No hinduísmo moderno, Lakṣmī é a esposa do deus Viṣnu (Vishnu) e é uma deidade extremamente importante. A despeito de séculos de adaptação na China e depois no Japão, Kichijōten ainda retém algumas qualidades e associações de Lakṣmī. Ela é a deusa da felicidade, fertilidade e beleza, e representa as mulheres e o feminino em geral (Faure, 2016b, p. 40).

Como Benzaiten, Kichijōten foi subsumida nos Sete Deuses da Sorte. Devido a essa associação, ela também traz boa sorte e riqueza através da beleza. Ela é usualmente representada como uma bela mulher com vestimentas chinesas, com seu cabelo para o alto em um elaborado toucado solto e esvoaçante. Por vezes, ela porta uma joia. Sua vestimenta e aura podem trazer inscrito o *kagome*, um símbolo em forma de estrela de seis pontas. Esse é um antigo símbolo xintoísta que aparece na decoração de santuários remontando ao século V EC. É possível que tenha passado a ser associada a

A deva Kichijōten, representada aqui como uma nobre chinesa.

Kichijōten devido às suas conexões com joias que concedem desejos mágicos, outro resquício de suas origens indianas. Hoje, Kichijōten está estreitamente ligada ao símbolo *kagome*: ele aparece individualmente em sua imagem ou como parte de uma treliça construída com muitos símbolos.

Enma 閻魔, também conhecido como Enma-ō ("Rei Enma") ou Enmaten, é o equivalente japonês de Yama, o juiz celestial budista dos mortos. Yama aparece pela primeira vez nas escrituras budistas indianas, mas pode não estar baseado em uma deidade indiana mais antiga. Ele existe "em um estado misturado", por vezes com os amplos poderes de um deva celestial, outras vezes capaz somente de fazer coisas relacionadas ao seu dever. Sempre que uma pessoa ainda nos ciclos de renascimento morre, é trazida diante de Yama, que atribui seu próximo renascimento. Quando o budismo foi levado para a China, Yama rapidamente se fundiu com uma deidade taoista preexistente conhecida como Taishan Fujun 泰山府君 (jap. Taizan Fukun), uma figura julgadora similar, que atribuía os destinos das pessoas com base em seus méritos na vida. Na época em que o budismo chegou ao Japão, apresentou Yama não apenas como um deva que envia as pessoas para sua próxima reencarnação (o papel original de Yama), mas também como aquele que julga sua vida passada (o papel de Taishan Fujun) (Faure, 2016b, p. 56-57). No Japão, Enma é uma figura temível, mas justa. Dependendo da fonte, ele governa o inferno budista, ou existe em seu próprio domínio que se vincula a todos os mundos. As almas vêm diante dele e são julgadas com base no carma que acumularam durante sua vida mais recente. Sua morada é muitas vezes descrita como um imenso salão palaciano, repleto de espíritos burocráticos que trabalham subordinados a ele. Enma é representado tipicamente como um gigante físico, que se impõe sobre as almas que julga. Ele é usualmente vestido como um cortesão do Período Heian, ou, por vezes, um nobre chinês antigo usando vestimenta da corte confuciana. Ele exibe uma face severa, mas não é mau – seu trabalho é necessário para o funcionamento do universo.

CÂNONES ESTRANGEIROS: O PANTEÃO BUDISTA JAPONÊS

ENMA

- Equivalente japonês do Yama indiano, juiz dos mortos.
- Temível e justo, governa na liderança de uma burocracia dedicada a garantir renascimentos e punições próprios. As almas trazidas diante dele são julgadas com base em seus vínculos cármicos e atos durante a vida.
- Representado como um gigante, vestido com um cortesão do Período Heian.
- Aparece na cultura *pop* moderna, referenciando morte e fantasmas.

Enma não está relacionado a qualquer *kami* antigo associado à morte, como Izanami. Seu além-mundo, seja o inferno budista ou não, não é o mesmo que Yomi, a terra xintoísta dos mortos (cf. capítulo 2). Contudo, o *status* de Enma como um juiz de almas se tornou separado de sua posição original como uma figura puramente budista. Como Benzaiten e Kichijōten, ele é muitas vezes tratado mais como um *kami* nativo do que como uma deidade budista, e seu culto no Japão é muito diferente do Yama indiano. Hoje, ele muitas vezes não é

O deva Enma, representado como um burocrata e o rei temível do inferno, refletindo seus papéis duais.

cultuado diretamente, mas é uma figura conhecida na cultura *pop* que referencia fantasmas, morte ou a vida após a morte. Ele aparece proeminentemente em tudo, de histórias de horror a mangá e anime de fantasia: por exemplo, como um personagem coadjuvante no mangá popular e franquia anime *Yū yū hakusho* (1990-1994).

BUDISMO E XINTOÍSMO, ENTRELAÇADOS

A linha entre deidades budistas e xintoístas se tornou muito tênue na Idade Média japonesa (*c.* 1200-1600). Esse não foi um desenvolvimento repentino; nos registros sobreviventes mais antigos do arquipélago japonês está claro que as duas religiões já haviam se entrelaçado. Os japoneses haviam se conscientizado da "condição de estrangeiro" do budismo há muito tempo, mesmo quando o tornaram seu. Todavia, sua importância inicial como religião na história japonesa significava que a moral e os conceitos budistas se tornaram dominantes. Além disso, o xintoísmo não foi originalmente concebido como uma "religião" do mesmo modo que o budismo. Foi somente devido à influência do budismo e de outras religiões continentais que o culto a vários *kami* se tornou organizado em um sistema e associado a práticas e filosofias estritas.

A partir do século IX, líderes religiosos deram um passo adiante, e propuseram que *kami* nativos e deuses budistas não só eram entes similares, como os mesmos. Esse conceito foi conhecido como *honji suijaku*, ou "base original e traços deixados para trás" e foi introduzido originalmente na China durante a Dinastia Tang (628-908) como um modo de melhor incorporar ao budismo deidades populares locais e taoistas. Em vez de simplesmente colocar deidades locais em uma posição abaixo do panteão budista, como os deuses indianos eram, filósofos chineses pensaram que faria mais sentido se esses deuses familiares de fato fossem "traços" (jap. *suijaku*, chin. *bendi*). Uma deidade budista, por exemplo, o bodisatva Avalokiteśvara, poderia desejar salvar as pessoas de um determinado país, como a China antiga. Contudo, com pregadores para levar as pessoas à verdade, era mais fácil para Avalokiteśvara se manifestar como uma deusa como Guanyin (Kannon), que podia ser compreendida pelos locais porque se enquadrava em sua fé preexistente. As deusas chinesas seriam um "traço", e o bodisatva, o "original". Os dois não eram entidades separadas que se fundiram mais tarde, mas foram sempre a mesma coisa desde o início (Faure, 2016b, p. 4-5).

Monges japoneses que estudaram na China trouxeram a ideia de *honji suijaku* (chin. *Bendi chuiji*) para o Japão. A teoria foi usada para argumentar em prol do pareamento de certos budas e bodisatvas com importantes *kami*. Kannon (Avalokiteśvara) foi muitas vezes pareado com Amaterasu durante o Período Heian intermediário, uma vez que ambas eram deidades femininas que representavam a luz e o bem. Esses pareamentos são referenciados em sonhos registrados por cortesões em seus diários, e em práticas religiosas efetivas que ocorriam em templos. Santuários xintoístas começaram a ser construídos dentro de complexos de templos, e vice-versa. No começo do Período Kamakura, *honji suijaku* havia se tornado a teoria padrão para várias escolas budistas, mesmo quando formas mais novas de budismo, como o zen, tornavam-na menos importante. Com certeza, sempre havia sacerdotes de santuários e monges ou monjas eminentes que discordavam do *honji suijaku*, mas ela permaneceu a explicação mais popular para a relação entre as duas religiões por séculos (Faure, 2016b, p. 6).

Desenvolvimentos do século XIV, como o aumento da popularidade das escolas de budismo Terra Pura e Jōdo Shinshū, levaram a uma mudança em como *honji suijaku* era compreendido. Os *kami* sempre foram os "traços", as formas que as deidades budistas tinham de tomar para agradar as sensibilidades "japonesas". Contudo, a doutrina da Terra Pura enfatizava que esses traços eram muito menos importantes do que os originais. Agora que o Japão tinha o budismo, e por muitos séculos, valeria mesmo a pena continuar cultuando os *kami*? Para contrapor esse argumento, um grupo de sacerdotes situados em Ise, o grande santuário a Amaterasu, começou a produzir suas próprias narrativas. Esse grupo, centrado na Família Watarai, estava entre os primeiros a dar ao xintoísmo uma doutrina organizada e a defendê-lo como igual ao budismo (Teeuwen, 1993, p. 231-233).

Os Watarai começaram a defender o *honji suijaku* em termos xintoístas. Por exemplo, eles emprestaram a doutrina da radiação de Vairocana que produz budas ao longo do cosmos e a aplicaram a Amaterasu. Como a deidade solar era o reflexo da pureza e da luz, era lógico que pudesse ser representativa da pureza no centro do multiverso, do mesmo modo que vários budas eram considerados "emanações" de Vairocana. Amaterasu era, portanto, também uma emanação de Vairocana – mas que era unicamente orientada para o Japão e os japoneses. De acordo com esse argumento, Amaterasu, assim como vários outros *kami* importantes – todos com vínculos junto à Família Watarai e/ou ao Santuário Ise – eram as manifestações japonesas originais da mesma verdade que aquela trazida pelo budismo (Rambelli, 2009, p. 254-255).

Começando com as filosofias Watarai, os primeiros proponentes medievais do xintoísmo argumentaram que ele, e não o budismo, era a fonte principal dos valores japoneses. Isso não era porque o xintoísmo fosse "melhor", mas porque (de acordo com essa nova narrativa) era *o mesmo* que o budismo. Tinha somente uma camada de pintura diferente, que era mais "nativa". Contudo, como a discussão sobre mitos antigos nos capítulos anteriores deste livro deve ter mostrado, esse não foi, de fato, o caso. Embora nenhuma religião seja "melhor" do que outra, os mitos *kami* antigos e a mitologia não são, obviamente, os mesmos que o budismo. Todavia, na era medieval as duas religiões se tornaram tão entremeadas que qualquer tentativa de elevar uma sobre a outra poderia ser com a mesma facilidade usada do modo oposto. A teoria *honji suijaku* não só permitiu que budismo e xintoísmo se vinculassem como também os deixou emprestarem livre e abertamente um do outro.

No século XVII, a escola "nativista" (jap. *kokugaku*) de filosofia se desenvolveu a partir de um interesse em recuperar os mitos antigos. Estudiosos dessa escola muito influente não eram afiliados a qualquer religião em particular. Em vez disso, eram acadêmicos independentes de diferentes contextos que estavam muito interessados em identificar o que era "originalmente japonês", e separar isso do que era "originalmente estrangeiro". Esses estudiosos cunharam um novo termo, ainda usado, para o que ocorreu entre budismo e xintoísmo ao longo dos mil anos anteriores: *shinbubtsu shūgō*. Isso significa o "sincretismo de xintoísmo e budismo", ou, em outras palavras, que as duas religiões se desenvolveram para ser parte uma da outra (ao menos, no Japão).

Esse sistema de religiões entrelaçadas não sobreviveu inteiramente intacto na era moderna. A Restauração Meiji de 1868 desencadeou a rápida modernização do Japão e sua abertura ao mundo externo. Como parte desse processo, uma nova forma de xintoísmo chamado xintoísmo estatal (*kokka shintō*) foi desenvolvida para enfatizar a figura do imperador e atuar como uma "religião nacional" europeia do século XIX. A fim de popularizar o xintoísmo estatal, o budismo tinha de ser rápida e radicalmente desenfatizado. Em 1872, o governo Meiji começou o processo de *shinbutsu kakuri*, ou "separação forçada entre xintoísmo e budismo". Templos budistas e santuários xintoístas que haviam se desenvolvido juntos ao longo de milhares de anos foram obrigatoriamente divididos, e muitas vezes a terra foi dada ao santuário. Templos foram fechados, movidos ou mesmo destruídos. Santuários foram ampliados, e novos foram construídos em lugares que nunca haviam sido locais religiosos xintoístas. Esse processo foi interrompido na década de 1920, e em alguma extensão revertido após a Segunda Guerra Mundial, mas o dano estava feito. Após um milênio e meio como religiões entrelaçadas, budismo e xintoísmo foram cindidos.

6

Um mundo repleto de espíritos

Há mais deuses no Japão do que os *kami* dos mitos antigos ou do panteão budista. Alguns desses são deuses inferiores da vastidão fora das cidades. Alguns são outras deidades de religiões não nativas. Outros são os espíritos da vida cotidiana, os deuses da casa, ou de problemas tais como doenças. O mundo como compreendido pelos japoneses pré-modernos era repleto de espíritos de vários tipos, níveis e poderes. Mesmo animais ou objetos inanimados poderiam ter – ou ser – *kami*. O mundo sobrenatural operava junto ao da vida cotidiana e em torno dela, e a crença em sua existência foi senso comum durante grande parte da história japonesa.

Este capítulo explora esses diferentes espíritos como parte do ambiente japonês (urbano e rural) e avança no tempo através dos períodos Muromachi (1333-1600) e Edo (1600-1868), abrangendo o fim da Idade Média japonesa, bem como o começo da era moderna. Os séculos XIV e XV produziram os primeiros registros escritos de crenças plebeias, em vez de crenças da aristocracia. A imprensa iniciou no fim do século XVI e explodiu durante o século XVII, deixando um imenso corpo de literatura e obras históricas sobreviventes. Esses livros, que incluem o primeiro dicionário conhecido de monstros populares e as primeiras traduções das crônicas antigas no então japonês moderno, revelam ainda mais sobre como os plebeus japoneses compreendiam sua própria mitologia.

OS QUATRO DEUSES DO CÉU E AS MANSÕES CELESTIAIS

Os chineses antigos acreditavam que o céu espelhava a terra. Isso significava que a terra era capaz de ser como o céu, mas também que o céu seguia uma ordem lógica que poderia ser compreendida na Terra. Quando o céu noturno oferecia uma vista do firmamento, tinha de ser mapeado de modo que uma ordem lógica pudesse ser encontrada. Esse mapeamento terminou levando ao sistema dos quatro deuses, as cinco regiões e as vinte e oito mansões celestiais.

Vistos da terra, o sol, a lua e os cinco planetas visíveis a olho nu (Mercúrio, Vênus, Marte, Júpiter e Saturno) se movem dentro do mesmo plano. Isso é conhecido como o plano eclíptico. Na Europa, as estrelas ao longo do plano elíptico foram divididas em doze constelações, que conhecemos hoje como o zodíaco. A lua também se move ao longo do plano eclíptico a uma proporção de 1/28 do circuito por dia. Isso equivale a (aproximadamente) 28 dias do mês lunar. Na China antiga, divinadores e astrólogos também catalogaram as estrelas junto à eclíptica, e as dividiram em 28 "mansões", cada uma correspondendo a um dia do ciclo da lua. Essas são conhecidas hoje como as mansões lunares ou mansões celestiais 宿 (chin. *su*, jap. *shuku* ou *boshi*). Esse sistema foi trazido da China ao Japão por volta do século VI ou VII EC e foi rapidamente adotado pelos japoneses.

As 28 mansões foram divididas em conjuntos de sete, cada um correspondendo a uma das quatro direções cardeais. Essas quatro direções cercavam o centro, que era compreendido como uma quinta direção alinhada à estrela polar, e, portanto, associada ao imperador (tanto no céu como na Terra; cf. capítulo 3). Juntas, essas formavam as cinco regiões. Cada uma das quatro regiões direcionais, bem como o centro, estava associada a um deus animal, bem como a uma cor e a um dos cinco elementos: terra, fogo, água, madeira e metal.

O leste, associado às cores azul e verde, e ao elemento madeira, é o domínio do Dragão Azure Seiryū 青龍, por vezes também lido Shōryū (chin. Qinglong). No antigo leste da Ásia, azul e verde eram consideradas a mesma cor, de modo que Seiryū é também por vezes traduzido como o "Dragão Verde" ou mesmo o "Dragão Verde-Azul". Seiryū representa a primavera e a nova vida. Em representações, Seiryū é um tradicional dragão asiático: longo, serpentino e sem asas. Ele pode ser qualquer tom de verde ou azul, mas é muitas vezes de uma cor turquesa rica ou ciano, ocasionalmente com sua crina vermelha e/ou preta. As sete mansões (constelações) que constituem Seiryū são: o Chifre (Su-boshi), o Pescoço (Ami-boshi), a Raiz (Tomo-boshi), a Sala (Soi-boshi), o Coração (Nakago-boshi), a Cauda (Ashitare-boshi) e Cesto de Peneirar (Mi-boshi). Essas mansões se encontram nas constelações ocidentais Virgem, Leão, Escorpião e Sagitário.

O norte, associado à cor preta e ao elemento água, é o domínio do Guerreiro Negro Genbu 玄武 (chin. Xuanwu). Genbu é representado mais comumente como uma tartaruga acasalando com uma cobra, com as duas unidas como um animal. Ele é também por vezes apenas uma tartaruga e tem sido maltraduzido como a Tartaruga Negra do Norte. "Guerreiro Negro" é a tradução mais acurada. Genbu representa o frio, o inverno, a dureza e o poder. Ele pode ser representado também como um guerreiro de estilo chinês com armadura tradicional, usualmente decorado com motivos de tartaruga e cobra. As sete mansões que constituem Genbu são: Ursa (Hikitsu-boshi), o Boi (Iname-boshi), a Moça (Uruki-boshi), Vazio (Tomite-boshi), o Telhado (Umiyame-boshi ou Urumiya-boshi), o Acampamento (Hatsui-boshi) e o Muro (Namame-boshi). Essas mansões se encontram nas constelações de Sagitário, Capricórnio, Aquário e Pégaso.

O oeste, associado à cor branca e ao elemento metal, é o domínio do Tigre Branco Byakko 白虎 (chin. Baihu). Byakko representa o calor, o outono, a claridade e a calma. Usualmente, é representado como um tigre branco, por vezes adornado com ouro. Em outras representações, é muitas vezes serpentino, imitando a forma de Seiryū, mas tem proporções de um tigre realístico no Período Edo e posterior. As sete mansões que constituem Byakko são: as Pernas (Tokaki-boshi), o Vínculo (Tatara-boshi), o Estômago (Ekie-boshi), a Cabeça Peluda (Subaru-boshi), a Rede (Amefuri-boshi), o Bico de Tartaruga (Toroki-boshi) e as Três Estrelas (Karasuki-boshi). Elas se encontram nas constelações ocidentais Andrômeda, Áries, Touro e Órion.

UM MUNDO REPLETO DE ESPÍRITOS

O sul, associado à cor vermelha e ao elemento fogo, é o domínio do Pássaro Vermelho Suzaku 朱雀 (chin. Zhuque). Suzaku também representa calor, o verão e emoções apaixonadas como o amor. A espécie exata do Pássaro Vermelho nunca é especificada. Em representações pré-modernas, Suzaku é usualmente um pássaro de asas e cauda grandes de cor laranja-avermelhado brilhante, mas em tempos recentes passou a ser representado como uma criatura semelhante a uma fênix ocidental, com a qual Suzaku é frequentemente confundido. As sete mansões que constituem Susaku são: o Poço (Chichiri-boshi), o Fantasma (Tamaono-boshi ou Tamahome-boshi), o Salgueiro (Nuriko-boshi), a Estrela (Hotohori-boshi), a Rede Estendida (Chiriko-boshi), as Asas (Tasuki-boshi) e a

Os quatro deuses do céu: o Guerreiro Negro do Norte (Genbu, abaixo); o Tigre Branco do Oeste (Byakko, esquerda); o Pássaro Vermelho do Sul (Suzaku, topo); e o Dragão Azul do Leste (Seiryū, direita). Curiosamente, Genbu e Suzaku estão em posições opostas nessa ilustração.

Carruagem (Mitsukake-boshi). Essas mansões se encontram nas constelações ocidentais Gêmeos, Câncer, Hidra, Crater e Corvus.

O centro, o domínio do Imperador Celestial, é associado à cor amarela e ao elemento terra. É considerado a quinta direção, mas não está dividido em sub-regiões (embora haja, é claro, outras constelações nele). Representa paz, regra e totalidade – a soma de todas as partes que constituem as outras quatro regiões. No coração do centro na astrologia do Leste Asiático está a estrela do polo norte Polaris, o eixo em torno do qual os céus giram.

Os quatro deuses do céu – Seiryū, Genbu, Byakko e Suzaku – aparecem no começo da história japonesa. Há pinturas deles nas tumbas Kitora e Takamatsuzuka do começo do século VII em Asuka (na prefeitura da Nara moderna). Eles eram representados em quatro das bandeiras, junto a representações do sol e da lua, exibidas para a Cerimônia do Ano-novo, um evento anual que ocorria durante os períodos Nara e Heian. Os quatro deuses do céu eram amplamente usados em divinação, tanto em rituais de grande escala como em leitura da sorte. Contudo, nunca foram cultuados inteiramente. São signos e representações astrológicos, mas seu poder não se estende além da divinação do futuro. Hoje, são ainda conhecidos e aparecem em muitos contextos diferentes na cultura japonesa moderna e na mídia popular. Um exemplo extremamente conhecido é o uso dos quatro deuses no mangá e na franquia anime *Fushigi yūgi* (1994-presente), onde formam a base para a geografia e a magia de um ambiente de fantasia.

ENTES ANGÉLICOS E ROMANCES ASTRAIS

As crônicas antigas e outros mitos protoxintoístas não são claros a respeito da natureza e localização do céu. Budismo, confucionismo e taoismo têm conceitos muito mais específicos do céu, mas esses tenderam a se sobrepor quando trazidos ao Japão. Como resultado, há vários espíritos não específicos que parecem similares aos entes angélicos ocidentais, mas não são o mesmo. Muitos desses são referidos como *tennin*, ou "pessoas celestiais". Esse agrupamento inclui subconjuntos importantes como *tennyo* ou "donzelas celestiais". *Tennyo* são mulheres belas, por vezes com asas, que descem à Terra. Independentemente de se têm ou não asas, usam robes de penas que lhes permitem subir quando desejam. Em várias lendas diferentes, jovens homens criativos conseguem enganar uma *tennyo* roubando seu manto quando ela o tira para se banhar, de forma similar às lendas celtas sobre selkies.

Tennin podem derivar de várias fontes diferentes. Os céus budistas muitas vezes têm *apsaras* (jap. *hiten*), homens e mulheres belos que flutuam entre as nuvens ou sobre elas. Os *apsaras* usualmente tocam instrumentos musicais e vestem roupas suntuosas. Elas estão em algum lugar entre anjos e animadores celestiais. O folclore taoista na China é igualmente cheio de histórias de *xianren* ou "imortais" (jap. *sennin*). Essas são pessoas cujo domínio do Caminho lhes proporcionou a imortalidade e um grande número de outros poderes mágicos, como a capacidade de voar e a juventude eterna. *Zianren* vivem em lindos palácios em lugares distantes, como vales mágicos escondidos longe da civilização. Ambas as fontes podem ter gerado os *tennin*.

Duas das lendas mais famosas envolvendo *tennin* são a do Va-

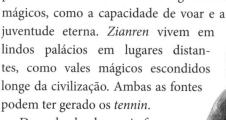

Uma *apsara*, uma donzela celestial nas representações budistas do paraíso.

UM MUNDO REPLETO DE ESPÍRITOS

O Vaqueiro e a Tecelã, aqui, vestidos como cortesãos chineses.

queiro e a Tecelã e *A história do cortador de bambu*. A história do Vaqueiro e a Tecelã data da China antiga e é conhecida em vários países do Leste Asiático. A Tecelã 織姫 (jap. *Orihime*) é a estrela conhecida no Ocidente como Vega, na constelação moderna Lyra; o Vaqueiro 彦星 (jap. *Hikoboshi*) é a estrela Altair, na moderna constelação Aquila. A Tecelã e o Vaqueiro se apaixonaram um pelo outro, aparentemente violando as regras do céu, mesmo que ambos fossem entes celestiais. O par foi banido para lados opostos do Rio Celestial (a Via Láctea). Eles só podem se encontrar uma vez por ano, no sétimo dia do sétimo mês, quando pegas formam uma ponte através do rio. Contudo, se está nublado nesse dia, as pegas não podem voar ao céu, e, então, o casal deve esperar para se encontrar no ano seguinte.

UM MUNDO REPLETO DE ESPÍRITOS

A lenda original é a origem do feriado ainda celebrado no Japão como Tanabata. Embora originalmente referido ao sétimo mês lunar (aproximadamente, o agosto moderno), Tanabata é agora mais comumente celebrado em 7 de julho, uma vez que o Japão adotou o calendário ocidental. No século XV, a lenda do Vaqueiro e da Tecelã foi expandida como um conto de fadas conhecido como *A história de Amewakahiko (Amewakahiko sōshi)*. A versão expandida elabora os antecedentes dos dois personagens, e também introduz um conflito sob a forma de uma serpente gigante que têm de derrotar (Reider, 2015a, p. 266-267). Essa versão permaneceu popular no Período Edo, mas é menos conhecida hoje do que a história original, mais vaga.

A história do cortador de bambu (*Taketori monogatari*) é uma peça famosa da literatura do Perído Heian (784-1185) que data do século IX. De autoria desconhecida, a obra parece ser uma história japonesa nativa. Trata de um cortador de bambu e de sua esposa que anseia por um filho. Um dia, o cortador de bambu encontra um

O velho cortador de bambu encontra o bebê Kaguya-hime dentro de um caule de bambu no começo de *A história do cortador de bambu*.

TENNIN

- "Pessoas celestiais", espíritos que parecem similares aos anjos ocidentais.
- Vêm de uma variedade de fontes: *apsaras* budistas que flutuam nas nuvens, Imortais taoístas e outros, tanto nativos como estrangeiros ao Japão.
- Muitas vezes, objetos de amor proibido: são sobrenaturalmente bons e belos, mas o casamento entre humanos e *tennin* não é possível.
- *Tennin* famosos em lendas incluem a Princesa Kaguya e a Tecelã.

caule brilhante de bambu e o abre, revelando uma bela menina, ainda bebê, brilhando como o sol. O casal a adota e ela se torna rapidamente uma mulher adorável, boa, bela e inteligente a quem chamam Kaguya-hime かぐや姫 (muitas vezes chamada "Princesa Kaguya").

Kaguya-hime é perseguida por muitos pretendentes. Ela descarta a maioria deles enviando-lhes em longas buscas, mas quase todos fracassam. Ela, então, chama a atenção do imperador e, contra seus desejos, apaixona-se por ele. Todavia, seu tempo juntos é curto, uma vez que Kaguya-hime revela que é uma *tennin* da lua e deve retornar em breve. Seu povo vem para levá-la de volta, subjugando o imperador e o exército com sua completa majestade, e Kaguya-hime deixa sua família terrena para sempre (Haruo, 2007, p. 169-170).

Como essas e outras histórias sobre *tennin* deixam claro, eles são objetos de romance proibido. São belos e bons, perfeitos de formas que humanos normais não são. Todos os querem, tanto no céu como na terra. Todavia, por várias razões, amor com um *tennin*, ou mesmo entre *tennin*, é impossível. Eles representam ideais inatingíveis de paraíso, tanto os de tradição estrangeira como do próprio Japão.

DEIDADES FAMILIARES, EPIDÊMICAS E DIRECIONAIS

É uma triste verdade que saibamos mais sobre os ricos do que sobre os plebeus em grande parte da história japonesa. A alfabetização se expandiu lentamente antes dos textos impressos se tornarem amplamente disponíveis no século XVII. Antes disso, a maioria das pessoas que podiam ler e escrever era de aristocratas ricos e guerreiros. A maioria deles vivia na cidade de Quioto, capital do Japão até o Período Edo; sabemos muito mais sobre a vida urbana em Quioto do que no interior em períodos anteriores. Dessas fontes é claro que o ambiente urbano da Quioto clássica e medieval era o domínio não apenas de humanos. Muitos espíritos também viviam na capital e entre seus cidadãos.

No nível mais básico estavam os deuses de cada família particular. Esses espíritos não eram especificamente nomeados ou agrupados. Eles podem ter incluído ancestrais ou membros familiares mortos cujos espíritos necessitavam ser apaziguados. No Japão moderno, muitas famílias têm um altar budista pessoal (*butsudan*) e/ou um santuário xintoísta pessoal (*kamidana*). Alimentos e outros objetos são colocados diante de um *butsudan* com incenso, tanto para partilhar com os ancestrais das pessoas como para orar por seu bem-estar em vidas futuras. O *kamidana* é menos frequentemente envolvido em preces, mas é dedicado a outros espíritos que podem habitar a casa – *kami* inferiores da casa e da propriedade, e seus objetos (Roemer, 2012, p. 34-35). Embora não possamos confirmar a presença de ambos os tipos de altares familiares antes da era medieval, eles existiam no século XIV, e provavelmente muito antes, uma vez que diários de aristocratas e outros registros do Período Heian (784-1185) discutem várias superstições relacionadas ao apaziguamento de deuses familiares locais. Faz sentido que formas similares de culto de altares familiares modernos estivessem presentes em casas na Quioto do fim da Idade Média, e provavelmente fora também.

Um grupo de deidades que eram amplamente cultuadas por muitas famílias, além de seus próprios ancestrais, era os Sete Deuses da Sorte (Shichifukujin 七福神). Esses são sete deuses distintos que começaram a ser agrupados como patronos de diversas profissões. Dois deles, Benzaiten e Kichijōten (Kisshōten), já foram discutidos

UM MUNDO REPLETO DE ESPÍRITOS

Os Sete Deuses da Sorte, direita para a esquerda: Jūrōjin e Ebisu, sentado sobre os alimentos; Bishamonten, segurando um pagode; Daikokuten com seu martelo de madeira; Budai, seminu; e um ancião que pode ser uma forma de Benzaiten, ou um deus diferente substituto dela.

no capítulo anterior. Esses dois são devas, deidades indianas que foram trazidas ao Japão com o budismo, e somente mais tarde agrupados com os Sete Deuses da Sorte. Os outros cinco deuses eram igualmente deidades individuais que passaram a ser associados à busca por dinheiro e sucesso.

Um *netsuke*, ou decoração para um cinturão de quimono, mostrando Ebisu, um dos Sete Deuses da Sorte, representado como um homem alegre com vestimentas de um nobre Heian.

O único dos Sete Deuses da Sorte com uma origem japonesa puramente nativa é Ebisu 恵比寿. Ebisu não aparece nas crônicas antigas, mas era cultuado como o patrono dos pescadores a partir do fim do Período Heian. Ele rapidamente foi misturado a dois deuses muito diferentes que existem nas crônicas antigas: Hiruko 蛭子 e Kotoshironushi 事代主. Hiruki, a Criança Parasita, é o primeiro filho de Izanagi e Izanami tanto nas descrições do *Kojiki* como do *Nihonshoki*, onde ele aparece apenas brevemente, nascido sem braços e pernas e depois imediatamente colocado em um barco de junco e esquecido (cf. capítulo 2). Kotoshironushi, por outro lado, tem um papel ligeiramente maior nas lendas sobre os descendentes de Ninigi, em que aconselha Ōkuninushi durante as negociações sobre ceder a Terra ao Neto Celestial (cf. capítulo 2).

Hiruko e Kotoshironushi não estão relacionados entre si nas crônicas antigas. Contudo, no século XIII, Ebisu tinha sua própria história mítica que incorporava as lendas Hiruko e de Kotoshironushi, combinadas no mesmo deus. Como Hiruko, ele nasceu de Izanagi e Izanami nos primeiros dias da criação e foi abandonado no mar. Após três anos, nasceram-lhe pernas (e presumivelmente o resto de seu corpo) e chegou à costa próximo de Osaka. Ele permaneceu um pouco incapacitado, e era surdo, mas nada disso o impediu de aprender os segredos da margem da praia e as coisas que são arrastadas até ela. Como o deus da sorte e dos segredos, a ex-Criança Parasita então aparece como Kotoshironushi para aconselhar Ōkuninushi, antes de passar um tempo vagando pelo Japão, ajudando os desafortunados – particularmente pescadores (Rambelli, 2018, cap. 5). Sob a forma de Ebisu, essas outras duas deidades menores se tornaram recentemente importantes para culto. Ebisu é representado como um homem baixo, gordo e alegre, vestido como um nobre Heian. Ele muitas vezes usa um chapéu muito alto, acrescentando mais comédia à sua aparência jocosa.

O quarto Deus da Sorte é Daikokuten 大黒天. Ele também era originalmente um deva, derivado do deus indiano Śiva (Shiva), hoje

UM MUNDO REPLETO DE ESPÍRITOS

um dos mais importantes do panteão hindu. Śiva é um criador e um destruidor em diferentes ramos do hinduísmo e tem uma variedade de poderes relacionados a ambos os aspectos. No Japão, Daikokuten se fundiu a Ōkuninushi, o deus da Terra das crônicas antigas. Ele é, portanto, cultuado como o protetor da sorte e da riqueza derivada da terra, particularmente da posse de terras (Faure, 2016b, p. 51). O caractere 黒 em seu nome significa "negro", e, portanto, ele também passou a ser associado a aspectos positivos da escuridão. Daikokuten muitas vezes carrega um martelo de madeira que traz boa sorte e está sentado sobre uma pilha de arroz. Por vezes, ratos o acompanham, significando ambição e mais sorte (Faure, 2016b, p. 53-54).

O quinto Deus da Sorte é Bishamonten 毘沙門天, que também é um dos Quatro Reis Celestiais sob o nome Tamonten. Como um deus da sorte, Bishamonten ainda retém seu papel como protetor do budismo e de todos os lugares sagrados (Faure, 2016b, p. 23-26). O sexto e o sétimo Deuses da Sorte, Jūrōjin 寿老人 e Budai 布袋, supostamente foram humanos outrora. Jūrōjin é a forma japonesa

Jūrōjin (esquerda, em um netsuke, com cabeça alongada) e Budai (direita, em um desenho, com uma barriga e um saco volumosos) são os dois Deuses da Sorte que se originaram como humanos.

de um sábio taoista da China antiga, embora sua identidade exata seja desconhecida. Ele tem uma cabeça alongada distinta, e uma longa barba e bigode. Jūrōjin cavalga um cervo, e gosta de vinho e de beber, os quais são muito associados a sábios e eremitas taoistas. Budai é o assim chamado "Buda Risonho", um monge budista alegre com uma barriga saliente. Ele é baseado em um dos vários possíveis progenitores da escola Zen 禅 (chin. Chan) do budismo. Budai carrega um saco volumoso, representando a sorte que leva a seus patronos, particularmente crianças.

Os Sete Deuses da Sorte muitas vezes assumem a forma de bibelôs ou uma série de pequenas estátuas. Eles também aparecem como temas comuns de *netsuke*, pequenos objetos decorativos de marfim ou madeira que eram pendurados em cinturões de quimonos ou cabos de espadas durante o Período Edo do Japão. Os *netsuke* são populares hoje como itens de colecionadores, e muitos exemplos famosos apresentam um ou mais dos Sete Deuses da Sorte. Ícones dos Sete são exibidos para trazer sorte a uma família ou negócio.

Há também deidades que não ajudam cidadãos urbanos, mas os ameaçam. Os mais óbvios desses eram os deuses de epidemias, como Gozu Tennō 牛頭天皇, o "Imperador Cabeça de Boi". Ele é o portador de calamidades, muitas vezes na forma de doenças trazidas por ventos maus. No século X, representações de um deus com cabeça de boi trazendo ventos (representando epidemias) começou a aparecer em templos em Quioto. Gozu Tennō permaneceu na imaginação popular por séculos ainda como uma deidade assustadora que ronda onde quer. Em particular, ele traz varíola e sarampo, dois dos flagelos mais comuns do Japão pré-moderno.

Estudiosos modernos acreditam que Gozu Tennō seja uma deidade composta, como muitas outras no Japão. Ele pode ter iniciado como um deus indiano menor chamado Gosirsa Devarāja que era cultuado por budistas antigos. No Tibete, essa deidade passou a ser associada a um deus local de uma montanha que era considerada semelhante a uma cabeça de boi. Gozu Tennō manteve essa associação por séculos na China, antes de chegar ao Japão, quando o deus com cabeça de boi incorporou outras figuras das crenças populares taoistas e chinesas relacionadas a doenças. Registros japoneses do Período Kamakura (1185-1333) afirmam que Gozu Tennō era uma encarnação do antigo e poderoso *kami* Susanowo, devido à associação de ambos os deuses com eventos naturais violentos. Devido a essa associação, Gozu Tennō era cultuado em Quioto no Santuário Yasaka, que era originalmente dedicado a Susanowo (Saitō; Premoselli, 2012, p. 279). O mundialmente famoso Festival Gion, realizado nas ruas em torno do Santuário Yasaka – o bairro vizinho de Gion, conhecido no Período Edo por suas *geishas* – pode ter começado como uma cerimônia para apaziguar Gozu Tennō a fim de proteger a capital de surtos de doenças.

Além de Gozu Tennō, havia outro tipo de deus que levava problemas aos cidadãos da Quioto pré-moderna. Eram os deuses das direções, personificados pela deidade Konjin 金神. Konjin, um deus misterioso cujo nome significa somente "Deidade de Ouro", não é o mesmo tipo de deus "direcional" que os quatro deuses do céu. Em vez disso, é um deus que se move à vontade pelas diferentes direções. Quando Konjin ou uma deidade similar – havia aquelas menores conhecidas apenas por divinadores – estão viajando ou residindo em uma direção específica, essa direção se torna tabu ou *kataimi* 方忌. Ninguém pode viajar na mesma direção como um *kataimi* corrente, nem pode se aproximar dele.

Kataimi foi um tabu muito forte na sociedade Heian. A literatura Heian é repleta de exemplos onde cortesões eram incapazes de voltar para casa devido ao *kataimi*, e que eram forçados a permanecer ou no palácio imperial ou com amigos ou família por períodos estendidos de tempo. Diários de cortesões revelam que *kataimi* era visto como um perigo muito real fora da ficção. Nobres fariam esforços para estabelecer múltiplos espaços nos quais ficar em torno de Quioto no caso de não poderem voltar para suas casas.

A famosa obra de ficção conhecida como *Genji monogatari* ("A história de Genji", *c.* 1000) inclui vários exemplos de viagens interrompidas por *kataimi*. Essas interrupções muitas vezes servem como momentos acidentais, mas importantes, que orientam a trama: por exemplo, quando Genji, o protagonista da história, é forçado por *kataimi* a se abrigar na mansão do governador de Kii. Essa mudança de planos é o ativador para o relacionamento de Genji com a jovem esposa do governador, Utsusemi 空蝉. Vários dos outros casos de Genji igualmente ocorrem quando é forçado a uma proximidade maior com mulheres que de outro modo não teria conhecido.

ONMYŌJI: DIVINADORES IMPERIAIS

Os kataimi eram determinados por divinação. Nos períodos Heian e Kamakura, e possivelmente por um bom tempo depois (ao menos entre a corte imperial), essas divinações eram realizadas por *onmyōji*, ou "Magos Yin-Yang". *Onmyōji* eram oficialmente trabalhadores do governo, indicados ao Escritório de Onmyōdō, ou "Mágico Yin-Yang" (Yamashita; Elacqua, 2012, p. 83).

Onmyōdō era uma arte sincrética que se desenvolveu no Japão a partir de múltiplas fontes. Ela incluía

O famoso *onmyōji* Abe no Seimei (esquerda) faz uma divinação com a luz de uma tocha.

o que na China era conhecido como teoria yin-yang e a teoria dos cinco elementos, duas práticas antigas que percebiam todos os fenômenos como compostos de energias em equilíbrio. Yin 陰 (jap. *in* ou *on*), o princípio "feminino", representa escuridão, feminidade e passividade. Yang 陽 (jap. *Yō* ou *myō*), o princípio "masculino", representa luz, masculinidade e ação. Na teoria yin-yang, esses dois princípios subjazem a todas as energias do mundo.

A teoria dos cinco elementos é similar à teoria yin-yang; mas em vez de dois princípios, usa os cinco elementos do Leste Asiático: madeira, fogo, terra, metal e água. Esses cinco elementos estão associados às cinco cores (azul/verde, vermelho, amarelo, branco e preto, respectivamente); os cinco planetas visíveis (Júpiter, Marte, Saturno, Vênus e Mercúrio); e muitos outros sistemas naturais. Levá-los ao equilíbrio permite controlar e afetar fenômenos, como um tipo de mágica científica. No Japão, a teoria yin-yang e a teoria dos cinco elementos foram rapidamente combinadas, permitindo versões yin ou yang de cada elemento. Esses sistemas eram associados a outros conjuntos de instrumentos de divinação, como o zodíaco chinês de doze animais, para criar sistemas complexos de 30-60 frases (Shigeta; Thompson, 2012, p. 68).

A teoria yin-yang, a teoria dos cinco elementos e as complicadas divinações matemáticas foram então combinadas com mais outras formas de mágica. Rituais budistas para cura e purificação, alquimia taoista, invocadores de espíritos e medicina popular foram reunidos para criar o conjunto das habilidades que um *onmyōji* possuía. O governo autorizou apenas membros treinados da Burocracia para usar esses poderes e marcou todos os demais como "magos negros" (Yamashita; Elacqua, 2012, p. 82-83). En no Gyōja, o deus dos ascetas da montanha, foi originalmente punido por ser um praticante não autorizado (cf. capítulo 4). Mesmo depois que a divinação de *kataimi* ou dos destinos das pessoas não fosse mais necessária para o funcionamento do governo, ainda era tecnicamente ilegal aprender o *onmyōdō* sem permissão da Agência da Casa Imperial até 2006!

Hoje, qualquer um que se inscreve pode estudar as artes da Magia Yin-Yang. Os japoneses contemporâneos são mais interessados em *onmyōji* como o equivalente japonês dos magos da fantasia ocidental. Eles aparecem em vários mangás, séries novelísticas, animes e filmes de ação e *shows* de televisão. Uma das figuras mais conhecidas é Abe no Seimei 安部晴明 (921-1005), o mais famoso *onmyōji* do Período Heian, sobre o qual muitas lendas surgiram. Ele, supostamente, podia ir e voltar do inferno pulando em um poço mágico no sul de Quioto. Ele era capaz de invocar espíritos com simples encantos de papel conhecidos como *ofuda* e poderia invocar inclusive *kami* maiores para fazer sua invocação. Em algumas histórias, ele é acompanhado por *shikigami*, espíritos invocados em figuras de papel que depois assumem formas físicas de servos ou criados (Miller, 2008, p. 32-33).

Embora lendas sobre Seimei tivessem existido desde quando era vivo, tornaram-se muito mais difundidas no Período Edo, e permanecem conhecidas hoje. Seus poderes se tornaram elementos básicos de todos *onmyōji* representados na ficção japonesa moderna, e ele próprio é o principal personagem de muitas obras. Um exemplo muito famoso é a série novelística *Onmyōji* 陰陽師 de Yumemakura Baku (n. 1951), que começou em 1986 e ainda continua. As histórias apresentam Seimei como um tipo de detetive do Período Heian, resolvendo crimes místicos com a ajuda de vários assistentes. Elas permanecem obras muito populares, com numerosas versões, incluindo mangás e um par de filmes de ação de 2001 e 2003.

O INTERIOR ASSOMBRADO

O Japão pré-moderno era quase inteiramente rural. Até o século XV, havia poucas cidades importantes fora de Quioto. Essas incluíam Kamakura, a capital do primeiro xogunato, e Dazaifu, o centro nervoso de Kyushu. Contudo, no século XV, castelos começaram a ser construídos nas províncias rurais, e no fim dos séculos XVI e XVII novas cidades de tamanho e influência significativos se acumularam em torno deles. Essas cidades-castelos, conhecidas como *jōkamachi*, foram os centros de várias cidades japonesas modernas.

Quando as cidades-castelos se desenvolveram, permitiram um comércio doméstico maior e a expansão da alfabetização, e mais registros de pessoas urbanas e plebeus rurais começam a aparecer como resultado. Em meados do século XVI, histórias e outros textos relacionados ao Japão rural estavam sendo escritas e impressas. Esse número só expandiu durante o Período Edo, quando livros impressos por xilogravura começaram a se difundir em todas as áreas do arquipélago. Essas publicações são as primeiras fontes importantes para o que é conhecido sobre o folclore e mitologia dos plebeus fora das cortes imperiais e xogunais.

O interior revelado nesses escritos é cheio de espíritos. Muitos deles são *kami* xintoístas de uma forma ou outra, embora também possam ser baseados em crenças budistas, taoistas e mais vagamente "populares". Alguns deles são espíritos de relevos específicos; outros são mais gerais em seus poderes, vivendo onde bem entendem. Esses espíritos são conhecidos coletivamente como *yōkai* 妖怪, *ayakashi* あやかし, *mononoke* 物の怪 ou *mamono* 魔物. *Yōkai* é o termo mais comum, e um dos mais usados hoje. *Ayakashi* e *mononoke* eram mais comumente

Um *mikoshi-nyūdō*, um *yōkai* de pescoço longo, emerge da floresta. Esse tipo gosta de assustar humanos espiando sobre biombos e outros objetos altos.

usados no passado; *mononoke* é também o termo para possessão por outro espírito humano.

Há vários tipos de *yōkai*. Alguns eram conhecidos em todo o Japão, enquanto outros são muito específicos às lendas de uma região ou mesmo de uma aldeia. A partir do século XVIII, estudiosos começaram a tentar organizar enciclopédias sobre os muitos espíritos do interior japonês, culminando em uma série de compêndios *yōkai* de Toriyama Sekien (1712-1788). Esses livros permanecem as explicações mais conhecidas dos monstros que assombram o interior japonês. A partir do fim do século XIX, etnógrafos modernos como Orikuchi Shinobu (1887-1953) fizeram as primeiras investigações sistemáticas do folclore local, que muitas vezes apoiavam as histórias e criaturas representadas nas enciclopédias de Toriyama. Após a Segunda Guerra Mundial, muitas dessas histórias tradicionais

---

ALGUMAS ESPÉCIES DE *YŌKAI* FAMOSOS

- *Oni*: muitas vezes traduzido como "ogros". Humanoide, com pele e chifres de cores brilhantes. Veste-se com peles de animais ou como um clérigo budista. Assombra montanhas e florestas, interpela viajantes e invade aldeias.
- *Tengu*: muitas vezes traduzido como "gnomos". Espíritos de corvos que se assemelham a humanos, mas têm narizes ou bicos longos e grandes asas negras. Mais civilizados que *oni*. Habilidosos espadachins e arautos da morte em batalhas.
- *Kappa*: muitas vezes traduzidos como "duendes da água". Humanoides, com pele verde escamosa e cascos de tartaruga. Eles tentam afogar humanos e comer seus fígados, mas, fora isso, são polidos, infantis e sem malícia.
- *Ningyo*: sereias japonesas, parte humanas e parte peixes. Aqueles que consomem sua carne se tornam imortais, mas isso é usualmente uma maldição.
- *Yamanba*: Mulheres vivendo nas montanhas, similares às bruxas ocidentais. Usualmente idosas e feias, mas por vezes jovens e bonitas. Podem ser boas, más ou apenas indiferentes, dependendo da história.

começaram a ser perdidas devido ao foco crescente no Japão urbano. Todavia, o registro de folclore feito no Período Edo e na primeira metade da era moderna permitiu que o conhecimento de *yōkai* chegasse ao presente, quando esses espíritos retornaram à cultura popular japonesa sob novas formas.

Yōkai são muitas vezes entes físicos com formas monstruosas ou bizarras. Muitos trabalhos modernos traduzem o termo *yōkai* como "demônio", "diabo" ou "monstro". Essa é uma forma abreviada para explicar o conceito, mas se deve também em parte a um equívoco cultural. *Yōkai* podem ser aterradores, perigosos ou ambos. Contudo, não são necessariamente maus, não mais do que qualquer animal selvagem ou fenômeno natural. Alguns preferem fazer o mal, mas essa é uma qualidade individual, e não uma característica determinada de algum grupo ou "espécie" de *yōkai*. Alguns são fontes de grande bem, mas uma vez mais essa é uma qualidade individual. Muitos *yōkai*, como qualquer coisa na natureza, simplesmente existem, e se ajudam ou ferem os humanos é puramente incidental (Foster, 2015, cap. 1, seção 2b: "Researching *Yōkai*"). Abaixo estão apresentados alguns *yōkai* comuns, bem como historicamente relevantes. Uma lista completa deles exigiria muitas páginas a mais e incluiria exemplos regionalmente específicos.

Oni

O único espírito conhecido que assombra os campos do Japão é o *oni* 鬼. Os *oni* são muitas vezes chamados "ogros", embora esse seja somente o paralelo mais próximo dos contos de fadas ocidentais. *Oni* são grandes figuras humanoides, muitas vezes uma vez e meia até duas vezes mais altos do que um humano. Eles têm traços brutos e um único chifre que sai de suas cabeças. Os *oni* podem ter qualquer cor de pele, embora vermelho brilhante e azul brilhante sejam as mais comuns. Por vezes, têm mãos e pés com garras, e podem também (ou adicionalmente) ter dedos a mais nas mãos e nos pés. Os *oni* tendem a se vestir com as peles de animais selvagens, particularmente tigres (que jamais existiram no Japão, e, portanto, raramente são representados acuradamente). Eles seguram pesados bastões de ferro conhecidos como *kanabō*, que podem usar para efeito devastador. Contudo, os *oni* também são capazes de fala e pensamento avançados (Reider, 2015b, p. 7).

Os *oni* assombram encostas e florestas do Japão. Eles podem interpelar viajantes em caminhos reclusos nas montanhas, ou invadir aldeias rurais para levar pessoas consigo. Um famoso *oni* aparece na história popular "Issun Bōshi". A versão que segue dela é contada em várias versões ilustradas do fim do Período Muromachi (1333-1600) conhecidas como *otogi zōshi*. Há um casal sem filhos que quer desesperadamente ter um. Eles oraram para Watatsumi, o deus triplo do mar, em Sumiyoshi (Osaka moderna), e foram abençoados com um bebê menino. Contudo, o menino nasceu com apenas um *sun* (o equivalente a 2,5cm) de altura, e nunca ficou mais alto, de modo que o chamaram Issun Bōshi, ou "Menino de Um Sun". Quando Issun Bōshi ficou adulto, partiu para tentar sua sorte usando uma tigela de arroz como barco, um pauzinho como remo, uma agulha como espada e um pedaço de palha como bainha.

Enquanto viajava, Issun Bōshi se deparou com uma casa grande e bela onde o governador de uma província vivia com sua bela filha. Ele pediu para se encontrar com o governador, mas riram dele e o dispensaram devido à sua pequena altura. Algum tempo depois, o governador e sua filha partiram numa peregrinação. Uma noite, um *oni* veio ao acampamento e raptou a garota. Issun Bōshi perseguiu o

Um *oni* vestido como um monge budista.

oni, sem medo algum, mas o *oni* o pegou e o engoliu. Issun Bōshi tirou sua agulha-espada e a cravou no *oni* inúmeras vezes de dentro de seu estômago. Com grande dor, o *oni* cuspiu Issun Bōshi, deu-lhe a filha do governador, e correu de volta às montanhas. O governador ficou feliz, e Issun Bōshi casou com sua filha, tornando-se um nobre na corte (Reider, 2015b, p. 26).

Os *oni* não são cultuados, mas aparecem no feriado de Setsubun, que é observado no terceiro dia do segundo mês (originalmente em março, mas agora 3 de fevereiro). Esse ritual envolve jogar feijões crus em uma pessoa vestida como um *oni*, e ao mesmo tempo gritar *oni wa soto, fuku wa uchi* ("o *oni* sai, a boa sorte entra!"). O *oni* deve ser afastado para a boa sorte do novo ano entrar em uma casa.

Tengu

Os *tengu* 天狗 são muitas vezes chamados "gnomos", mas isso não podia estar mais longe de sua natureza e aparência. Embora os caracteres chineses em seu nome signifiquem "cão celestial", os *tengu* são de fato espíritos de corvos. Em alguns casos, são inclusive conhecidos como *karasu tengu*, ou "*tengu* corvo". A palavra *tengu* é um empréstimo de um monstro do folclore chinês que não tem qualquer relação com os *tengu* japoneses, um cão mágico chamado o Tiangou. Como o Tiangou, o *tengu* japonês também vive nas florestas e montanhas, mas as similaridades terminam aí. Muitas vezes masculinos, os *tengu* são humanos com narizes excepcionalmente longos, ou em alguns casos bicos de pássaros, assim como um par de asas com

Máscaras representando *tengu* apresentam narizes longos na forma de bicos e cabelo emplumado.

penas negras. De acordo com algumas lendas eles podem alternar entre a forma humana e a de um corvo gigante (Foster, 2008, p. 89). Em muitas histórias, eles estão em algum lugar intermediário, por vezes sendo quase inteiramente humanos, exceto pelo nariz e as asas, outras vezes sendo cobertos com penas negras ou mesmo apresentando garras em lugar dos pés.

Os *tengu* são mais civilizados que os *oni*. Usam roupas, muitas vezes a de nobres de *status* inferior na corte, e sabem usar espadas. De fato, os *tengu* são considerados os melhores espadachins no Japão. Eles são guerreiros temíveis, mas também astutos duelistas. As referências mais antigas aos *tengu* vêm de fontes do século IX, mas não são representados em qualquer registro sobrevivente até o século XII. Embora não sejam brutos furiosos como muitos *oni*, os *tengu* são perigosos por seus modos melhores e habilidades de combate, e não hesitarão em raptar ou matar humanos. Mesmo quando estão se comportando bem, aparecem – ao menos nas lendas medievais antigas – como arautos da morte em batalhas, como os corvos aos quais se assemelham.

Sōjōbō, rei dos *tengu*, ensina a um jovem habilidades de combate.

Considera-se que os *tengu* sejam liderados por um rei chamado Sōjōbō, que vive no Monte Kurama, precisamente no norte de Quioto. Em seu pico se encontra um antigo templo budista, Kuramadera, e a montanha é cercada por vales profundamente arborizados com poucas habitações, mesmo que tecnicamente se encontre nos limites da cidade da Quioto moderna. Essa área sempre foi supostamente domínio de Sōjōbō. De acordo com lendas que remontam ao menos ao Período Muromachi, o jovem Minamoto no Yoshitsune 源義経, um irmão do famoso Yoritomo e um dos heróis da Guerra Genpei, veio ao Monte Kurama quando menino. Sōjōbō recebeu o jovem Yoshitsune e o treinou na arte de manejar espadas.

Hoje os *tengu* aparecem em uma variedade de mídias populares, retendo suas associações tradicionais com densas florestas, corvos e a arte de manejar espadas. O Templo Kuramadera tem uma campanha de *marketing* de sucesso envolvendo máscaras de *tengu* e anúncios para a "casa de Sōjōbō". Os *tengu* também entraram na fantasia ocidental, como uma raça em um jogo de tabuleiro de representação de papéis. Embora não tão onipresentes como os *oni*, os *tengu* permanecem entre os *yōkai* mais conhecidos.

Kappa

Os *kappa* 河童 são *yōkai* que vivem na água fresca ou perto dela. Eles são muitas vezes chamados "duendes da água", mas como os *tengu* e os "gnomos", isso leva a equívocos importantes. Os *kappa* são usualmente humanoides e têm pele escamosa verde e cascos

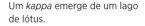

Um *kappa* emerge de um lago de lótus.

de tartaruga. Suas faces são também reminiscentes de tartarugas, com bicos curtos e largos. Os *kappa* possuem uma pequena depressão da forma de uma tigela no topo de suas cabeças que devem manter cheia de água. Portanto, quando alguém encontra um *kappa*, deve fazer-lhe reverência. Sendo naturalmente polido, o *kappa* retribuirá a reverência, fazendo com que a água caia de sua cabeça. Isso pode derrotar o *kappa* ou exigir que ele não prejudique a pessoa (Foster, 1998, p. 4). Essa é uma boa prática, uma vez que os *kappa* seguem regras estritas de etiqueta, ao mesmo tempo que desejam fortemente afogar humanos e depois comer seus fígados pelos seus ânus. De acordo com algumas histórias, há uma joia mágica, conhecida como *shirotama*, que existe dentro do ânus dos humanos, e que *kappa* devem remover antes que possam chegar ao fígado (Foster, 1998, p. 6-7).

Os *kappa* são do tamanho de crianças, como refletido em seu nome, derivado de uma contração de *kawa warawa* ou "criança do rio". Quando aparecem pela primeira vez em registros medievais, são representados como mais infantis e amorais do que estritamente maldosos. Embora desejem afogar e devorar pessoas, não é por pura maldade, por isso seu comportamento excessivamente polido e amigável, mesmo diante de sua presa. Além de fígados humanos, *kappa* também gostam de alimentos frescos, em particular pepinos. No Período Edo, eram considerados pragas sobrenaturais em plantações, bem como espíritos aquáticos malévolos e perigosos.

Ningyo

Os *ningyo* 人魚 (lit. "homem-peixe") são a resposta do Japão às sereias. Como seus equivalentes ocidentais, essas criaturas são parte humanas e parte peixes. Contudo, dependendo da história, podem ser peixes com cabeças de humanos, humanos que cresceram sob a água, ou várias formas intermediárias. Os *ningyo* são estritamente *yōkai* oceânicos e não aparecem em água doce. Nas descrições mais antigas, têm cabeças semelhantes a macacos com pequenos dentes pontudos. No Período Muromachi, histórias sobre os *ningyo* os representavam mais humanos.

Histórias medievais sobre os *ningyo* não especificam se essas criaturas são masculinas ou femininas, mas focam uma qualidade física diferente: a natureza de sua carne. Qualquer pessoa que come a carne de um *ningyo* se torna imortal. Em muitas histórias, essa imortalidade é uma maldição. Em alguns casos, o desejo pela carne de um *ningyo* leva pescadores ou suas famílias e amigos a cometerem atos depravados para obtê-la. Em outros casos, o ato de viver para sempre se torna uma fonte de sofrimento em vez de alegria. Devido a isso, capturar um *ningyo* acidentalmente, ou descobrir um deles arrastado para a margem, era considerado um mau agouro.

Uma das mais famosas histórias sobre a carne de um *ningyo* é a do Yao Bikuni 八百比丘尼, ou "Monja de Oitocentos [Anos]". Na variação mais comum desse mito, um *ningyo* foi capturado na margem da Província Wakasa (prefeitura da Fukui moderna). Os pescadores que o capturaram fizeram uma festa para celebrar sua captura sem revelar a natureza do peixe, mas os convidados descobriram e se recusaram a participar. Contudo, um convidado entregou, em segredo, um pedaço da carne do *ningyo* para sua filha, que estava muito doente. Após comer a carne, ela se recuperou e se desenvolveu, tornando-se saudável e bonita. Contudo, quando chegou à idade adulta, a garota parou de envelhecer. Ela terminou fazendo votos budistas após seu esposo e seus filhos morrerem, e viveu por 800 anos, vagando pelo Japão como uma monja imortal. Ela terminou

Um *ningyo* nada no oceano; diferente das sereias ocidentais, são geralmente feios.

retornando para sua aldeia natal e terminou com sua própria vida (Frasier, 2013, p. 181-182).

Yamanba

As *yamanba* ou *yamauba* 山姥 (lit. "anciã das montanhas") são semelhantes às bruxas dos contos de fadas ocidentais. Essas mulheres vivem nas montanhas do Japão, onde fazem magia e interagem com os *kami* das montanhas. A *yamanba* estereotípica é uma anciã (embora não necessariamente decrépita pela idade) que muitas vezes come a carne tanto de humanos como de animais e é uma inimiga temível quando caça desafortunados, homens ou mulheres, que entram em seu domínio (Reider, 2015b, p. 63). Contudo, as *yamanba* também podem conceder dons de conhecimento ou de magia para aqueles que as ajudam. Podem inclusive possuir uma casa, "assombrando-a" sob a forma de um espírito doméstico. De acordo com algumas crenças na Honshu Central e no norte de Kyushu, uma casa assombrada por uma *yamanba* tem uma boa sorte. Se a *yamanba* era originalmente humana ou não é outra característica que muda com cada história e região. Diferente das bruxas do folclore ocidental, as *yamanba* são mais *yōkai* do que humanas, independentemente de como pareçam ou ajam.

Uma *yamanba* de idade se isola nas montanhas.

As *yamanba* também aparecem em muitas variações regionais. Algumas são mulheres idosas e feias, outras, mulheres jovens e belas, e alguns são inclusive homens. A popularidade dessas histórias durante o Período Edo levou a uma série de impressões em xilogravura que apresentavam *yamanba* jovens e belas. Essas imagens permitiram às *yamanba* escaparem da censura das autoridades xogunais às histórias populares sangrentas. Quer ajudassem, quer ferissem as pessoas, essas belas *yamanba* se tornaram populares como figuras eróticas devido à sua aparência nessas impressões, que, por sua vez, retornavam ao folclore. Vários mitos de *yamanba* regionais ainda hoje envolvem *yamanba* belas e sedutoras (Reider, 2015b, p. 85, 88-89).

As *yamanba* são menos comuns do que outros *yōkai* na cultura popular, mas aparecem. Algumas das imagens de anciãs sábias ou bruxas na fantasia japonesa contemporânea devem tanto a lendas de *yamanba* quanto a influências ocidentais. Vários autores japoneses modernos também consideravam as *yamanba* um símbolo do viés tradicional do Japão contra mulheres idosas. O conto "Yamanba no bishō" ("O sorriso da bruxa da montanha", 1976) de Ōba Minako (1930-2007) é um exemplo famoso. Situada nos dias de hoje, a história equipara uma viúva idosa, cuja família foi retirada dela, à *yamanba* ficcional, e questiona se a segunda era mais livre por seu *status* como um ente inumano comparado à vida de uma mulher em uma sociedade japonesa moderna.

Yūrei

No capítulo 4, tratamos dos fantasmas humanos, assim como dos espíritos dos vivos. Contudo, histórias do Período Muramachi e posteriores passaram a ampliar o espectro do que era considerado um "fantasma", bem como sobrepô-los ao *yōkai*. Geralmente chamados *yūrei* 幽霊 ("espírito misterioso"), os entes dessa categoria incluem os previamente mencionados *onryō* e *goryō*, fantasmas vingativos ou invejosos que ferem os outros. Os *yūrei* também incluem alguns outros espíritos que ou não aparecem nas histórias populares anteriores ou somente agora começaram a ser agrupados com outros "fantasmas".

Entre esses outros espíritos estão os *gaki* 餓鬼 ou "fantasmas famintos" da cosmologia budista. O Budismo Mahayana divide a existência em dez "mundos". Cada "mundo" é de fato um modo de existência em vez de um lugar físico no multiverso. De baixo para cima, os dez "mundos" são: inferno, fantasmas famintos, animais,

Yūrei Okiku, o fantasma no centro da história de horror "A mansão dos pratos" do Período Edo.

espíritos combatentes, humanos, devas, entes se aproximando de sabedoria, entes se aproximando da iluminação, bodisatvas e budas (Bowring, 2008, p. 123)[8]. *Nirvana* é um estado de existência além do

---

8. Espíritos combatentes, ou *asuras*, são imortais que travam uma guerra eterna entre si. Entes que se aproximam da sabedoria ou *śrāvakas* e entes que se aproximam da iluminação ou *pratyekabuddhas* são estágios na direção da condição *bodisatva*, difíceis de definir fora das doutrinas mahayanas específicas.

décimo "mundo". O inferno está embaixo e é onde as almas más são torturadas até que possam ser purgadas e autorizadas a reencarnarem em uma posição mais elevada. O próximo nível é o do *gaki*, e é quase tão horrível quanto o inferno.

Os *gaki*, conhecidos em sânscrito como *preta*, são descritos como crianças com barrigas imensamente distendidas e fome insaciável. Elas rastejam através de sua dimensão buscando alimentos que jamais conseguem encontrar. Sua existência é menos horrível do que estar no inferno, mas abaixo de tudo mais, mesmo da reencarnação como um animal. Contudo, mesmo no budismo indiano antigo, os *preta* eram capazes de escapar de seu mundo e vir para o nosso. Eles podem ser inconvenientes, espíritos que desejam coisas que os vivos possuem, e em alguns casos podem se tornar perigosos. Na época em que as lendas de *preta/gaki* chegaram ao Japão, transformaram-se em figuras mais prejudiciais. Os *gaki* desejam obter coisas dos humanos e farão grandes esforços para isso (Teiser, 1988, p. 126-127). Eles podem ser comparados a *poltergeists*, carniçais ou mesmo algumas noções de vampiros ocidentais. Eles também são considerados um tipo de *yūrei*. Incidentalmente, o termo *gaki* se tornou a palavra para "fedelho" no japonês moderno, e podemos ouvir isso ser dito muitas vezes em filmes e na televisão.

Outro tipo similar de *yūrei* é o *zashiki-warashi* 座敷童子 ("criança do depósito"). Considerados fantasmas de crianças que morrem cedo, esses espíritos habitam tipicamente depósitos e espaços de armazenamento. Eles são travessos, embora não tão inteiramente perigosos como os *gaki*. Os *zashiki-warashi* desejam brincar com humanos, e suas ações são muitas vezes orientadas por uma amoralidade infantil em vez de ganância ou qualquer intenção de prejudicar (Yoshimura, 2015, p. 149). Muitas histórias japonesas modernas de fantasma se inspiram em histórias tradicionais desses espíritos, ou as transformam em exemplos mais aterradores, como o espírito da criança no filme de horror de 2002 *Juon* (*Ju-on: o ressentimento*).

Os *yūrei* são também associados a uma subclasse diferente de *yōkai* conhecida como *bakemono* 化け物 ou *obake* お化け. O

"Fantasmas famintos" (*gaki*) podem entrar no mundo humano e provocar danos.

verbo *bakeru*, do qual ambos os nomes derivam, significa "mudar". *Bakemono/obake* são, portanto, entes que experienciam mudança. Outros *bakemono* incluem alguns dos *yōkai* animais discutidos adiante neste capítulo. A categoria de *bakemono* é ampla e inclui muitos tipos de espíritos de animais e de objetos que serão tratados adiante, assim como *yōkai* que não estão baseados em coisas que existem no mundo físico.

Yōkai regionais

Vários, possivelmente a maioria dos *yōkai* no Japão são específicos a uma região – ou, em alguns casos, a uma única cidade ou aldeia. Embora alguns desses *yōkai* regionalmente específicos se sobreponham às "espécies" discutidas acima, outros são únicos à sua região. As diferentes variações das *yamanba* mencionadas acima são um conjunto de exemplos. As obras de Toriyama Sekien estavam entre as primeiras a listar várias dessas variações regionais de *yōkai*. Algumas foram mencionadas pela primeira vez em suas enciclopédias, e provavelmente vieram de histórias de todo o arquipélago que ele reuniu durante meados do século XVIII. Outras foram coligidas na explosão de livros sobre *yōkai* que seguiram as publicações de Toriyama e duraram até o fim do Período Edo.

Lafcadio Hearn (1850-1904), um dos primeiros americanos a se estabelecer no Japão, fez um estudo detalhado do folclore regional da área de Izumo (prefeitura da Shimane moderna). O trabalho de Hearn, publicado como a coleção de história *Kwaidan: histórias e estudos de coisas estranhas* (1904), foi o primeiro registro em inglês não apenas dos *yōkai* em geral, mas também dos *yōkai* regionais de Izumo. Após a Segunda Guerra Mundial, o famoso autor de mangás Mizuki Shigeru (1922-2015) tornou o trabalho de sua vida popularizar o folclore dessa mesma área através de mangás. A grande obra de Mizuki, *Gegege no Kitarō* ("Kitarō tagarela", 1960-1969), imortalizou os *yōkai* de Shimane para uma geração de crianças japonesas, e a franquia continua até hoje (cf. capítulo 7, para mais obras de Mizuki).

Hoje, podemos facilmente comprar um dicionário de *yōkai* em livrarias japonesas. Esses livros modernos vão de guias de bolso a volumes pesados, apresentando verbetes em ordem alfabética e informações antropológicas detalhadas sobre os muitos espíritos e *kami* inferiores que assombram o interior. Há também muitos filmes que focam *yōkai*, assim como outras mídias populares, como animes e mangás. Embora o Japão moderno tenha sua própria parcela de lendas urbanas e variações contemporâneas de *yōkai* – as quais trataremos no próximo capítulo –, as versões tradicionais ainda são muito populares. O interior japonês permanece assombrado por *yōkai* mesmo agora.

ANIMAIS, OBJETOS E COISAS

Seguidores atentos da cultura tradicional japonesa terão notado que alguns *yōkai*-chave estão faltando na discussão acima, que focou *yōkai* com origens sobrenaturais definidas. Contudo, há outra classe ampla dessas criaturas: os *yōkai* que são baseados em animais e objetos. Esses espíritos, independentemente de seus poderes sobrenaturais, eram considerados desenvolvimentos naturais de coisas ordinárias. Surpreendentemente, embora plantas certamente tivessem e tenham *kami*, há muito menos lendas de plantas que são agentes sobrenaturais antes dos dias atuais. Contudo, animais e objetos feitos por humanos são muito suscetíveis de se tornarem espíritos ativos.

Em muitos casos, é a idade que transforma um animal ou objeto comum em uma criatura sobrenatural. A lenda mais comum com relação a animais é que, caso vivessem por uma centena de anos ou mais, iriam crescer-lhes caudas extras, mudariam de cor ou então ficariam marcados como diferentes. Isso usualmente leva ao menos ao desenvolvimento de habilidades de inteligência ao nível humano e sobrenaturais. As mudanças exatas dependem do animal e da lenda. Objetos também podem adquirir consciência com a idade. Isso ocorre muito frequentemente com espadas e espelhos, os quais já eram *shintai* comuns ou "corpos-deuses" em santuários xintoístas. Lendas japonesas medievais descrevem tudo, de joias sagradas a potes vivos mágicos, atingindo despertar espiritual e desenvolvendo espíritos (Foster, 2008, p. 5-7). Abaixo, são discutidos apenas os exemplos mais comuns.

Raposas

Raposas (jap. *kitsune*) estão entre os espíritos animais mais famosos, e possivelmente os mais conhecidos *yōkai* no Japão hoje. A raposa vermelha (*Vilpes vulpes*) é nativa do Japão, como de grande parte do Hemisfério Norte. Raposas são caçadoras silenciosas que raramente são vistas mesmo quando vivem nas proximidades, e esses traços são explorados no folclore. No Japão, raposas são consideradas metamorfos. Elas podem assumir formas diferentes de sua aparência real, embora na maior parte das vezes se transformem em belas mulheres, homens idosos ou crianças de gênero indeterminado. Raposas na forma humana tentam enganar ou então tirar vantagem de humanos bem-intencionados. Isso pode variar de simples esquemas, como fingir ser um pobre mendigo a roubar comida ou dinheiro de humanos, até tramas muito mais complexas e perigosas. Como na lenda de Kaya no Yoshifuji (cf. capítulo 5), raposas podem seduzir pessoas e levá-las para suas tocas, que parecem ser belos palácios. Enquanto sob o encanto de uma raposa, a vítima infeliz tem sua energia lentamente drenada, usualmente através de sexo. Sem intervenção, a vítima terminará morrendo (Foster, 2008, p. 42-43).

Nem todas as raposas são maldosas. Inari 稲荷 (também chamado Inari Ōkami ou Ō-inari), um *kami* da fertilidade, é associado a raposas que atuam como seus mensageiros. As raposas de Inari são brancas com olhos dourados. Possuem todos os poderes das raposas tradicionais, mas os usam exclusivamente para ajudar Inari a levar prosperidade a agricultores e aldeões (Smyers, 1996, p. 103). O culto a Inari deriva de uma fusão de *kami* mais conhecidos

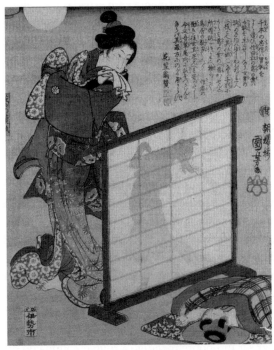

Uma raposa disfarçada de uma bela mulher, mas sua verdadeira forma é revelada por sua sombra.

dos mitos antigos, como Izanagi e Ninigi. Como e quando esses deuses foram agrupados como um único protetor da agricultura é desconhecido, mas no século XV santuários a Inari apareceram ao longo do arquipélago. O mais famoso é o Santuário Fushimi Inari, perto de Quioto, que possui mais de 300 portões *torii* em vermelho-brilhante subindo o caminho da montanha até o santuário principal. Inari representa prosperidade agrícola, particularmente sobre os campos de arroz e plantações de chá. Sua associação com raposas pode derivar de seu hábito de caçar parasitas nos campos. Ele e suas raposas permanecem figuras míticas proeminentes no Japão, muitas vezes com santuários subsidiários menores em locais xintoístas ou mesmo budistas maiores.

Um item de alimento popular vendido em restaurantes de sushi, *inari-zushi*, consiste de uma cobertura de lâmina de tofu sobre arroz sushi embebido em vinagre. Os extremos da lâmina de tofu são pontudos, e parecem orelhas de raposa, por isso seu nome. Devido a essa conexão, lâminas de tofu parecidas com essa são muitas vezes referidas como *kitsune* em outros contextos. Pratos populares na região de Kansai do Japão (Osaka, Quioto, Nara e seus arredores) incluem *kitsune udon* e *kitsune soba*, pratos com macarrão com lâminas de tofu (não carne de raposa!).

Tanuki

O *tanuki* 狸 ou cão-guaxinim (*Nyctereutes procyonoides*) é um parente do cão doméstico que é nativo do Japão. Essas criaturas noturnas tímidas são similares ao racum que é nativo

Um *tanuki* ou cão-guaxinim, considerado um equivalente mais benévolo do que a raposa metamorfa.

da América do Norte. Contudo, como membros da família do cão, vieram de uma linhagem genética diferente. Seu nome é muitas vezes traduzido como "racum" (a palavra japonesa para o racum norte--americano é na verdade *araiguma*, "urso que lava as mãos"), mas são animais diferentes.

No Japão, os *tanuki* há muito eram considerados criaturas metamorfas, similares às raposas. Contudo, diferente dessas, os *tanuki* são geralmente agradáveis e bem-intencionados. Eles pregam peças em humanos, mas o fazem de formas menos prejudiciais, raramente algo mais do que uma pequena inconveniência à vítima, e em alguns casos de fato melhorando suas vidas. A magia dos *tanuki* reside em seus testículos, que são muitas vezes representados como muito grandes. Como isso afeta as *tanuki* fêmeas não é especificado no folclore. O *tanuki* macho real tem testículos proeminentes, o que pode ter originado o mito, embora estejam longe de ser tão proeminentes quanto a arte do Período Edo posterior nos levaria a crer (Foster, 2008, p. 36).

Os *tanuki* metamorfos aparecem em registros que remontam ao *Nihonshoki*. Eles fazem aparições ocasionais, mas regulares, na literatura dos períodos Heia e Kamakura e são difundidos em histórias populares comuns do fim da era medieval. Eles permanecem populares no presente, e estátuas de *tanuki* amigáveis com grandes testículos podem ser encontradas à porta de restaurantes e lojas em muitas partes do país. A animação de 1994 *Pom Poko* do aclamado diretor Takahata Isao (1935-2018) é um dos vários trabalhos famosos modernos que exploram o folclore *tanuki*. O filme trata da batalha entre incorporadores imobiliários e uma floresta de *tanuki* mágicos que usam sua magia para tentar impedir sua destruição.

Dragões e cobras

Cobras e dragões são entidades separadas, mas por vezes relacionadas, na mitologia japonesa. Mitologias de dragões e cobras se sobrepõem em grande parte do sul e leste da Ásia. Além do seu, o

Japão absorveu o folclore indiano e chinês de cobras e dragões, e as sobreposições são claramente visíveis em alguns contextos. O Japão possui muitas espécies nativas de cobras, mas somente algumas são venenosas, e nenhuma é grande. Não há crocodilos nativos no arquipélago, nem grandes lagartos e, até onde pode ser cientificamente provado, nenhum dragão. Todavia, mesmo os primeiros mitos encontrados no *Kojiki* e no *Nihonshoki* referenciam grandes répteis. Se essas criaturas se devem ou não a influências continentais, isso é desconhecido.

Tanto o *Kojiki* como o *Nihonshoki* apresentam Yamata-no--Orochi, um réptil com oito cabeças e oito caudas com que Susanowo combate (cf. capítulo 2). O Orochi é descrito em detalhes, ainda que a forma de seu corpo de fato permaneça elusiva. Possui oito cabeças e oito caudas; seu corpo ocupa oito vales e cobre oito montanhas; suas costas são cobertas com pinheiros; ele exsuda um fluido vermelho de seu estômago; e seus olhos são de um vermelho brilhante, como as lanternas chinesas. Contudo, não são mencionadas patas, apenas escamas. No *Nihonshoki*, os caracteres para "grande cobra" 大蛇 são usados para escrever a palavra *orochi*, e assim por séculos tem sido descrito como uma cobra gigante de muitas cabeças. De fato, a palavra *orochi* (*worochi* em textos japoneses antigos) é de origem e significado desconhecidos. Embora o monstro tenha sido descrito como uma serpente, poderia representar muitas outras forças destrutivas, de um rio transbordante tingido pelo escoamento de fundição a uma erupção vulcânica. Infelizmente, talvez nunca possamos saber a interpretação "correta", se é que chegou a existir (Weiss, 2018, p. 5, 11).

O conceito chinês de dragões entrou no Japão muito cedo. Na China, dragões são criaturas serpentinas com quatro patas, mas sem asas. Eles vivem na água e são ajustados a esse elemento. Eles também voam e ficam à vontade tanto nas nuvens e no céu como em lagos, rios ou no mar. Dependendo da fonte, dragões exalam relâmpagos, tempestades ou simplesmente nuvens. São criaturas magnificentes, poderosas e inteligentes. Dragões podem ser grandes aliados de humanos, mas geralmente consideram humanos abaixo deles, e são tão facilmente provocados à fúria quanto à cooperação.

Essa descrição chinesa de dragões foi trazida ao Japão no século VII ou antes. Dragões em um estilo chinês nas Dinastias do Norte e do Sul (220-589 EC) aparecem na arquitetura do Templo Hōryūji perto de Nara. Esses dragões são esculturas de madeira que datam de cerca do ano de 700. Textos históricos do Período Nara (710-784) mencionam dragões como aqueles vistos nas fontes chinesas. No começo do Período Heian, Watatsumi, o triplo deus do mar (cf. capítulo 2), foi fundido com o Rei Dragão do Mar 竜王 (jap. Ryūō). O Rei Dragão, que vive em um palácio no fundo do mar, é o mestre de todos os dragões e um poderoso rei. Após a fusão, Watatsumi ganhou todos esses traços, além de seu *status* anterior como o protetor das travessias marítimas.

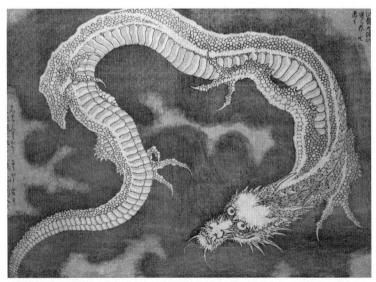

Um dragão voa através de nuvens de tempestade. Como muitos dragões do Leste Asiático, é uma criatura da água e do ar, não do fogo.

DRAGÕES

- Dragões na mitologia japonesa são *kami* menores, muitas vezes os deuses de mares e rios, com características tanto do dragão chinês como da cobra indiana.
- Dragões são entes com corpos serpentinos, quatro patas e sem asas, mas que podem voar. Eles vivem na água e no céu, exalando tempestades e relâmpagos. São sábios e poderosos, mas podem ser perigosos, bem como cooperativos.
- As *nāga* indianas são deidades metade cobras, metade humanas que vivem no além-mundo budista e são constantemente morais e compassivas.
- Yamata-no-Orochi, semelhante a um dragão descrito nas crônicas japonesas antigas, possui oito cabeças e oito caudas; seu corpo ocupa oito vales e suas costas são cobertas com pinheiros. Pode representar inundações destrutivas ou vulcões.

Outra história famosa envolvendo dragões e o mar, recontada muitas vezes nos períodos Muromachi e Edo, é a de Urashima Tarō 浦島太郎. Originalmente baseada em uma história muito mais antiga registrada em trabalhos dos períodos Nara e Heian, essa história tem sido comparada à americana "Rip Van Winkle". Há muito tempo, um homem chamado Urashima Tarō encontrou um grupo de crianças em uma praia. As crianças estavam torturando uma pequena tartaruga, impedindo-a de voltar ao oceano. Urashima as afastou e salvou a vida da tartaruga. Vários dias depois, Urashima estava pescando quando um barco magicamente surgiu do mar e se aproximou dele. Era a pequena tartaruga que ele havia salvo, que se transformara em uma bela mulher. Ela revelou ser a filha do Rei Dragão do Mar, e que a tartaruga era sua forma menos temível (em comparação à de dragão ou de princesa). Como retribuição por salvar sua vida, ela ofereceu a Urashima sua mão em casamento. Ele aceitou, e foi com ela ao palácio do Rei Dragão, onde viveram como esposo e esposa por vários dias – em algumas versões, anos – em completa felicidade. Contudo, um dia, Urashima ficou com saudades de casa e de seus pais, e quis voltar para eles. Sua esposa o deixou partir, mas lhe deu uma caixa especial, conhecida como *tamatebako*, e lhe disse para abri-la apenas se não conseguisse mais continuar vivendo. Urashima voltou à superfície, mas descobriu que sua aldeia havia mudado. Ninguém sabia que ainda estava vivo, e, ao investigar, descobriu que seus pais haviam morrido há muito tempo. Quanto tempo ele ficou fora varia conforme a fonte, indo de 80 a 800 anos, mas mesmo assim ele ficou ligado à sua época. Incapaz de continuar vivendo, quando tudo que conhecia e todos que amava haviam morrido, Urashima abriu a *tamatebako*, que continha somente uma bruma branca. A bruma o transformou em um homem velho, e ele morreu pacificamente, enfim capaz de se reunir com sua família (Holmes, 2014, p. 1).

Os dragões se tornaram *kami* de nível inferior no Japão. Muitos dos deuses de riachos ou rios são concebidos como dragões. O mar é igualmente seu domínio, assim como tempestades. Contudo,

A filha do Rei Dragão se despede de Urashima quando volta para casa, sem saber quanto tempo havia passado.

dragões também passaram a ser associados à sabedoria e à moralidade budista, e ligados a cobras, através das *nāga* indianas. As *nāga* são metade cobras, metade humanos, residentes do antigo além-mundo indiano. Possuindo grande sabedoria e, usualmente, também grande compaixão e boa vontade para com os humanos, são deidades menos poderosas. As *nāga* ainda ocupam esse papel no hinduísmo contemporâneo.

Como muitas outras facetas da religião indiana, as *nāga* foram subsumidas ao budismo no início de seu desenvolvimento. Vários *sutras* antigos discutem a natureza das *nāga* e as apresentam como auxiliares sábias e poderosas do budismo. Essas ideias foram comunicadas à China, onde a imagem das *nāga* encontrou a ideia preexistente do dragão. Ambas as criaturas eram parcialmente como cobras, sábias e poderosas, e geralmente alinhadas ao bem. Embora permanecessem separadas em grande parte da mitologia budista do Leste Asiático, imagens de dragões e *nāga* se tornaram tão confusas que cada uma emprestou aspectos da outra. Dragões se tornaram representativos do poder do budismo, enquanto *nāga* – e, portanto, cobras – passaram a ser associadas à água.

Cobras, portanto, também assumem papéis poderosos na mitologia do Leste Asiático. As *nāga* podem assumir a forma completamente humana nos mitos indianos, e o mesmo parece acontecer para cobras nos folclores chinês e japonês. Diferentes da influência cristã na imagem de cobras como enganadores populares no Ocidente, cobras no Japão são fontes de sabedoria. Elas sussurram segredos e podem ser oráculos poderosos. Contudo, não são necessariamente boas e, quando desprezadas ou ameaçadas, podem se tornar inimigas poderosas.

Uma história particularmente famosa é a da "Senhora Cobra Branca", na qual um jovem se apaixona por uma mulher que é, na verdade, uma serpente metamorfoseada. Quando o homem descobre sua verdadeira forma e fica horrorizado, a mulher busca vingança, transformando-se em uma grande cobra branca determinada a matá-lo. Originalmente, uma narrativa popular chinesa do século IV ou V EC, a história da Senhora Cobra Branca chegou ao Japão, no máximo, em meados do Período Heian. Foi a fonte de uma variedade de histórias populares locais, como a lenda do Templo Dōjōji no *Konjaku monogatarishū* do século XIII, e mais tarde a peça no *Dōjōji* (*c.* século XV).

Gatos

Histórias de animais de estimação remontam ao menos ao Período Heian. Gatos mantidos pelo imperador aparecem em várias obras de literatura Heian, como a coleção de histórias de humor de Sei Shōnagon (*c.* 966-1017 ou 1026), *Makura no sōshi* ("O livro de travesseiro", *c.* 1015) (Haruo, 2007, p. 250-253). No século XIV há também histórias de gatos mágicos. Como raposas, eles tendem

Um gato que viveu cem anos pode desenvolver uma segunda cauda e se tornar um *nekomata*, capaz de se disfarçar com vestimentas e exercer poderes mágicos.

a ser indivíduos que vivem além de um certo ponto (usualmente, um século), e muitas vezes possuem múltiplas caudas. Isso pode ter levado à prática japonesa de cortar as caudas dos gatos, o que ainda é feito esporadicamente, em uma tentativa de proteger os humanos de sua magia. Como há uma variedade nativa de gatos, o cauda curta japonês, que possui uma cauda naturalmente reduzida devido a uma mutação genética, a superstição pode também ter sido uma resposta à presença de tantos gatos com a cauda naturalmente curta.

Um exemplo conhecido de gatos que se tornaram *yōkai* é os *nekomata* 猫また. Esses são gatos que vivem cem anos ou mais, durante os quais chegam ao tamanho de um lobo e uma segunda cauda se desenvolve. Quando isso ocorre, os *nekomata* fogem para a floresta, onde procuram por humanos para caçar e comer. Uma anedota, preservada na obra do século XIV *Tsurezuregusa* ("Ensaios sobre a preguiça"), fala sobre um homem que foi atacado por um *nekomata* quando voltava para casa à noite. Ele correu gritando pela aldeia, quando encontrou uma fonte de luz que revelou que aquilo que ele acreditava ser o gato *yōkai* gigante era seu próprio cão, tentando dar-lhe as boas-vindas (Haruo, 2007, p. 836).

GATOS MÁGICOS

- Gatos mágicos muitas vezes possuem muitas caudas. A prática japonesa de cortar a cauda de gatos se desenvolveu para proteger humanos de sua magia.
- *Nekomata*: gatos que viveram cem anos desenvolvem outra cauda e fogem para a floresta, buscando humanos para comer.
- *Bakeneko*: gato metamorfo. Eles envelhecem e muitas caudas lhes conferem a habilidade de se metamorfosear. Eles são malévolos e agem como querem, por vezes caçando ou ajudando humanos.
- *Manekineko*: o "gato convidativo" que é muitas vezes visto em estátuas acolhendo pessoas em lojas, restaurantes e negócios. Ele gesticula com sua pata voltada para baixo, convidando a sorte para entrar.

O *bakeneko* 化け猫 ou "gato metamorfo" é outro *yōkai* similar aos *nekomata*. Em vez de se tornarem animais ferozes do tamanho de um lobo, esses são gatos de vida longa cuja idade e caudas lhes dão o poder de se metamorfosear. Como com raposas ou *tanuki*, os *bakeneko* são malévolos; contudo, são mais amorais do que as prejudiciais raposas ou os cooperativos *tanuki*. Os *bakeneko* tendem a fazer o que querem, seja caçando humanos ou os ajudando – como um gato, como os cuidadores de gatos diriam.

A partir do Período Edo, gatos também se tornaram símbolos de sorte. Isso porque o gesto felino de mover a pata voltada para baixo é como o sinal japonês usado para convidar as pessoas a entrarem em uma loja ou casa, o que levou à ideia de que gatos atraíam boa sorte. Essa é a origem da estátua do *manekineko* ou "gato convidativo" muitas vezes vista em restaurantes e outros negócios.

Outros animais mágicos

Há muitos outros tipos de animais que têm poderes mágicos ou espirituais no Japão. Esses animais são muitas vezes considerados *yōkai*. Restrições de espaço impedem tratar muitos deles com detalhes, mas aqui seguem breves descrições de vários que aparecem frequentemente no folclore japonês.

Tartarugas (*kame*) e garças (*tsuru*) são símbolos de longevidade. A associação da tartaruga com vida longa pode derivar da lenda de Urashima Tarō discutida acima. Há um provérbio comum que remonta ao menos ao Período Edo, segundo o qual a tartaruga "vive 100 anos, e a garça, 1.000". Ambos os animais são muitas vezes associados a pinheiros (*matsu*), outro símbolo de longevidade. A palavra para pinha é a mesma para o verbo "esperar", que pode ser uma razão para essa associação.

Coelhos aparecem em alguns mitos antigos, particularmente cenas do deus da Terra Ōkuninushi, como contado no *Kojiki*. Quando era uma deidade jovem, Ōkuninushi resgata um coelho que havia perdido uma corrida com um crocodilo (ou, talvez, um tubarão; cf. capítulo 2) e, como compensação, lhe dá um pelo branco felpudo para vestir. Coelhos também são símbolos lunares, um empréstimo da China. Na antiga mitologia chinesa, as planícies escuras da lua não formam a figura de um homem como em muitas culturas ocidentais, mas de um coelho. Isso se combina com a lenda de Chang'e 嫦娥 (jap. Jōga ou Kōga), uma deusa da lua chinesa. Chang'e supostamente vive na lua, onde faz o elixir da imortalidade ao triturá-lo com um pilão. A forma de coelho vista da lua, então, assume sua função, triturando o alimento mágico. No Japão, esse alimento mágico é imaginado como pasta de arroz doce ou *mochi* em vez de um elixir líquido.

Centopeias e aranhas têm associações negativas em mitos japoneses. O Japão abriga uma espécie grande e colorida de aranha orbitelar conhecida como aranha Jorō (*Trichonephila clavate*). As fêmeas, que são o sexo mais visível, tecem grandes teias a cada agosto. Elas comem os machos muito menores após acasalarem, o que pode ter dado origem à similarmente chamada *jorōgumo* 女郎蜘蛛 (lit. "mulher-aranha"), uma perigosa *yōkai*. Essas são aranhas que se transformam em belas mulheres e atraem viajantes para suas casas, onde fazem sexo com eles e depois os decapitam para beber seu sangue. Centopeias são igualmente consideradas criaturas perigosas. Embora não assumam forma humana, podem atingir tamanhos imensos no folclore japonês. Curiosamente, as centopeias muitas vezes são as inimigas mortais de cobras nas histórias populares do fim da Idade Média e do Período Edo. Um exemplo ocorre no folclore em torno do Templo Akagi na Maebashi moderna, prefeitura de Gunma. O santuário cultua a deidade do Monte Akagi, localizado na vizinhança, muitas vezes representado como uma centopeia gigante que combate uma cobra igualmente gigante, representando o Monte Futara na prefeitura da Tochigi moderna, sobre um lago que se situa em seus domínios. Infelizmente, a centopeia é derrotada, e o lago hoje pertence à deidade Futara e a seu santuário (o Nikkō Futara, na Nikkō moderna, Prefeitura de Tochigi). Essa batalha deu seu nome a

Senjōgahara ("Planície do Campo de Batalha"), um pantanal e atual local Ramsar na fronteira das prefeituras modernas (Kuribara, 2014, p. 145-147).

A lenda segundo a qual terremotos eram provocados por peixes--gatos (*namazu*) data do fim do Período Heian ou do começo do Kamakura. Contudo, essa crença desapareceu do folclore popular até meados do Período Edo, quando uma série de desastres naturais ocorreu (incluindo a erupção do Monte Fuji em 1705). Habitantes da cidade no século XIX reviveram a ideia de que o Japão se encontra no topo de um peixe-gato gigante cuja rotação ocasional produz terremotos e erupções vulcânicas. Essa crença popular chegou a causar um aumento na popularidade de amuletos protetores para ajudar a prevenir a agitação do peixe-gato, ou para manter a pessoa segura durante os terremotos.

Macacos, javalis e vários membros da família das mustelas também assumem seus lugares nos mitos. Os papéis e habilidades desses animais usualmente dependem de lendas regionais específicas. Macacos frequentemente aparecem como personagens semelhantes a humanos, ou como encarnações de *kami* da montanha. Javalis são perigosos, em-

Coelhos têm sido associados à lua em grande parte do leste da Ásia desde os mitos chineses antigos.

UM MUNDO REPLETO DE ESPÍRITOS

Um *kamaitachi*, um *kami* mustelo, cria um redemoinho com sua foice mágica.

bora habitantes comuns das florestas, e, assim, também podem ser invocados como avatares dos igualmente selvagens *kami* das montanhas e outros lugares selvagens. Mustelos, andorinhas e arminhos aparecem com menos frequência no folclore, mas também estão relacionados a uma variedade de *yōkai* regionais. Um exemplo que se tornou mais famoso nos dias modernos é o *kamaitachi* 鎌鼬 ("mustela-foice"), um mustelo portador de ceifa ou de foice que se transforma em um redemoinho, e pode cortar e matar pessoas antes que sequer saibam que foram atacadas. Lendas de *kamaitachi* se originam principalmente no norte de Honshu, embora possam ser encontradas em torno do arquipélago.

Tsukumogami e espíritos de objetos
Um grupo de espíritos no folclore japonês é o dos objetos inanimados. Tal como acontece com os animais, objetos que sobrevivem por

um longo tempo podem se manifestar como seus próprios *kami*. Em geral, esses espíritos de objetos também são chamados *tsukumogami* 付喪神. *Tsukumogami* são muitas vezes instrumentos que foram amorosamente cuidados e usados por mais de um século. Eles também podem ser armas, ou mesmo itens da casa como biombos ou leques. Eles usualmente se manifestam como aparições humanas, fantasmática ou solidamente. Em alguns casos, isso é ocasionado pela tristeza de que o instrumento ou item não é mais usado. Em outros casos, um *tsukumogami* se forma a fim de recompensar o possuidor de um item assim. Talvez a encarnação mais assustadora de *tsukumogami* sejam aquelas baseadas em biombos ou pinturas, que, segundo a crença, manifestam olhos e cabeças que observam pessoas como fantasmas bisbilhoteiros (Foster, 2008, p. 7-8).

Objetos abandonados também podem se tornar *tsukumogami*. Espadas deixadas para oxidar por um século ou instrumentos outrora amados que foram jogados fora podem, com tempo suficiente, tornar-se espíritos sencientes. Esses são muitas vezes mais perigosos do que *tsukumogami* de objetos que ainda são amados e/ou usados. Esses *tsukumogami* negativos podem buscar vingança contra aqueles que os descartaram, ou então trazer problemas para as pessoas. Eles estão entre os *yōkai* que devem ser confinados por vários mágicos como *onmyōji* ou *yamabushi*.

O mundo do Japão pré-moderno era verdadeiramente repleto de espíritos, e este capítulo apenas arranhou a superfície do rico

---

TSUKUMOGAMI

- Espíritos (*kami*) de objetos inanimados, usualmente velhos e usados por mais de um século: armas, instrumentos ou itens da casa.
- Podem se manifestar como aparições humanas, especialmente quando uma ferramenta não é mais usada, ou para recompensar seu possuidor.
- Objetos não amados ou não usados podem manifestar *tsukumogami* mais perigosos, que muitas vezes buscam vingança.

corpo de crenças religiosas e populares japonesas. Os céus abrigavam deuses continentais e nativos, além de *tennin*. As cidades eram os lares dos deuses da sorte e da iniciativa, assim como daqueles que levavam epidemias e calamidades. O interior era assombrado por *yōkai* de muitos tipos, e mesmo animais e objetos eram espiritualmente potentes. Histórias desse mundo de espíritos se difundem cada vez mais na era moderna. No Período Edo, o desenvolvimento da impressão em xilogravura e a difusão da educação permitiram à população do Japão se tornar muito mais alfabetizada do que jamais. O grande público leitor estava sedento por histórias de fantasmas, romances sobrenaturais e as grandes histórias de eras anteriores. Essa sede espalhou as histórias recontadas neste capítulo por toda parte, e encorajou pessoas como Toriyama Sekien a começarem a coligir aquelas que nunca haviam sido registradas por escrito.

Devido a essa explosão da escrita no Período Edo, e também a um pouco de sorte, muitas dessas histórias ainda sobrevivem, e é graças a elas que sabemos muito sobre as lendas e o folclore do Japão. Embora não tanto quanto a mitologia xintoísta antiga ou quanto o budismo japonês, essas lendas são importantes. Elas revelam a matriz das crenças populares que cercam os mitos antigos discutidos nos capítulos anteriores, ao menos a partir do século XVII.

Um *tsukumogami*, um objeto que ganhou senciência como um *kami*, aqui, formado a partir de várias louças.

Elas também dão contexto para como os japoneses pré-modernos compreendiam o mundo espiritual, e mesmo para como muitos japoneses modernos continuam a compreendê-lo. À medida que nos movemos para os desenvolvimentos mais recentes na mitologia japonesa no próximo capítulo, necessitamos compreender não apenas os ciclos míticos das principais religiões, mas também esse mundo mais amplo dos espíritos.

7

AS NOVAS MITOLOGIAS DO JAPÃO MODERNO

Em 1854, uma frota de navios americanos liderada pelo Comodoro Mathew Perry entrou na Baía de Edo (moderna baía de Tóquio). Essa foi a mais egrégia ruptura ocidental do isolamento japonês nos 225 anos desde que fora imposto. Os decretos Sakoku de 1639 proibiam quaisquer ocidentais de irem para o Japão além dos comerciantes holandeses em Nagasaki. Ao violá-los, os americanos garantiram uma resposta dramática. Contudo, o xogunato Tokugawa em breve se apercebeu de que esses barcos – os assim chamados *kurofune* ou "Navios Negros" – representavam uma tecnologia que ultrapassava qualquer coisa que tivessem. Atacá-los teria sido abrir a própria Edo à invasão, ou assim receava o xogunato. Em vez disso, a despeito de séculos de declarações de que nenhum estrangeiro tinha estatura para se encontrar com o xogum ou seu Conselho de Anciões, o governo Tokugawa capitulou às exigências americanas para negociações.

Resultado: o Tratado de Kanagawa foi assinado em 1854. O Japão abriu "portos de tratado" aos navios americanos, britânicos e russos. O resto das potências europeias fizeram o mesmo, exceto os holandeses, que foram deixados para trás quando seu monopólio desabou. A chegada de tantos europeus desencadeou tensões domésticas no Japão. O povo começou a sentir que o xogunato era incapaz de protegê-los. Vários incidentes envolvendo estrangeiros ocorreram durante o fim da década de 1850 e começo da década de 1860, e após cada um o xogunato cedeu às exigências estrangeiras por compensação. A impotência do xogunato mostrou a muitas pessoas no Japão que seus medos com relação à colonização ocidental tinham

Imperador Meiji (r. 1868-1912, direita), com seu filho, Príncipe Yoshihito, e sua principal esposa, Imperatriz Shōken (esquerda). A mãe da princesa, uma concubina de *status* inferior, estava à esquerda das imagens com a intenção de retratar uma família imperial nuclear de estilo ocidental.

fundamento. Os japoneses orientados a reformas terminaram reunidos em torno do recém-entronado Imperador Meiji (1852-1912) e exigiram um novo governo. Em 1867, o 17º Xogun Tokugawa, Tokugawa Yoshinobu 徳川慶喜 (1837-1913), abdicou sem nomear herdeiros, formalmente encerrando o xogunato. Embora uma breve guerra tenha seguido, em 1868, foi basicamente uma limpeza dos radicais do xogunato. O que sabemos hoje é que a Restauração Meiji já havia ocorrido e o Japão jamais seria o mesmo (Janssen, 2000, cap. 10, seção 1d: "The Tokugawa Fall").

As décadas que seguiram a Restauração Meiji viram o Japão inundado com novas tecnologias e cultura. Grande parte disso era da Europa, que não havia podido comercializar abertamente com o Japão, uma vez que o país estava fechado para estrangeiros em 1639. Toda Renascença, Iluminismo e grande parte do século XIX europeu foram então despejados no Japão ao mesmo tempo. O influxo de informações científicas, artísticas, sociais e filosóficas desencadeou mudanças massivas, das quais muitas foram adotadas pelo governo Meiji. Em 1905, quando um Japão militarmente ressurgente derrotou a Rússia na Guerra Russo-japonesa, o país estava transformado.

AS NOVAS MITOLOGIAS DO JAPÃO MODERNO

O Período Edo vira um número sem precedentes de lendas regionais e locais preservadas em textos impressos. A grande literatura dos séculos anteriores também havia se tornado muito mais difundida. Todavia, todas essas eram ideias que, em algum grau, já estavam presentes no Japão. Contudo, o Período Meiji (1868-1912) viu a introdução de ideias muito novas, e esses conceitos importados tiveram um forte efeito nos sistemas de crenças do país. Ideias estrangeiras acrescentaram, alteraram ou destruíram muitos elementos de longa existência da cultura japonesa antiga. Folclore e mitologia não foram exceções.

O governo Meiji se apressou em modernizar o país de modo a evitar ser colonizado como grande parte do mundo não ocidental havia sido. Essa corrida levou a (dentre outras coisas) tentativas de controlar e remodelar as religiões do Japão para se equipararem às das nações europeias. A separação forçada de xintoísmo e budismo discutida no capítulo 5 foi somente um aspecto desse processo. Estudiosos treinados em versões do método científico ocidental começaram a estudar o folclore japonês novamente e, no processo, acrescentaram suas próprias interpretações. Finalmente, o desenvolvimento da cultura popular moderna levou não somente a renovações de mitos antigos, mas também a novas criações, como obras literárias ao estilo dos contos de fadas ocidentais.

Este capítulo examinará como a mitologia do Japão pré-moderno interagiu com o repentino influxo de cultura "moderna" e "ocidental" durante o fim do século XIX e o início do XX, e também mais tarde, com as tremendas mudanças societais que ocorreram após o Japão perder a Segunda Guerra Mundial. A mitologia japonesa é ainda muito viva hoje. No Japão pós-guerra e contemporâneo, particularmente com a expansão da urbanização e de culturas populares, lendas urbanas se desenvolveram de formas que expandem e se comparam às do passado. As mídias populares contemporâneas como animes e mangás também exploram tanto a mitologia pré-moderna como os novos desenvolvimentos do Japão moderno. Ao examinarmos como a mitologia japonesa sobreviveu na era moderna, podemos ver como e por que permanece tão vital mesmo agora.

ESTADO XINTOÍSTA E MITOLOGIA NACIONAL

As maiores potências ocidentais que o Japão encontrou durante o fim do século XIX foram Grã-Bretanha, Alemanha, França, Rússia e Estados Unidos. Várias potências europeias tinham religiões estatais, definidas como uma religião que é oficialmente apoiada pelo governo de uma nação e protegida e promovida pela lei. Como uma fonte de orgulho, foro e identidade nacionais para cidadãos, uma religião estatal é uma forma útil de ajudar a unir um país. O governo Meiji, portanto, desejava ter sua própria religião nacional para atingir o mesmo objetivo de criar uma cidadania forte e autoidentificada (Hardacre, 1986, p. 30).

Contudo, havia um problema: o Japão não tinha uma religião dominante única. Budismo e xintoísmo forneciam as duas principais tradições religiosas, e o confucionismo (especialmente via neoconfucionismo) permaneceu forte após o Período Edo. Dessas opções, o xintoísmo parecia a escolha mais óbvia. Era a única que era verdadeiramente nativa ao Japão e que explicitamente colocava o imperador em uma posição de autoridade. Todavia, o xintoísmo era problemático por outras razões. Carecia de uma filosofia moral e ética detalhada e separada daquela trazida pelo budismo. Não tinha textos sagrados ou um sistema moral fortemente organizado. A fim de torná-lo uma religião nacional que se assemelhasse às religiões estatais cristãs das potências europeias, o governo Meiji tinha de encontrar esses elementos em algum outro lugar ou criá-los do zero. O governo escolheu fazer ambos, tomando uma série de decisões que estabeleceram a doutrina e os textos do que se tornou conhecido como xintoísmo estatal 国家神道 (*Kokka Shintō*) (Hardacre, 1986, p. 52-53).

O termo "xintoísmo estatal" não foi de fato utilizado até após a Segunda Guerra Mundial. Para o governo japonês entre 1868 e

1945, as práticas que chamamos agora xintoísmo estatal eram apenas "xintoísmo". Não lhe dar um nome diferente permitiu ao governo esconder o fato de que não estava apenas revigorando uma religião antiga, mas na verdade criando uma nova. A separação entre budismo e xintoísmo foi o primeiro estágio desse processo (cf. capítulo 5). A adição de novas crenças, práticas e feriados foi o segundo. Essas adições transformaram o xintoísmo em uma religião formal que era teoricamente extensa o bastante para se manter sem o budismo (Janssen, 2000, cap. 14, seção 5: "The State and Culture").

A primeira dessas novas crenças, e a mais controversa, era o culto ao imperador como um deus. O imperador sempre fora uma figura importante, mesmo nos mitos antigos. Ele (ou ela) é descendente da Deusa do Sol Amaterasu e tem significância ritual e política devido à sua herança divina. Os primeiros imperadores eram descritos como *kami*, ou interagiam com *kami* como no mesmo nível. Contudo, o próprio imperador jamais foi um objeto direto de culto. Mesmo rituais como a grande Cerimônia do Ano-novo, na qual o país inteiro proclamava sua lealdade ao imperador no palácio, era anteriormente considerada somente uma encenação política. O mais próximo que os textos antigos chegaram ao culto direto ao imperador pode ser encontrado em poemas funerais do *Man'yōshū* (a mais

---

XINTOÍSMO ESTATAL

- Religião estatal introduzida no século XIX pelo governo Meiji.
- O termo xintoísmo estatal só foi utilizado após a Segunda Guerra Mundial.
- Textos e doutrinas publicados pelo governo criaram uma nova religião.
- Artificialmente separou o xintoísmo do budismo.
- O imperador deveria pela primeira vez ser cultuado como um deus vivo.
- Eventos em crônicas antigas foram celebrados em novos feriados.
- Histórias populares retrabalhadas como Momotarō, o "Menino pêssego", foram promovidas.

O grande portão *torii* na entrada do complexo principal do Santuário Meiji. A arquitetura simples, porém massiva, é típica dos santuários do xintoísmo estatal construídos entre 1870 e 1945.

antiga antologia de poesia em japonês, *c.* 780). Alguns desses poemas mencionam o imperador com palavras específicas que se traduzem em variações como "poder semelhante ao de deus" ou "deidade manifesta". Contudo, essa linguagem não foi amplamente usada em momento algum até à Restauração Meiji. Durante sua vida, o Imperador Meiji era mencionado como uma deidade viva por meio de palavras emprestadas do *Man'yōshū* e de outras obras anteriores. Após sua morte, foi consagrado no recém-construído complexo de santuários em Tóquio, o ainda importante Santuário Meiji, onde seu espírito era cultuado como um guardião do povo japonês, e como uma fonte de prosperidade.

A ênfase no imperador como um deus vivo não foi a única mudança nas crenças xintoístas. Novos feriados foram criados pelo governo Meiji para honrar eventos das crônicas antigas. Essas incluíam a fundação do Japão pelo lendário Imperador Jinmu, à qual era agora atribuída uma data: 11 de fevereiro de 660 AEC. Versões recém-calculadas e "cientificamente" explicadas dos mitos

AS NOVAS MITOLOGIAS DO JAPÃO MODERNO

O Imperador Meiji faz uma visita ao Santuário Yasukuni. Construído durante o Estado Xintoísta para consagrar os mortos de guerra do Japão, hoje alimenta controvérsias com relação ao passado colonial do país.

antigos foram ensinadas em escolas como história oficial a partir da década de 1880. Isso não só encorajou um novo sentido de orgulho "japonês" baseado na longa e mágica história nacional do país, mas também ensinou aos cidadãos essas novas interpretações dos mitos de uma era antiga (Janssen, 2000, cap. 12, seção 5: "Mori Arinori and Meiji Education").

O Japão lutou três guerras importantes durante o Período Meiji: a Rebelião Satsuma de 1877, a Guerra Sino-japonesa em 1894-1895 e a Guerra Russo-japonesa em 1904-1905. O novo e modernizado Exército Imperial foi vitorioso em cada uma, mas houve baixas. Essas baixas de guerra foram consagradas em outro novo local em Tóquio, o Santuário Yasukuni, que ainda é importante, embora também controverso. O monumento consagra todos os mortos de guerra dos conflitos militares do Japão, de modo que as pessoas não apenas se lembrem deles como também de fato orem a eles como *kami* de guerra, proteção e sacrifício.

As guerras do Período Meiji também resultaram na conquista de colônias pela primeira vez. O Período Edo havia visto a tomada das Ilhas Ryūkyū (prefeitura da Okinawa moderna), bem como de toda a Ilha de Hokkaido, ao norte. Contudo, essas áreas só foram colonizadas no sentido moderno do termo após a Restauração Meiji. A partir da década de 1870, um grande número de japoneses foi encorajado a se estabelecer em Hokkaido e, em uma menor extensão, nas ilhas Ryūkyūs. As guerras Sino-japonesas e Russo-japonesas também terminaram conquistando mais territórios: Formosa (Taiwan moderna), tomada da China; as Ilhas Kurile e o sul de Sakhalin, tomados da Rússia; e por fim toda a península coreana (formalmente anexada em 1910). Todas eram regiões povoadas por não japoneses que nunca foram parte de um sistema xintoísta. O xintoísmo necessitava se expandir para acomodar as colônias e suas populações não japonesas. E o fez, criando novos mitos.

A Coreia foi a conquista colonial mais fácil de justificar com nova mitologia. As crônicas já contavam a lenda da Imperatriz Jingū (recontada no capítulo 3), que supostamente conquistou ao menos a metade sul da península. As conquistas míticas de Jingū não apenas justificaram a anexação da Coreia ao governo japonês como também

Santuário da Coreia, uma construção do xintoísmo estatal na Coreia ocupada, mostrado aqui em uma fotografia sobrevivente da década de 1930.

proveram um modo de incluir os coreanos no xintoísmo estatal. Pequenos números de santuários xintoístas haviam sido construídos na península coreana por comerciantes ou exilados japoneses desde as invasões de Toyotomi Hideyoshi na década de 1590, e foram agora rapidamente aumentadas sob o governo colonial. Ancestrais coreanos foram consagrados como (um tipo de) *kami*, como os ancestrais de clãs japoneses, mas de *status* inferior. Isso também permitiu aos coreanos servirem e cultuarem o imperador, em um nível social mais baixo que o dos japoneses. Enquanto o período continuou, o culto em santuários xintoístas se tornou obrigatório para muitos coreanos, como parte de uma tentativa estratégica de doutrinação cultural pelas autoridades coloniais japonesas (Nakajima, 2010, p. 32-33).

Taiwan, Sakhalin e outros territórios japoneses foram os locais de novos sistemas de crença xintoístas similares apoiados pelo novo Estado. Como não havia base histórica para o controle japonês sobre essas áreas, suas populações nativas não eram consideradas súditos há muito perdidos dos japoneses. Em vez disso, diziam-lhes que eram afortunados, protegidos da colonização europeia para ajudar os japoneses a liberar o resto da Ásia. Suas próprias crenças religiosas foram mais poupadas do que a dos coreanos, mas ainda assim foram colocadas abaixo do culto aos deuses japoneses, com o imperador o principal entre eles. Como na Coreia, novos santuários de culto a heróis culturais locais e ideias generalizadas sobre "o Estado" foram fundadas para promover o xintoísmo, embora em uma menor extensão do que em outros lugares (Nakajima, 2010, p. 38-39.). O xintoísmo estatal pode não ter abrangido completamente as colônias fora da Coreia, mas não teve problema em subjugá-las.

Histórias populares de eras posteriores também foram tornadas instrumentos de nacionalismo no começo do século XX. Uma que conquistou nova fama nesse processo é a história de Momotarō 桃太郎, o "Menino Pêssego". Datando originalmente dos séculos XV ou XVI, a lenda de Momotarō era uma história conhecida no Período Edo. Ela começa quando um velho casal sem filhos encontra um pêssego boiando em um rio. Eles apanham o pêssego, e ele se parte revelando um bebê menino em seu interior. Eles chamam o menino Momotarō em homenagem ao pêssego, e ele se desenvolve, tornando-se corajoso e forte. Quando atinge a idade adulta, Momotarō decide partir para Onigashima, a ilha dos *oni*, para derrotar a poderosa tribo de bandidos *oni* que lá viviam. A caminho, faz amizade com três diferentes animais: um cão, um faisão e um macaco. Ele oferece a cada um porções de suas rações em troca de seus serviços e, com sua ajuda, derrota os *oni* de Onigashima e retorna com seu tesouro.

A lenda de Momotarō permaneceu popular durante o Período Meiji, mas ganhou novo significado quando o Japão passou a ter um império colonial ativo. Em uma versão lançada pela primeira vez em manuais escolares no começo da década de 1930, Momotarō era explicitamente representativo do Exército Imperial. Cada um dos três animais com quem fez amizade veio de uma das colônias do Japão. Nessa versão, os animais pobres e oprimidos imploraram a Momotarō para torná-los algo maior; ao acompanhá-lo, eles também tiveram a chance de servir ao imperador e conquistar a glória. A mensagem subjacente é clara, mesmo a uma audiência contemporânea: as colônias são entes inferiores, mas ainda necessários para a vitória última, contanto que sigam e apoiem a pátria. Essa nova versão do mito de Momotarō foi transformada em um filme animado, um dos primeiros a sair no Japão. Conhecido como os *Divinos guerreiros do Mar de Momotarō* (1945), é um filme de propaganda profundamente incômodo e um triunfo das primeiras animações (Reider, 2015, p. 108-110).

Muitos dos maiores *kami* foram reempregados para servir a nação. Como a fonte do poder e divindade do imperador, Amaterasu foi a líder do panteão japonês e a mais importante dos deuses para cultuar. Contudo, era também mulher, o que criou um problema para o governo pré-guerra, uma vez que estava explicitamente tentando enquadrar as mulheres como uma população protetora, embora submissa, que existia para apoiar homens corajosos e japoneses militantes. A própria Amaterasu, portanto, teve de ser reimaginada como uma boa figura materna, embora protetora, que inventara a tecelagem da seda e outras coisas culturalmente femininas. A fim de promover o militarismo, outros deuses (masculinos) também tiveram de ser reimaginados como importantes. Hachiman foi trazido de volta ao foco nacional como a deidade patrona do exército, inspirando diretamente seu sucesso. Susanowo também foi celebrado como uma fonte de ferocidade marcial japonesa, mas sua falta de subserviência a Amaterasu (ou seja, à ancestral divina da linha imperial) era um problema, de modo que seu papel recebeu menos importância do que o de Hachiman. O culto às deidades budistas não foi diretamente proibido, mas foi pesadamente desenfatizado. Como deuses estrangeiros, eram considerados responsáveis pelo declínio cultural do Japão e pela "feminização" (como alguns estudiosos Meiji notavelmente chamavam) após o Período Heian.

O xintoísmo estatal foi um excelente instrumento de propaganda antes da Segunda Guerra Mundial. Permitiu ao Estado japonês controlar as mentes e os corações de seus cidadãos enquanto minimizada as chances de oposição religiosa às decisões políticas. O exército japonês cada vez mais importante estava num centro do projeto do xintoísmo estatal. O imperador, a fonte de toda paz e prosperidade, encontrava-se no outro. Esse sistema não sobreviveu à guerra. A ocupação americana que durou de 1945 a 1952 priorizou a demolição do xintoísmo estatal, vendo-o como uma das motivações fundamentais do militarismo japonês. Manuais foram revisados; feriados, revistos; e muitos outros elementos – como a ênfase nos valores militares como uma forma de culto e a insistência em confirmar os mitos antigos pela arqueologia e pelo conhecimento histórico – foram simplesmente banidos ou removidos. Todavia, o legado do xintoísmo estatal permanece no Japão.

Os principais santuários construídos durante o fim do século XIX e começo do século XX estão entre as lembranças mais fortes do xintoísmo estatal. O Santuário Yasukuni permanece uma fonte de controvérsia internacional porque vários criminosos de guerra da Segunda Guerra Mundial estão entre os mortos lá consagrados, e visitas continuadas ao santuário por políticos japoneses parecem zombar do sofrimento experienciado pelos habitantes das ex-colônias do Japão. Outros santuários do xintoísmo estatal – como o Meiji em Tóquio, o Heian em Quioto e o Kashihara no sul de Nara – permanecem importantes locais turísticos. O papel geral da religião na sociedade japonesa é problemático hoje devido ao xintoísmo estatal e a reação a ele. Ideias de patriotismo e militarismo, embora ofensivas a alguns japoneses contemporâneos por outras razões, são profundamente vinculadas a ideias religiosas promovidas antes de 1945. Para o bem ou para o mal, o xintoísmo estatal e sua história é uma lente que colore percepções contemporâneas da mitologia e religião japonesas nativas.

MITO E FANTASIA NO JAPÃO PÓS-GUERRA

A cultura popular é muitas vezes definida como aquela consumida pela maioria das pessoas, não apenas da elite. A cultura popular reconhecível existia no Japão desde ao menos o século XVII. O Período Edo viu equivalentes impressos em xilogravura de romances populares, livros de imagens, pôsteres *pin-ups* e inclusive jornais (sob o formato padrão). A Restauração Meiji trouxe novas formas de impressão e, à medida que a indústria de publicação japonesa se adaptava, jornais e livros reconhecidamente modernos surgiram. A tecnologia cinematográfica chegou ao Japão por volta de 1890, e também se desenvolveu rapidamente. Na década de 1920, o Japão tinha uma cultura popular similar à dos Estados Unidos ou da maioria dos países europeus, com fortes indústrias de publicação e cinematográfica. Contudo, o surgimento do governo militar após 1931 levou a um drástico aumento na censura. Na época em que a Segunda Guerra Mundial eclodiu, a cultura popular japonesa era quase inteiramente controlada pelos censores governamentais (Janssen, 2000, cap. 16, seção 7: "Urban Culture").

O Japão se rendeu aos Estados Unidos em 12 de agosto de 1945. Jornais e revistas começaram a publicar novamente dias depois da rendição. A indústria cinematográfica também foi retomada após a guerra, quando diretores, equipes e atores que haviam fugido da censura draconiana do governo do tempo da guerra retornaram para fazer novos filmes. A ocupação americana inicialmente censurou representações da cultura japonesa, temendo que deixasse o povo nostálgico pelo sistema pré-guerra. Contudo, após 1948, quando a censura afrouxou, mais filmes começaram a adotar a história e a cultura japonesas tradicionais como temas. Em 1950, a indústria cinematográfica japonesa estava superando a produção pré-guerra. A censura foi formalmente encerrada quando a ocupação americana terminou em 1952, e a indústria cinematográfica continuou a se expandir dramaticamente. A década de 1950 é, portanto, conhecida como a "Era de Ouro do cinema japonês".

Com o afrouxamento da censura durante o começo da década de 1950, acadêmicos japoneses também começaram a atacar a mitologia e o folclore japoneses. Livros populares discutindo os fundamentos "reais" (históricos, arqueológicos, societais) dos mitos foram publicados. O sistema de propaganda dos mitos-como-história do xintoísmo estatal já havia sido desmontado; mas, agora, era revelado pelo que havia sido. Entre o retorno do folclore tradicional à arte, e essa nova abordagem acadêmica à mitologia japonesa, aumentou o espaço para ficção baseada em tradições míticas (Janssen, 2000, cap. 19, seção 7: "Postwar Culture").

Mitos e folclore japoneses foram ignorados como temas do cinema imediatamente após a Segunda Guerra Mundial devido à sua associação com militarismo e propaganda, mas isso mudou no final da década de 1950. Um dos trabalhos mais famosos da era pós--guerra a explorar os mitos japoneses foi o filme épico *Os três tesouros* (jap., *Nippon tanjō*, "O nascimento do Japão") em 1959. Dirigido por Inagaki Hiroshi (1905-1980), que também havia feito vários filmes famosos de samurais, apresentava um elenco de estrelas que incluía Mifune Toshirō (1920-1997) e Hara Setsuko (1920-2015), dois dos atores mais famosos da década de 1950. O filme reconta mitos do *Kojiki* e do *Nihonshoki*, incluindo as origens do arquipélago, o conflito entre Amaterasu e Susanowo, e as aventuras de Yamato Takeru, representando os eventos como fantasia histórica. Os personagens vestiam costumes baseados no que era conhecido na época do Período Kofun (embora muito mais glamorosos). Efeitos especiais trouxeram criaturas como Yamata-no-Orochi à vida e criaram exibições mágicas dos poderes dos deuses. Todavia, nada disso foi estruturado como real ou representado realisticamente. Em vez disso, o filme adotou o estilo hollywoodiano usado em épicos bíblicos americanos de grande orçamento da década de 1950 como *Ben-Hur* e *Os Dez Mandamentos*. *Os três tesouros* foi um grande sucesso nos cinemas. Embora os críticos de hoje o considerem irrelevante como uma exibição de atuação, os efeitos especiais foram revolucionários para o Japão na década de 1950. Mais importante ainda é que mostrava que os mitos, em vez de serem tratados como história, podiam ser concebidos como um novo tipo de fantasia, baseada nos modelos estrangeiros, mas com temática unicamente japonesa. Essa fantasia de estilo japonês seria importante no cinema e em outras mídias populares como mangás que estavam se desenvolvendo.

O final da década de 1950 e o começo da década de 1960 também viram o crescimento da indústria do mangá. Histórias em quadrinhos chegaram ao Japão durante o final do Período Meiji, paralelamente à vinda das revistas europeias. A palavra *mangá* ("desenhos triviais") originalmente se referia a esboços que ajudaram artistas de xilogravura com seus desenhos finais, mas rapidamente passou a significar esse novo meio. Na década de 1920, havia várias histórias em quadrinhos famosas que apareceram em jornais e revistas. A indústria moderna dos mangás só começou após a Segunda Guerra Mundial. Novas revistas dirigidas às crianças começaram a ser publicadas no final da década de 1940, mas histórias em quadrinhos eram apenas parte dessas publicações. À medida que aumentou o público leitor de mangás, revistas dedicadas apenas a histórias em quadrinhos tomaram forma, e no fim da década de 1950 as primeiras revistas de mangás de estilo moderno apareceram. Esses eram volumes do tamanho de guias telefônicos impressos em papel muito barato, cada um contendo um único capítulo em uma edição de cerca de vinte séries diferentes (Power, 2009, p. 10-11).

O mangá de sucesso *Gegege no Kitarō* ("Kitarō tagarela", também conhecido como "Kitarō do cemitério", 1960-1969), de Mizuki Shigeru (cf. capítulo 6), foi uma das primeiras séries importantes a aparecer na *Weekly Shōnen Magazine*. *Gegege no Kitarō* segue o titular Kitarō, um menino *yōkai*, e suas aventuras ajudando outros espíritos que estão agora perdidos no mundo tecnologicamente avançado da década de 1950. Kitarō e seus amigos *yōkai* são primeiramente baseados no folclore de Matsue, cidade natal de Mizuki, próxima a Izumo, na prefeitura da moderna Shimane. Já famosa desde tempos antigos como um local de Susanowo e dos principais santuários de Ōkuninushi, a região de Izumo tem seu próprio conjunto rico de lendas locais, *yōkai* e lugares sagrados. Mizuki trabalhou para preservar esses elementos através de seu mangá. Quando o trabalho se tornou um grande sucesso, Mizuki foi capaz de popularizar a mitologia local de sua juventude em uma escala nacional. Além disso, mostrando *yōkai* do passado interagindo com o presente, *Gegege no Kitarō* estabeleceu um precedente para usar elementos das lendas tradicionais do Japão em histórias que ocorreram em outras eras, como a obra-prima 手塚治虫 de Tezuka Osamu, *Hi no tori* 火の鳥 (*Fênix*, publicada intermitentemente de 1954 a 1988), que se move entre o passado pré-histórico e um futuro imaginado e integra diretamente as crônicas antigas à arqueologia, similar ao filme *Os três tesouros*.

MONSTROS E HOMENS DE METAL

Mitos antigos não foram as únicas coisas retrabalhadas na cultura popular ou a partir dela após a Segunda Guerra Mundial. Alguns dos filmes e mangás mais famosos da era pós-guerra foram adicionados à mitologia japonesa. Embora essas adições não fossem vistas como "mitos" em um sentido tradicional, desde então desempenharam papéis culturais similares – e até mesmo se reintegraram a ideias antigas. Os dois que receberam a maior atenção dos fãs e estudiosos são os *kaijū*, ou monstros gigantes aos moldes de Godzilla, e os Mecha, ou robôs gigantes.

Os *kaijū* 怪獣 (lit. "feras estranhas") eram originalmente personagens exóticos de filmes de monstro americanos da década de 1930, tal como o *King Kong* original. Eles eram criaturas estranhas e misteriosas vindas de partes remotas do mundo – África, sudeste da Ásia ou das ilhas do Pacífico. Esses eram lugares que haviam sido fetichizados durante o colonialismo, e ainda eram considerados atrasados no Japão, como em grande parte do Ocidente colonizador da época. Contudo, o filme de 1954 *Godzilla* (jap., *Gojira*) pretendia ser mais do que uma exibição de horror sobre monstros exóticos. O diretor Honda Ishirō (1911-1993) queria fazer uma alegoria sobre o sofrimento da Segunda Guerra Mundial e os perigos das armas nucleares. O resultado foi um filme sombrio e sério no qual o monstro é uma força da natureza, irrefreável e indestrutível, exceto por uma misteriosa arma de um único cientista (Anderson, 2006, p. 25). Em *Godzilla* e seus afins, a indústria cinematográfica japonesa deu origem a um novo mito que representa tanto os medos como as esperanças da sociedade moderna.

A década de 1950 e o começo da década de 1960 também deram origem a outro mito japonês moderno: o do robô salvador gigante. Esse paradigma começou nas páginas de mangás dirigidos a meninos. Sua primeira aparição é muitas vezes atribuída ao mangá de 1952-1968, *Tetsuwan Atom*

Cena do filme *Godzilla* (1954).

("Átomo, o Poderoso"), de Tezuka Osamu, publicado nos Estados Unidos como *Astro boy* [Garoto astro]. Esse mangá, sobre um robô criado à imagem de um menino, que salva o mundo com suas habilidades tecnológicas, foi um tremendo sucesso. Uma série de animação de TV baseada no mangá *Tetsuwan Atom* estreou em 1963 e foi o primeiro anime semanal de TV no Japão. Sua popularidade estabeleceu uma nova fase da ficção científica japonesa, na qual robôs detêm o poder de garantir o futuro da humanidade.

Tetsuwan Atom foi rapidamente copiado pelos rivais de Tezuka, tanto em mangás como em animes. Uma franquia extremamente popular foi *Tetsujin 28-gō* ("Gigante de ferro n. 28", 1956-1966), conhecido no mundo falante do inglês como *Gigantor*, que apresenta um robô gigante controlado por um dispositivo remoto operado por um menino em prol de seu pai falecido, o cientista que inventou o robô. Esse estabeleceu o cenário para o sucesso dos chamados "super-robôs" durante o final da década de 1960 e a década de 1970. Tanto no mangá como na televisão, essas séries apresentavam jovens protagonistas, usualmente masculinos, que pilotam ou controlam heróis mecânicos gigantes. Séries como *Mazinger Z* (1972-1974), *Getter Robo* (1974-1975) e outros fizeram dessa uma fórmula de sucesso. Os heróis humanos desses trabalhos são bons, mas muitas vezes impotentes sem seus robôs; os robôs, embora fontes de grande poder, são inúteis sem seus controladores humanos. Essa nova mitologia é comparável ao super-herói americano, mas não é a mesma. Ao vincular humanos comuns, mas bons, à tecnologia poderosa, mas amoral, o movimento dos "super-robôs" criou uma crença na positividade fundamental do desenvolvimento humano mesmo diante de enormes dificuldades. Esses trabalhos também vislumbraram um futuro no qual a tecnologia era uma força poderosa para o bem. Nas décadas após a Segunda Guerra Mundial, essa mensagem não foi apenas apreciada, mas necessária (Lunning; Freeman, 2008, p. 277).

Hoje, fãs e estudiosos chamam esses robôs "mecha" (jap., *meka*), abreviação para o inglês *"mechanism"* [mecanismo] ou *"mechanical"* [mecânico]. Anime, mangá e filmes de ação do gênero mecha se tornaram tão abrangentes e populares quanto os do *kaijū*. Eles também experienciaram muitas mudanças nas décadas subsequentes. A épica série televisiva de animação de 1979, *Kidō senshi Gundam* ("Terno Móvel Gundam"), iniciou o subgênero do "robô real". Em vez de serem equivalentes tecnológicos de super-heróis, os robôs (muitos deles chamados "Gundams") eram simplesmente armas de guerra como tanques ou jatos. Seus pilotos e militares associados proviam o pano de fundo moral humano para as batalhas mecha. Inspirando-se nas realidades da Guerra Fria, a duradoura franquia *Gundam* apresentava não somente heróis e vilões individuais como também civilizações inteiras com filosofias conflitantes que travavam guerras usando seus robôs avançados. Esse novo subgênero dominou a ficção científica japonesa durante a década de 1980 e ainda é muito influente.

O mal-estar societal que se seguiu ao colapso econômico japonês de 1990 também iniciou um novo subgênero de histórias mecha nas mídias populares. Essa mudança começou em 1995 com o controverso sucesso televisivo animado *Neon Genesis Evangelion* (*Shinseiki Evangelion*), que apresentava níveis de massacre, tortura psicológica e profundidade filosófica além dos encontrados nos animes de sucesso convencionais anteriores. Combinando filosofia junguiana, imagens religiosas cristãs e um foco na psicologia de adolescentes forçados à guerra, a série apresenta um mundo de tecnologia caótico em meio à ganância humana e às falhas de comunicação. Os robôs – monstruosidades biológicas que eram tanto metáforas como dispositivos efetivos – só chamavam atenção aos problemas da sociedade, em vez de trazer soluções. Refletindo sobre as incertezas do novo *status* do Japão e, mais amplamente, do mundo pós-Guerra Fria, *Neon Genesis Evangelion* dá o tom para outros trabalhos sobre "robôs psicológicos" que se seguiram. Assim como os *kaijū* refletiam as ansiedades das forças controladoras da natureza além do controle humano, a ficção mecha de "robôs psicológicos" é sobre o fracasso de um sonho de um futuro melhor por meio da tecnologia materializado pela primeira vez nos "super-robôs".

Descrever a ficção *kaijū* e a mecha como mito não é um exagero. *Godzilla*, *Tetsuwan Atom* e seus descendentes mantêm um enorme impacto na cultura e sociedade japonesas. Várias gerações cresceram cercadas por histórias de monstros gigantes e robôs lutando pelo futuro da humanidade. Embora essas novas figuras mitológicas não sejam cultuadas, focam as esperanças, medos e sonhos das pessoas tanto dentro como fora do Japão. Essas histórias também refletem como a sociedade japonesa se adaptou às rápidas mudanças no mundo moderno. Oferecem um novo folclore para o Japão contemporâneo que é obviamente ficcional e também emocionalmente ressonante.

LENDAS URBANAS E MONSTROS DIGITAIS

O "Milagre Econômico" é o termo usado para a rápida reconstrução do Japão a partir das cinzas da Segunda Guerra Mundial. A partir de 1965, mais ou menos, a economia japonesa começou a prosperar, e em 1980 o Japão havia reconquistado seu lugar entre as nações mais ricas e avançadas do mundo, a despeito de ter sido completamente arruinado apenas trinta anos antes. Quando Tóquio e as outras principais cidades se reconstruíram, foram completamente transformadas. Arranha-céus e blocos de apartamentos modernos criaram as paisagens urbanas de aço e concreto do Japão moderno (Janssen, 2000, cap. 20, seção 2: "The Rise to Economic Superpower"). Esses novos ambientes urbanos geraram seu próprio folclore. Em alguns casos, as lendas urbanas são baseadas em folclore preexistente, mas, em outros, são inteiramente originais.

Fantasmas e assombrações estão entre os temas mais comuns nessas novas lendas urbanas, que são muitas vezes recontadas de pessoa a pessoa em vez de serem transformadas inteiramente pela mídia popular. O Período Edo promoveu uma viva tradição de contação de histórias de fantasma que permanece forte. Uma prática tradicional popular é o *hyakumonogatari kaidankai*, ou "encontro de cem histórias de fantasmas", quando um grupo de pessoas se reúne para passar a noite contando histórias de fantasma uma para a outra. Tradicionalmente, uma centena de histórias é contada, e uma vela é apagada cada vez que alguém termina. O objetivo é que os ouvintes o façam até à última vela sem ficarem assustados ao ponto de partirem. A prática se originou em meados do Período Edo como um teste de coragem para jovens urbanos. Hoje, é muitas vezes um evento divertido, realizado basicamente por alunos de escolas ou universidades em busca de bons sustos.

O Japão urbano moderno é tão cheio de espíritos e horrores quanto a Quioto pré-moderna (cf. capítulo 6). Seus novos *yūrei* e *yōkai* se alinham a figuras equivalentes de lendas antigas que também ocupam as ruas. Essa mistura de assombrações urbanas antigas e novas influenciou profundamente a ficção japonesa moderna e contemporânea, incluindo literatura, cinema, programas de televisão ao vivo, animes e mangás. Filmes de horror japoneses, que atingiram fama mundial como um gênero durante a década de 1990, inspiram-se muito nessa mistura de lendas urbanas antigas e modernas. Filmes influentes como *Ringu* (*O anel*, 1999) e suas sequências foram influenciados pela tradição *onryō* que remonta ao Período Heian. O sucesso do movimento do assim chamado "horror-J" pode ter se devido à sua cativante mistura de medos antigos e contextos modernos.

REFAZENDO MITOS PARA OS DIAS DE HOJE

A mitologia antiga é frequentemente reimaginada na cultura popular. Mitos são maiores do que a vida, o que contribui para uma boa contação de histórias, particularmente para fantasia, ficção científica ou ficção histórica. A mitologia das crônicas japonesas antigas, assim como das histórias populares posteriores, foi explicitamente recontada sob a forma de mangás em várias ocasiões, particularmente por meio de mangás educativos que reelaboram os textos com visuais simples e diálogos modernos. Essas recontagens são basicamente para crianças que não podem ler as traduções modernas, muito menos os textos originais das crônicas antigas. Alinhados aos desenvolvimentos do pós-guerra, eles usam tanta história real quanto é possível adequar com segurança aos mitos. Histórias sobre Amaterasu e Susanowo, por exemplo, podem apresentar pessoas vestindo roupas do Período Yayoi e vivendo no que arqueólogos acreditam se parecer com assentamentos Yayoi. Essas recontagens são diferentes das reelaborações dos mitos em outros gêneros, como ficção científica ou fantasia.

Os mitos do *Kojiki*, em particular, tornaram-se uma fonte importante tanto para reelaborações modernas como para recontagens diretas. O *Kojiki* é favorecido em relação ao *Nihonshoki* para recontagens populares porque não só é uma narrativa mais direta como também se mostra mais sangrento e visceral para muitos leitores. Quando destituído de seus detalhes mais questionáveis, figuras como Yamato Takeru se tornam heróis valentes a serem admirados por jovens japoneses – e, assim, se fundirem muito bem com heróis do gênero mecha.

A década de 1990 viu um aumento nas séries animes e mangás baseadas em mitos que misturavam figuras das crônicas antigas com tropos mecha. A série anime televisiva *Yamato Takeru* ヤマトタケル (1994) é uma recontagem direta da lenda de Yaato Takeru, exceto pelo fato de ser situada em um espaço exterior futurístico. Yamato Takeru é um menino, não o usual homem furioso, e controla um poderoso robô para derrotar inimigos (que incluem Kumaso Takeru e Izumo Takeru). Outra série anime televisiva *Semente Azul* ブルー・シード (1995) é tanto uma recontagem como uma sequência dos mitos concernentes ao conflito de Amaterasu e Susanowo. Um recém-reanimado Susanowo envia monstros-plantas conhecidos como *aragami* (lit. "*kami* furiosos") para atacar Tóquio. Um time de agentes militares e sacerdotisas xintoístas mágicas se reúnem para tomar as forças de Susanowo em benefício de Amaterasu.

Os mitos do *Kojiki* e do *Nihonshoki* são reusados de outras formas, além das simples recontagens. Os nomes dos maiores *kami* são muitas vezes dados a armas ou superpoderes em trabalhos ficcionais modernos. Qualquer um que conhece os elementos básicos sobre Amaterasu, por exemplo, aceitará com mais facilidade que seu nome seja dado a poderes relacionados ao fogo ou à luz, e o mesmo vale para outros deuses conhecidos. Na franquia popular de mangá e anime Naruto ナルト (1999-2017), que trata das aventuras de ninjas adolescentes em um mundo alternativo, vários personagens principais usam uma série de técnicas nomeadas em homenagem a Amaterasu, Tsukuyomi e Susanowo (entre outras deidades xintoístas). A técnica "Amaterasu" permite ao usuário emitir fogo negro que queima tudo, mesmo o fogo normal. A técnica "Tsukuyomi" captura o alvo numa ilusão. A técnica "Susanowo" cria um ente esquelético que age como uma armadura gigante, quase como um mecha mágico. Embora esses poderes não sejam diretamente os mesmos dos *kami* dos quais recebem seus nomes, ainda têm sentido para qualquer um, mesmo com um conhecimento básico dos mitos antigos.

Videogames também tratam dos ciclos de mitos do *Kojiki* e do *Nihonshoki*. O exemplo mais óbvio é a franquia *Ōkami* 大神 ("Gande deus"), que começou com um jogo para PlayStation 2 em 2006 e continua até hoje. Nos jogos *Ōkami*, Amaterasu está confinada à forma de um lobo. Os jogadores devem ajudá-la a resgatar outros *kami* dos vilões, que vão de Yamata-no-Orochi a "Yami", um deus da escuridão inventado. A experiência de jogo usa um "pincel celestial", com o qual técnicas tiradas da pintura a nanquim produzem efeitos tangíveis como a criação de fogo ou de água, vinculando ainda mais o jogo a outros elementos culturais japoneses tradicionais.

O PASSADO, O PRESENTE E O FUTURO DA MITOLOGIA JAPONESA

A mitologia japonesa não é um sistema direto. Combina várias religiões diferentes, algumas das quais vindas de muito longe. Os mitos japoneses também têm se desenvolvido e mudado com o tempo e continuam a fazê-lo. Eles contêm camadas que remontam a mais de 1.500 anos – não apenas histórias e crenças sancionadas por diferentes governos, mas também o folclore e as lendas de pessoas em muitas partes da sociedade.

Como este livro tentou mostrar, essas camadas podem ser tomadas à parte e examinadas. Podemos ler as crônicas antigas pelas origens dos mitos nativos. Podemos entender o influxo do budismo, confucionismo e taoismo e de outras religiões continentais, e como cada um contribuiu para o Japão. Podemos seguir o crescimento do folclore, de quando foi escrito pela primeira vez até o presente. Podemos inclusive ver como os eventos da história do Japão moldaram seus mitos e continuam a fazê-lo hoje. Contudo, independentemente do que possamos tentar ver individualmente nas diferentes partes, a mitologia japonesa também permanece um todo confuso e único que é mais do que a soma de suas partes. E esse entrelaçamento contínuo e orgânico de tantos elementos diferentes permanece a lição mais importante que podemos tirar do estudo da mitologia japonesa.

É fácil esquecer que sociedades antigas eram tão vivas quanto a nossa. A Grécia e a Roma clássicas não tinham um sistema de crenças estático, e nem os egípcios antigos. Sempre há acréscimos; significados continuam a mudar; religiões, a crescer. A mitologia de qualquer sociedade é um emaranhado que pode fazer sentido de alguns modos e ser completamente impenetrável de outros. Todavia, sem estudar um exemplo vivo podemos somente ver as linhas claras de um fóssil. A mitologia japonesa nos dá esse exemplo vivo.

A cultura japonesa popular contém muitas referências a ideias antigas. Os mitos e as lendas do Japão de diferentes períodos são retrabalhados em animes, mangás, filmes, literatura e *videogames* modernos. Todavia, mesmo esses trabalhos não são o fim da mitologia japonesa. Em vez disso, são apenas outro estágio, outra camada sendo adicionada sobre as mais antigas. Pela interação com esses trabalhos modernos, levamos nossas próprias ideias a elas – e, então, nós também, quem quer que sejamos, tornamo-nos parte da mitologia.

Referências

ADLER, J. *Confucianism as a Religious Tradition – Linguistic and Methodological Problems*. Gambier: Kenyon College, 2014.

ANDERSON, M. Mobilizing Gojira: Mourning Modernity as Monstrosity. In: TSUTSUI, W.M.; MICHIKO, I. (eds.). *Godzilla's Footsteps: Japanese Pop Culture Icons on the Global Stage*. Nova York: Palgrave Macmillan, 2006.

ATONE, J.; HAYASHI, Y. *The Promise of Amida Buddha: Hōnen's Path to Bliss*. Boston: Wisdom, 2011.

BORGEN, R. *Sugawara no Michizane and the Early Heian Court*. Honolulu: University of Hawai'i Press, 1994.

BOWRING, R. *The Religious Traditions of Japan 500-1600*. Cambridge: Cambridge University Press, 2008.

BREEN, J.; TEEUWEN, M. *A New History of Shinto*. Hoboken: Wiley-Blackwell, 2011.

CALI, J.; DOUGILL, J. *Shinto Shrines: A Guide to the Sacred Sites of Japan's Ancient Religion*. Londres: Latitude, 2012.

Canon Foreigner. *TV Tropes: the All-Devouring Pop Culture Wiki*. Disponível em https://tvtropes.org/pmwiki/pmwiki.php/Main/CanonForeigner Acesso em: 10/11/2020.

CARRITHERS, M. *Buddha: A Very Short Introduction*. Oxford: Oxford University Press, 2007.

COMO, M.I. *Shōtoku: Ethnicity, Ritual and Violence in the Japanese Buddhist Tradition*. Oxford: Oxford University Press, 2008.

Constitution of Japan – Office of the Prime Minister of Japan and His Cabinet. Disponível em: http://japan.kantei.go.jp/constitution_and_government_of_japan/constitution_e.html

REFERÊNCIAS

CRANSTON, E.A. *A Waka Anthology – Vol. 1: The Gem-Glistening Cup.* Stanford: Stanford University Press, 1993.

DUTHIE, T. *Man'yōshū and the Imperial Imagination in Early Japan.* Leiden: Brill, 2014.

FARRIS, W.W. *Japan to 1600: A Social and Economic History.* Honolulu: University of Hawai'i Press, 2009.

FAURE, B. *Gods of Medieval Japan – Vol. 1: The Fluid Pantheon.* Honolulu: University of Hawai'i Press, 2016a.

FAURE, B. *Gods of Medieval Japan – Vol. 2: Protectors and Predators.* Honolulu: University of Hawai'i Press, 2016b.

FOSTER, M.D. The Metamorphosis of the Kappa: Transformation from Folklore to Folklorism in Japan. *Asian Folklore Studies*, v. 57, n. 1, 1998.

FOSTER, M.D. *Pandemonium and Parade: Japanese Monsters and the Culture of Yokai.* Berkeley: University of California Press, 2008.

FOSTER, M.D. *The Book of Yokai: Mysterious Creatures of Japanese Folklore.* Berkeley: University of California Press, 2015.

FRASIER, L. Lost Property Fairy Tales: Ogawa Yōko and Higami Kumiko's Transformations of "The Little Mermaid". *Marvels and Tales*, v. 27, n. 2, p. 181-193, 2013.

GADELEVA, E. *Susanoo*: One of the Central Gods in Japanese Mythology. *Japan. Review*, 12, p. 165-203, 2000

GARDNER, D.K. *Confucianism: A Very Short Introduction.* Oxford: Oxford University Press, 2014.

GLASSMAN, H. *The Face of Jizō: Image and Cult in Medieval Japanese Buddhism.* Honolulu: University of Hawai'i Press, 2012.

HARDACRE, H. Creating State Shinto: The Great Promulgation Campaign and the New Religions. *Journal of Japanese Studies*, v. 12, n. 1, p. 29-63, 1986.

HARUO, S. (ed.). *Traditional Japanese Literature: an Anthology, Beginnings to 1600.* Nova York: Columbia University Press, 2007.

HODGE, S. *The Mahā-Vairocana-Abhisambodhi Tantra: With Buddhaguhya's Commentary*. Londres: Routledge, 2003.

HOLMES, Y. A *Chronological Evolution of the Urashima Tarō Story and its Interpretations*. Dissertação de mestrado. Victoria University of Wellington, 2014.

HUDSON, M. *Ruins of Identity: Ethnogenesis in the Japanese Islands*. Honolulu: University of Hawai'i Press, 1999.

INAGAKI, H. *Three Pure Land Sutras*. Berkeley: Numata Center for Buddhist, 2003.

JANSSEN, M.B. *The Making of Modern Japan*. Cambridge: Harvard University Press, 2000.

KEENAN, L.K. En the Ascetic. *In*: LOPEZ, D.S. (ed.). *Religions of Japan in Practice*. Princeton: Princeton University Press, 1999.

KEOWN, D. *Buddhism: A Very Short Introduction*. Oxford: Oxford University Press, 2013.

KITAGAWA, J.M. The Career of Maitreya, with Special Reference to Japan. *History of Religions*, v. 21, n. 2, p. 107-125, 1981.

KOJIMA N. et al. (eds.). *Nihon shoki 1-3; Shinpen Nihon koten bungaku zenshū 2-4*. Tóquio: Shōgakukan.

KURIBARA, H. Hitobito wo tanoshimaseru Akagiyama no miryoku 2: Akagiyama wo meguru densetsu to sono rūtsu no kōsatsu. *Tōkyō Fukushi Daigaku Daigakuin Kiyō*, v. 4, n. 2, mar./2014.

KYOTO PREFECTURAL GOVERNMENT. *The Aoi Festival in Kyoto*. Disponível em: https://p.kyoto-np.jp/kp/koto/aoi/index.html Acesso em: 20/07/2020.

LAOZI. *Dao De Jing: The Book of the Way*. Berkeley: University of California Press, 2001.

LEE, J. The Origins and Development of the Pensive Bodhisattva Images of Asia. *Artibus Asiae*, v. 53, n. 3/4, p. 311-357, 1993.

LE FEBVRE, J.R. Christian Wedding Ceremonies: "Non-religiousness" in Contemporary Japan. *Japanese Journal of Religious Studies*, v. 42, n. 2, p. 185-203, 2015.

REFERÊNCIAS

LUNNING, F.; FREEMAN, C. Giant Robots and Superheroes: Manifestations of Divine Power, East and West. *Mechademia*, v. 3, p. 274-282, 2008.

MATSUMAE. T. Origin and Growth of the Worship of Amaterasu. *Asian Folklore Studies, 37 (1),* p. 1-11, 1978.

MILLER, L. Extreme Makeover for a Heian Era Wizard. *Mechademia*, v. 3, 2008.

MINISTRY OF LAND, INFRASTRUCTURE, TRANSPORT AND TOURISM. *Land and Climate of Japan.* Disponível em: https://www.mlit.go.jp/river/basic_info/english/land.html Acesso em: 04/06/2020.

NAKAJIMA, M. Shinto Deities that Crossed the Sea: Japan's "Overseas Shrines" 1868-1945. *Japanese Journal of Religious Studies,* v. 37, n. 1, p. 21-46, 2010.

Nihonshoki 1-3. In: Kojima, N. et al. *Shinpen Nihon koten bungaku zenshū*. Vol. 2-4. Tóquio: Shōgakukan, 1994.

Ō,Y. *The Nihongi*. Trad. de W.G. Aston. [s.l.]: Createspace, 2013.

Ō,Y. *The Kojiki: an Account of Ancient Matters*. Trad. de G. Heldt. Nova York: Columbia University Press, 2014.

O'DWYER, S. The Yasukuni Shrine and the Competing Patriotic Pasts of East Asia. *History and Memory*, v. 22, n. 2, p. 147-177, 2010.

Oxford English Dictionary Online. Disponível em: www.oed.com Acessos em jun./2020.

OYLER, E. *Swords, Oaths and Prophetic Visions: Authoring Warrior Rule in Medieval Japan*. Honolulu: University of Hawai'i Press, 2015.

PARENT, M.N. *Japanese Architecture and Art Net User System*. Disponível em: http://www.aisf.or.jp/~jaanus/

PIGGOTT, J.R. *The Emergence of Japanese Kingship*. Stanford: Stanford University Press, 1997.

POWER, N.O. *God of Comics: Osamu Tezuka and the Creation of Post-World War II Manga*. Jackson: University Press of Mississippi, 2009.

RAMBELLI, F. Before the First Buddha: Medieval Japanese Cosmogony and the Quest for the Primeval Kami. *Monumenta Nipponica*, v. 64, n. 2, 2009.

RAMBELLI, F. *The Sea and the Sacred in Japan*. Londres: Bloomsbury, 2018.

REIDER, N.T. A Demon in the Sky: The Tale of Amewakahiko, a Japanese Medieval Story. *Marvels and Tales*, v. 29, n. 2, p. 265-282, 2015a.

REIDER, N.T. *Japanese Demon Lore: Oni from Ancient Times to the Present*. Logan: Utah State University Press, 2015b.

ROEMER, M.K. Thinking of Ancestors (and Others) at Japanese Household Altars. *Journal of Ritual Studies*, v. 26, n. 1, p. 33-45, 2012.

SAITŌ, H.; PREMOSELLI, G. The Worship of Gozu Tennō and the Ritual World of the Izanagi-ryū. *Cahiers d'Extrême-Asie*, v. 21, p. 277-301, 2012.

SCHEID, B. Shōmu Tennō and the Deity from Kyushu: Hachiman's Initial Rise to Prominence. *Japan Review*, n. 27, p. 31-51, 2014.

SHIGETA, S.; THOMPSON, L. Onmyōdō and the Aristocratic Culture of Everyday Life in Heian Japan. *Cahiers d'Extrême-Asie*, v. 21, p. 65-77, 2012.

SMYERS, K.A. My Own Inari': Personalization of the Deity in Inari Worship. *Japanese Journal of Religious Studies*, v. 23, n. 1/2, p. 85-116, 1996.

SUNDBERG, S. *Shirokiya Department Store, c. 1910-1940*. Old Tokyo. Disponível em: http://www.oldtokyo.com/shirokiya-department-store/ Acesso em: 30/09/2020.

TEEUWEN, M. Attaining Union with the Gods: The Secret Books of Watarai Shinto. *Monumenta Nipponica*, v. 48, n. 2, p. 225-245, 1993.

TEISER, S.F. *The Ghost Festival in Medieval China*. Princeton: Princeton University Press, 1988.

THAKUR, Y.H. History Textbook Reform in Allied Occupation Japan, 1945-1952. *History of Education Quarterly*, v. 35, n. 3, p. 261-278, 1995.

REFERÊNCIAS

THÀNH, M.; LEIGH, P.D. *Sutra of the Medicine Buddha Translated & Annotated under the Guidance of Dharma Master Hsuan Jung.* Taipei: Buddha Dharma, 2001.

TORRENCE, R. Infrastructure of the Gods – Izumo in the Yayoi and Kofun Periods. *Japan Review*, n. 29, p. 3-38, 2016.

TSUNODA, R.; GOODRICH, L.C. *Japan in the Chinese Dynastic Histories: Later Han Through Ming Dynasties.* South Pasadena: P.D./I. Perkins, 1961.

VAN GOETHEM, E. *Nagaoka: Japan's Forgotten Capital.* Leiden: Brill, 2008.

WEISS, D. Slaying the Serpent: Comparative Mythological Perspectives on Susanoo's Dragon Fight. *Journal of Asian Humanities at Kyushu University*, v. 3, p. 1-20, 2018.

WONG, E. *Taoism: An Essential Guide.* Boulder: Shambhala, 2011.

YAMASHITA, K.; ELACQUA, J.P. The Characteristics of Onmyōdō and Related Texts. *Cahiers d'Extrême-Asie*, v. 21, p. 79-105, 2012.

YOSHIMURA, A. To Believe and Not to Believe: A Native Ethnography of Kanashibari in Japan. *The Journal of American Folklore*, v. 128, n. 508, p. 146-178, 2015.

YU, C. *Kuan-yin: The Chinese Transformation of Avalokitesvara.* Nova York: Columbia University Press, 2001.

Agradecimentos

Foi uma alegria escrever este livro, e uma luz em tempos escuros. Ainda assim, não poderia tê-lo realizado sem a ajuda e o apoio de numerosas pessoas. Edward Kamens trouxe essa oportunidade à minha atenção e apoiou meus esforços, como o fez durante minha carreira. Meus colegas Robert Lemon, Elyssa Faison, Dylan Herrick e Shizuka Tatsuzawa apoiaram a pesquisa e o planejamento iniciais, cada um a seu modo, e permaneço grato a todos.

Tateno Kazumi, do Prefectural Chikatsu Asuka Museum de Osaka, e Sakaehara Towao, da City Council on Cultural Properties de Osaka, forneceram percepções valiosas sobre as formas pelas quais estudiosos japoneses compreendem seus mitos antigos e os riscos potenciais de explicá-los a leitores estrangeiros. O diretor de Departamento Nian Liu e a equipe do Departamento de Línguas, Literaturas e Linguística Modernas da Universidade de Oklahoma foram ativos na obtenção de mais apoio para finalizar este texto.

Ben Hayes, Isabella Luta, Flora Spiegel, Rowena Alsey, Celia Falconer e todos da Thames & Hudson me ajudaram a conduzir este projeto, das sugestões iniciais até o trabalho finalizado. Eles me concederam a liberdade para apresentar a mitologia japonesa de um novo modo, e os recursos para finalizá-lo em uma velocidade surpreendente sem sacrifício de clareza ou detalhes.

E, finalmente, necessito agradecer à minha família – Elyse e Alan, Jaime, Julian e Esme, Jared e Stephanie, e, é claro, meu esposo, Nathan –, que esteve comigo ao longo deste projeto, como o fez em outros.

Fontes das Ilustrações*

AA Film Archive/Alamy Stock Photo **242**; Artokoloro/Alamy Stock Photo **50**; Rijksmuseum, Amsterdã **13, 116, 132e**; Museum of Fine Arts, Boston **132d**; © Byodoin Temple **154**; B.H. Chamberlain e W.B. Mason, Handbook for Travellers in Japan, 1894 **55**; Art Institute of Chicago **199, 222**; Scripps College, Claremont, Califórnia **80**; National Museum of Denmark, Copenhagen **232**; Dallas Museum of Art **171**; Collection W. Michel, Fukuoka **234**; German F. Vidal-Oriola/Getty Images **21**; Ullstein bild/Getty Images **73**; Nick Jakins **8-9**; Ritsumeikan University, Quioto **216**; British Library, Londres **179**; British Museum, Londres **45, 102, 128, 210**; Los Angeles County Museum of Art **92**; A. Mee, J.A. Hammerton e A.D. Innes, Harmsworth History of the World, 1907 **121**; Mineápolis Institute of Art **149, 158, 161e, 205**; Yei Theodora Ozaki, The Japanese Fairy Book, 1903 **183**; Metropolitan Museum of Art, Nova York **21, 27, 57, 75, 124, 141, 148, 150, 161d, 162, 163, 165, 186ac, 202, 211, 214, 228, 233**; Nova York Public Library **19, 60, 61, 63, 86, 119, 167**; Toriyama Sekien, Gazu hyakki yagyō [Pictures of the Night Parade of One-Hundred Demons], 1776 **2, 194, 197, 200, 203, 223, 225**; National Archives Japan, Tóquio **88**; National Diet Library, Tóquio **218**; Tokyo Metropolitan Library **66, 136, 182, 188d**; Tokyo National Museum **24, 112, 147, 151, 153, 156, 186ab, 188e, 198, 207**; Treasure of Yakushiji Temple, cortesia do Tokyo National Museum **169**; Library of Congress, Washington, D.C. **17, 96**; The Gerhard Pulverer Collection, Freer and Sackler Galleries, Smithsonian Institution, Washington, D.C. **38**; Kikuchi Yōsai, Zenken Kojitsu, 1878 **191**.

---

* Os números em negrito indicam as páginas. Quando seguidos de letras se referem à posição em que a ilustração ocupa na página: ac = acima; ab = abaixo; e = esquerda; d = direita.

ÍNDICE*

Abe no Seimei *191*, 193
Acāla; cf. Fudō Myō'ō
Aizen Myō'ō 163, *163*
Amaterasu 15, 16, 33, 40, 43-51, 54, 58-60, 65, 67-68, 70, 74, 83-86, 173-174, 231, 236, 240, 247
Amatsukami 32, 36-39, 44, 47, 51, 53, 56, 58, 64, 68, 71
Ame-no-Hohi 58
Ame-no-Minakanushi 36
Ame-no-Oshihomimi 58
Ame-no-Uzume 45
Ame-no-Wakahiko 58
Amewakahiko sōshi (A história de Amewakahiko) 183
Amida (Amitābha) 148-151, *151*, 155, 159
Analectos 23, 25, 100
Aoi (em *Genji monogatari*) 135-137
Apsara 181, *181*, 184
Asuka 180
A Tecelã *182*, 182-184
Avalokiteśvara; cf. Kannon

Bakemono 206-207
Bakeneko 219, 220
Benzaiten (Benten) 166-167, *167*, 185, 186
Bhaiṣajyaguru; cf. Jizō
Birushana; cf. Vairocana
Bishamonten; cf. Tamonten
Bodisatva 48, 140, *141*, 142-144, 154-161, *156*, *158*, *160*, *161*, 172-173
Buda 20-21, *21*, 116, 119, 140-155, *141*, 147-151, *153*, 164, 166, 173-174, 189, 205
Budai *186*, 188, *188*, 189

Budismo 11, 14, 19-22, 25, 28-29, 78, 110-115, 118, 133, 139-175, 180, 186, 188, 206, 217, 225, 229-231, 249
classes de deidades 142-144
cosmologia 205
crenças 20-22
divisões 20, 140-141, 150
origens 19, 144-146
tântrico 118
Byakko 178, *179*, 180

Caverna da Rocha Celestial 44-45, 59
Chang'e 221
China 12, 14, 19, 20, 22-23, 25-28, 34, 40, 48, 74, 75, 81-82, 100, 106-107, 118, 124, 140, 144, 149, 151, 154-155, 157, 164, 168, 170, 172-173, 181-182, 189-190, 192, 213, 217, 221, 234
budismo 20, 140, 143-146, 149, 164, 166-167, 170-175
e Japão 14, 41, 234
história 97-98, 106-109
linguagem 12, 48, 56, 66, 140
literatura 100-101, 123
religiões 14, 22-28, 176, 217, 225-226, 229-231
Chūai, imperador 96-97, 104
Cobra 17, 167-168, 178, 212-215, 217, 221
Confúcio (Kong Qiu) 23, *24*, 100
Confucionismo 14, 22-26, 29, 78, 139, 180, 230, 249
filosófico 23, 110
hierarquias 24
moral 95, 124
origens 22-23
religioso 23, 230
Corda sagrada *13*, 18, 46, 85

---

* As páginas em itálico se referem às ilustrações.

ÍNDICE

Daigo, imperador 124-125
Daikokuten *186*, 187-188
Dainichi Nyorai; cf. Vairocana
Dao De Jing 25-26, 28
Deva *141*, 143-144, *148*, 154, 164-170, *171*, 186-189, 205
Dōjōji, templo 187
Doze Generais Divinos 166
Dragão *15*, 63, 177, *179*, 212, *214*, 214-217, *216*

Ebisu 37, *186*, 187
Edo 227
Emishi *92*, 92-94, 128-130
Enma (Enma-ō, Enmaten ou Yama) 170-171, *171*
En no Gyōja 117-119, *119*, 192
Estado xintoísta 71, 81, 230-238, *234*

Fudō Myō'ō (Acāla) 140, 161-163, *162*
Fugen (Samantabhadra) 161
Fujiwara, clã 125, 127, 129-130
Fujiwara no Tokihira 124
Fushigi yūgi 180
Fushimi Inari, santuário 211

Gaki (preta) 206, *207*
Gegege no Kitarō (Kitarō Tagarela) 208, 241
Gekkō 152
Genbu 178, *179*, 180
Genji, clã 127
Genji (em *Genji monogatari*) 135-137, 191
Genji monogatari (A história de Genji) 135, *136*, 137, 190
Gion, festival 190
Godzilla (*Gojira*) *242*, 242, 245
Goryō 134, 137, 204
Gosannen, Guerra de 128-129
Gozu Tennō 189-190
Guanyin; cf. Kannon

Hachiman 129-131, *132*, 162, 237
Hachimangū, santuários 131
Hachimantarō; cf. Minamoto no Yoshiie
Heian, santuário 238
Himetatara-Isuzuhime 67, 71, 81

Himiko, rainha 107-109
Hi-no-Kagutsuchi 39, 41, 59
Hirohito, imperador 73, 75
Hiruko 37, 187
Hoderi 63
Hokkaido 11-12, 234
Homutawake, príncipe; cf. Ōjin, imperador
Honji suijaku 172-174
Honshu 11-12, 38, 43, 46, 54, 61, 67, 89, 90, 127-129, 131, 155, 203, 223
Hōryūji, templo 113, 214
Howori 63
Hungry ghost; cf. *Gaki*

Ikiryō 134
Ikume, príncipe; cf. Suinin, imperador
Iluminismo 20, 142-149, 153-155, 157, 159, 163, 166, 205, 228
Imortais (*sennin*) 26-27, 181, 184
Inari 210-211
Ingyō, imperador 105
Ise, santuário 48-49, 54, 85, *86*, 90-91, 93, 108, 174
Iwanohime, imperatriz 102-104
Izanagi 32, 37-41, *38*, 44, 46, 49, 51-52, 54, 56, *57*, 59, 65, 187, 211
Izanami 32, 37-42, *38*, 44, 46, 51-52, 54, 56-57, *57*, 59-60, 171, 187
Izumo Furune 85, 92
Izumo Irine 85
Izumo, locação 47, 51-52, 54, 59, 85, 88-89, 208, 241
Izumo, santuário 51, 54-55, *55*, 59, 85, *88*, 89, 91, 241
Izumo Takeru 91, 247

Jikokuten 165, *165*
Jingū, imperatriz 65, 96-98, *96*, 100, 108, 234
Jinmu, imperador 32, 64-71, *66*, 74, 79-84, 232
Jinshin, Guerra 48, 74
Jitō, imperatriz reinante 34, 80
Jizō (Kṣitigarbha) 157-160, *158*
Jōdo (Terra Pura) Budismo 151, 173
Jōdo Shinshū (Verdadeira Terra Pura)

ÍNDICE

Budismo 151, 173
Jorōgumo 221
Jujutsu 117
Jūrōjin *186*, 188, *188*

Kagome 169
Kaguya-hime (Princesa Kaguya) *183*, 184
Kaijū 242, 244-245
Kamaitachi 223, 223
Kami 15-18, *15*, 22, 28, 30-31, 58-59, 62-64, 71, 75, 78-79, 83-84, 89, 94, 99, 105, 108-111, 113, 117-119, 121-123, 126, 131-133, 139, 164, 166-168, 171-174, 176, 184, 190, 193-194, 203, 208-210, 215, 216, 222-224, *225*, 231-233, 236, 247
Kanmu, imperador 120-122, *121*
Kannon (Avalokiteśvara ou Guanyin) 48, 140, 150, *151*, 154-160, *156*, 166, 173
Kappa 195, *200*, 200-201
Kashihara, santuário 70, 238
Kashima, santuário 61
Kasuga, grande santuário 61, *61*
Kataimi 190-192
Kaya no Yoshifuji 155, 210
Keikō, imperador 89-93, 95-96
Kichijōten (Kisshōten) 168-168, *169*, 170-171, 185, *186*
Kidō senshi Gundam 244
Kinmei, imperador 99, 105-106, 112-113
Kinpusenji, templo 119
Kitano Tenmangū, santuário 126
Kitsune; cf. Raposa
Kojiki 31-36, 39-42, 44, 48, 51, 56, 64, 67, 68-69, 72, 74, 79-82, 84, 87-89, 93, 96, 98-99, 101, 103-106, 108, 129, 187, 213, 220, 239, 247-248
Kokin wakashū 51, 124
Kōmokuten *165*, 166
Konjaku monogatarishū 146, 155, 158, 218
Konjin 190
Konohana-no-Sakuyabime *60*, 60, 62
Kotoshironushi 59, 197
Kṣitigarbha; cf. Jizō
Kumano Kodō 69
Kumano, santuários 117, 119-120
Kumaso Takeru 91, 247

Kunitsukami 46, 51-52, 56, 58-60, 64-65, 67-68
Kusanagi 46, *50*, 59, 93
Kushinada-hime 46-47, 51
Kyushu 11, 13, 38, 43, 67, 85, 90-91, 97, 125, 131, 193, 203

Laozi 25

Maitreya (Miroku) 119, 158-159, *160*
Makura no sōshi (O Livro de Travesseiro) 218
Manjuśrī; cf. Monju
Mansões celestiais 176-177
Man'yōshū 87, 103, 231-232
Meiji, imperador 228, *228*, 232, *233*
Meiji, santuário *232*
Mikoshi-nyūdō 167
Minamoto, clã 127-128, 130
Minamoto no Yoritomo 130-131
Minamoto no Yoshiie 127-128, *128*, 129, 131
Minamoto no Yoshitsune 200
Miroku; cf. Maitreya
Mizuki Shigeru 208, 241
Momotarō 231, 235-236
Monju (Manjuśrī) 159, *161*
Mononobe, clã 112, 115
Monoshironushi 71
Monte Fuji *15*, 16, 89, *101*, 222
Monte Kaguyama 69-70
Monte Kurama 200
Monte Miwa 70, 83-85, 90
Monte Tsukuba 94
Monte Unebi 70-71
Monte Yoshino 119

Nāga 167, 215, 217
Nagaoka 120-121
Nagasunebiko 68-70
Naniwa 65, 687, 101-104
Nekomata 218, 219-220
Neon Genesis Evangelion 244
Nihon kōki 121
Nihon ryōiki 133
Nihonshoki 31, 33-36, 38, 40, 42, 44, 48-49, 54, 56, 64, 67-69, 72, 74, 80-83,

ÍNDICE

87, 89-90, 93, 95-101, 103-104, 106, 108, 112-117, 129, 187, 212-213, 239, 247-248
Nikkō (bodisatva) 152, 221
Ningyo 195, 202, *202*
Ninigi 32, 54, 59-63, 187, 211
Nintoku, imperador 80, 98-104, *102*

Ōgetsuhime 43
Ōjin, imperador 79-80, 97-101, 131
Okinawa 13, 234
Ōkuninushi (Ōnamuji) 52-55, *53*, 57-59, 89, 187-188, 220, 241
O Menino Pêssego; cf. Momotarō
Ōmiwa, santuário 83-84
Ōmononushi 83-84
Ōnamuji; cf. Ōkuninushi
Oni 195-200, 236
Onmyōdō 191-192
Onmyōji 191-193, *191*, 224
nova série 193
Onogoroshima 37-38
Onryō 134-135, 204, 246
O Rei Dragão 214-215, *216*
Orikuchi Shinobu 195
Osaka 65, 68, 84, 98, 101, 104-105, 113, 120, 166, 187, 197, 211, 256
Oto-Tachibanahime 93-94
O Vaqueiro 182-183, *182*

Paekche 19, 97, 100
Ponte Flutuante do Céu 56, *57*
Preta; cf. *Gaki*

Quatro Deuses do Céu (Shijin) 176-180, *179*, 190
Quatro Reis Celestiais (Shitennō) 113, 164-166, *165*, 188
Quioto 51, 120, 122-123, 126, 128-130, 133, 185, 189-190, 193, 200, 211, 238, 246

Rainha Mãe do Ocidente (Xiwangmu) 27, *27*
Raposa (*kitsune*) 157, 209-212, *210-211*, 218, 220
Rei de sabedoria (*myō'ō*) 140-144, *141*, 160-163, *162*, *163*, 164, 166

Richū, imperador 104, 105
Rokujō (em *Genji monogatari*) 135-138
Ryūkyū, ilhas 13, 234

Sahohiko 87-88
Sahohime 87-89
Sakaki 18, *19*
Śakyamuni; cf. Shakamuni
Samantabhadra; cf. Fugen
Sanguo shi 106-108
Sawara, príncipe 121-123, 125-126, 134, 137
Sei Shōnagon 218
Seiryū (Shōryū) 177-178, *179*, 180
Seishi (Mahāsthāmaprāpta) 150, *151*, 155
Sete Deuses da Sorte (Shichifukujin) 167, 169, 185-187, *186*, 189
Setsubun 198
Shakamuni (Shaka-nyorai, Shaka ou o Buda Histórico Śākyamuni) *21*, 144-148, *147-149*, 152, 159
Shikoku 11, 38, 43
Shinobazu Pond Bentendō 168
Shiotsuchi 67-69
Shiratori, santuário 95
Shiryō 134
Shitennōji, templo 113, 115, 166
Shoku nihongi 35, 117, 121
Shōtoku, príncipe 111-117, *112*, 120, 137, 166
Shugendō 118-120
Silla 54, 97, 110, 105
Soga, clã 113, 115
Sōjōbō *199*, 200
Sugawara no Michizane 123-126, *124*, 134, 138
Suiko, imperatriz reinante 12, 32, 80, 106, 113, 115
Suinin, imperador 55, 82-83, 85-90
Sujin, imperador 82-85, 88-89, 92
Sukunabikona 52
Sumiyoshi, Grand e Santuário 65, 98, 197
Susanowo 16, 32, 40, 42-44, 46-48, 49-50, *50*, 57-58, 63, 93, 190, 213, 237, 240-241, 247, 248
Suseribime 52
Suzaku 179-180, *179*

ÍNDICE

Taira, clã 127, 130
Taishan Fujun 170
Takamagahara 40, 56, 58
Takamimusuhi 37, 59, 71
Taketori monogatari (História do Cortador de Bambu) 182-184, *183*
Tamayori-hime 64-65
Tamonten (Bishamonten) 165, *165*, 188
Tanabata 183
Tanuki 211-212, *211*, 220
Taoismo 15, 25-29, 110, 118, 139, 154, 155, 157, 170, 172, 180-181, 184, 189-190, 192, 194, 249
   crenças populares 25-28, 181, 194
   e budismo 27, 118, 143-144, 157, 170-172
   filosófico 26
   origens 26
   religioso 25
Tengu 195, 198-200, *198-199*
Tenman Tenjin; cf. Sugawara no Michizane
Tenmu, imperador 48, 74-75, 87
Tennin 181, 184, 225
Tennyo 181
Tetsuwan Atom 242-243, 245
Tokoyo 67
Tokugawa, Xogunato 227-228
Torii, portão 16, *17*, 18, *19*, 211, *232*
Toriyama Sekien 195, 207, 225
Toyotama-hime 63-64, *63*
Tsuchigumo 66, 68, 70
Tsukumogami 223-224, *225*
Tsukuyomi 40, 43-44, 49, 53, 56, 58, 248
Tsurugaoka Hachimangū 131
Tuṣita, céu (Tosotsuten) 159

Ugajin 167-168
Ugayafukiaezu 64, 67
Ukemochi 43-44, 49
Umayado, príncipe; cf. Shōtoku, príncipe
Urashima Tarō 215-216, *216*, 220
Usa, santuário (Usa Hachimangū) 131
Utsusemi (em *Genji monogatari*) 191

Vairocana (Dainichi Nyorai) 152-153, *153*, 174
Virgem Ise (*saio*) 49, 86

Wa, povo de 107
Wani 100
Watatsumi 49, 58, 63-65, 94, 96, 98, 197, 214

Xintoísmo 11, 14, 15-18, 22, 28, 71, 78, 84, 98, 110, 118, 138, 139, 162, 168-169, 171-175, 180, 185, 194, 209, 211, 225, 229-235, 237-239, 247-248
   e budismo 14, 22, 118, 139, 162, 170, 172-175, 229
   pureza 18

Yakushi (Bhaisajyaguru) 152
Yama; cf. Enma
Yamabushi 117-120, 224
Yamanba (*yamauba*) 195, 203-204, *203*, 207
Yamatai 107-108
Yamata-no-Orochi 46, 49, *50*, 93, 213, 215, 240, 248
Yamatohime, princesa 86-87, 91, 93, 108
Yamato Takeru 90-96, *92*, 128, 240, 247
Yao Bikuni 202
Yasaka, santuário 51, 190
Yasukuni, santuário 233, 237
Yatagarasu 66, 68
Yata, princesa 102-103
Yin-yang wizards; cf. *Onmyōji*
Yōkai 194-196, *194*, 200-201, 203-204, 206-209, 219-221, 223-225, 241, 246
Yomi 39-42, 54, 56-58, 65, 171
Yūgao (em *Genji monogatari*) 135, 137, *135*
Yūrei 204-206, *205*, 246

Zashiki-warashi 206
Zen-budismo 142, 173, 189
Zenkunen, Guerra de 128-129
Zhuang Zhou 25
Zhuangzi 25-26, 28
Zōjōten 165

Sobre o autor

Joshua Frydman é professor-assistente de Japonês na Universidade de Oklahoma. Doutor em Estudos Japoneses pela Universidade de Yale, sua pesquisa se concentra na história da escrita no Japão antigo, no desenvolvimento da literatura japonesa e na mitologia japonesa.

Apaixonado pela mitologia, está sempre procurando novas maneiras de compartilhar seu conhecimento com os outros. Integra a Associação de Estudos Japoneses e a Associação de Estudos Asiáticos.

Conecte-se conosco:

- **f**   facebook.com/editoravozes
- ⌾   @editoravozes
- 𝕏   @editora_vozes
- ▶   youtube.com/editoravozes
- ☎   +55 24 2233-9033

www.vozes.com.br

Conheça nossas lojas:

www.livrariavozes.com.br

Belo Horizonte – Brasília – Campinas – Cuiabá – Curitiba
Fortaleza – Juiz de Fora – Petrópolis – Recife – São Paulo

EDITORA VOZES LTDA.
Rua Frei Luís, 100 – Centro – Cep 25689-900 – Petrópolis, RJ
Tel.: (24) 2233-9000 – E-mail: vendas@vozes.com.br